饭店管理会计

Hotel Management Accounting

主　编　阎文实　吴欣然
副主编　温昭苏　李　妍　杨宇欣
　　　　孟　月　刘翠萍　陈　程
　　　　唐　昊　张樱谊

北京理工大学出版社
BEIJING INSTITUTE OF TECHNOLOGY PRESS

内 容 提 要

本书聚焦《国家职业教育改革实施方案》提出的新任务、新要求，探索课岗赛证相互融合，充分结合岗位要求与职业发展方向，对标高职院校酒店专业学生应取得的现代酒店服务质量管理等职业技能等级证书要求编写。全书共有五个部分：第一部分为认知篇，主要内容为管理会计与饭店管理会计概述；第二部分为数据篇，包括从资产负债表中认识饭店、从利润表中认识饭店、报表比率分析等内容；第三部分为成本与价格篇，包括认识成本、认识价格、本量利分析法与成本管控等内容；第四部分为决策篇，包括经营预测、预算编制与预算控制、投资预算等内容；第五部分为内部控制篇，主要内容为饭店内部控制与会计控制。

本书可作为高职高专院校饭店管理相关专业的教材，也适合饭店管理相关工作从业者参考使用。

版权专有　侵权必究

图书在版编目（CIP）数据

饭店管理会计 / 阎文实，吴欣然主编 .-- 北京：北京理工大学出版社，2024.4
　　ISBN 978-7-5763-0785-6

Ⅰ.①饭… Ⅱ.①阎…②吴… Ⅲ.①饭店－管理会计－教材　Ⅳ.① F719.2

中国版本图书馆 CIP 数据核字（2021）第 260990 号

责任编辑：阎少华		**文案编辑**：阎少华	
责任校对：周瑞红		**责任印制**：王美丽	

出版发行 /	北京理工大学出版社有限责任公司
社　　址 /	北京市丰台区四合庄路 6 号
邮　　编 /	100070
电　　话 /	（010）68914026（教材售后服务热线）
	（010）68944437（课件资源服务热线）
网　　址 /	http://www.bitpress.com.cn
版 印 次 /	2024 年 4 月第 1 版第 1 次印刷
印　　刷 /	河北鑫彩博图印刷有限公司
开　　本 /	787 mm×1092 mm　1/16
印　　张 /	13.5
字　　数 /	342 千字
定　　价 /	69.00 元

图书出现印装质量问题，请拨打售后服务热线，负责调换

前　言

国家"十四五"规划和2023年远景目标纲要明确提出发展文化事业和文化产业，推进文旅融合，实施创新发展。党的二十大报告指出，到2035年，我国发展的总体目标是，……建成教育强国、科技强国、人才强国、文化强国、体育强国、健康中国，国家文化软实力显著增强……，报告同时指出，构建优质高效的服务业新体系，推动现代服务业同先进制造业、现代农业深度融合。旅游业作为现代服务业的重要组成部分，在国民经济战略性支柱产业的地位已越发重要。国务院在《关于深化现代职业教育体系建设改革的意见》中将核心课程、优质教材建设作为首要内容，凸显了对职业教育的重视，以及对与行业深度融合的优质教材的迫切需要。

《饭店管理会计》编写组以建设高水平的酒店管理与数字化运营专业应用型人才培养教材为目标，助力酒店管理与数字化运营专业高等职业教育优化，促进酒店管理与数字化运营专业应用型人才能力培养与素质提升，着手本教材的编写工作。

我国高职院校酒店管理与数字化运营专业多开设有饭店财务会计课程，财务会计是一门专业，管理会计是一种管理方法；专业对部分人适用，方法对所有人适用。由此，对酒店管理与数字化运营专业的学生来说，开设"饭店管理会计"课程要比开设"饭店财务会计"课程更适用。

"饭店管理会计"课程，对饭店管理中的财务、营销、人事、行政、工程等部门或专业，或是对基层工作人员、普通白领、中层和高层管理者，都具有很强的实用性。掌握"饭店管理会计"课程内容，能够深刻了解财务数据背后隐藏的重要信息；能够很好地利用这些信息分析结果并对饭店各种已实现的指标与过去、与同行业进行比较，并发现差距，找准自己在竞争中的位置；能够对产品和服务的成本、价格、销量和利润进行透彻的分析，进而制定成本策略、价格策略和销售策略；能够通过预算和预测，对短期经营指标和未来发展目标做出较为准确的判断，并做出决策；能够通过落实责任、精准核算、有效考核，促进目标实现和激励员工更好地工作。

本书聚焦《国家职业教育改革实施方案》提出的新任务、新要求，探索岗课赛证相互融合，充分结合岗位要求与职业发展方向，对标高职院校酒店专业学生应取得的现代酒店服务质量管理、前厅管理、餐饮管理等职业技能等级证书要求。通过学习，学生能更好地理解成本与服务的关系，理解酒店运营是如何围绕成本展开的，自觉将成本控制意识融入产品设计和服务；特别是对于参加全国职业院校技能大赛酒店服务赛项和酒水服务等赛项的参赛选手，通过学习本书，在展现创新实践能力的同时，也能展现专业的酒店管理思维。

本书为辽宁省旅游类专业协作体牵头院校辽宁生态工程职业学院以及黑龙江旅游职业技术学院与内蒙古商贸职业学院等成员单位的教师和沈阳瑞士酒店的高管等校企联合编写。由于编者水平有限，不足之处在所难免，望读者批评指正。

编　者

目 录

第一部分 认知篇 ………………………………………………………………… 1

学习情境一 管理会计与饭店管理会计概述 ………………………………… 3
任务一 管理会计概述 ……………………………………………………… 3
任务二 饭店管理会计概述 ………………………………………………… 8

第二部分 数据篇 ………………………………………………………………… 15

学习情境二 从资产负债表中认识饭店 ……………………………………… 15
任务一 认知饭店资产负债表 ……………………………………………… 15
任务二 饭店资产负债表的分析 …………………………………………… 24

学习情境三 从利润表中认识饭店 …………………………………………… 34
任务一 认知饭店利润表 …………………………………………………… 34
任务二 饭店利润表分析 …………………………………………………… 38

学习情境四 报表比率分析 …………………………………………………… 52

第三部分 成本与价格篇 ………………………………………………………… 75

学习情境五 认识成本 ………………………………………………………… 75

学习情境六 认识价格 ………………………………………………………… 83
任务一 客房成本定价 ……………………………………………………… 84
任务二 餐饮成本定价 ……………………………………………………… 87

学习情境七 本量利分析法 …………………………………………………… 97
任务一 本量利分析 ………………………………………………………… 97
任务二 静态条件下的本量利分析 ………………………………………… 100
任务三 动态下的本量利分析 ……………………………………………… 104

学习情境八 成本管控 ………………………………………………………… 112
任务一 标准成本法 ………………………………………………………… 112
任务二 作业成本法 ………………………………………………………… 116

第四部分 决策篇 ... 120

学习情境九　经营预测 ... 120
任务一　认知预测 ... 120
任务二　饭店经营预测 ... 126

学习情境十　预算编制与预算控制 ... 132
任务一　认知年度经营预算 ... 132
任务二　预算的编制 ... 136
任务三　预算控制 ... 147

学习情境十一　投资预算 ... 157
任务一　投资预算中的货币价值 ... 158
任务二　投资预算中的现金流量 ... 165
任务三　固定资产更新预算 ... 176

第五部分　内部控制篇 ... 183

学习情境十二　饭店内部控制与会计控制 ... 183
任务一　饭店内部控制概述 ... 183
任务二　会计控制 ... 188
任务三　责任会计 ... 192

术语对照表 ... 201
附录 ... 206
参考文献 ... 210

第一部分 认知篇

2021年中国餐饮业年度报告（节选）

2021年8月，中国饭店协会与新华网联合发布了《2021中国餐饮业年度报告》（以下简称《报告》）。《报告》由各地区餐饮收入及各业态领跑企业排行、行业整体经营状况分析、上市公司分析、餐饮企业家信心指数分析和精选附件五大部分组成。

《报告》从宏观和微观的角度考察并分析了2020年中国餐饮行业发展情况，结合中国饭店协会的调研结果，通过科学的统计指标与翔实的数据反映餐饮行业发展现状与走向，并针对行业趋势与国家新政进行详细解读，给出相关发展建议；结尾部分精选了对餐饮行业有重大指导意义的国家政策、法律和标准文件供业者参考。完整版《报告》（专业版）总字数超8.8万字，共5章、20节和80余个内容模块，包含数据图表40余组。以下是本报告的重点内容摘要。

一、饭店行业宏观动态

数据统计显示，2020年我国内地各省市区餐饮收入排行榜中，广东省以4 124.76亿元位居榜首；河北省以3 856.4亿元、江苏省以3 434.36亿元分列第二和第三名。餐饮排行榜前十名的内地省份及其数据见表1。

表1 2020年我国内地各省市区餐饮收入排行榜TOP10

序号	省份	餐饮收入/亿元	同比增长/%	GDP收入/亿元	GDP同比增长/%	备注
1	广东	4 124.76	−18.70	110 760.94	2.90	
2	河北	3 856.40	9.73	36 206.90	3.90	含住宿
3	江苏	3 434.36	−7.90	102 719.00	3.70	含住宿
4	山东	3 129.10	−6.20	73 129.00	3.60	
5	浙江	2 787.00	−8.40	64 613.00	3.60	
6	四川	2 482.50	−9.00	48 598.80	3.80	
7	河南	2 299.25	−17.10	54 997.07	1.30	含住宿
8	安徽	1 980.40	−6.30	38 680.60	3.90	
9	湖南	1 883.50	−9.40	41 781.50	3.80	含住宿
10	福建	1 739.56	−6.90	43 903.89	3.30	

从不同区域划分来看,"丝绸之路"沿线省市区餐饮收入,四川、重庆和云南在排行榜中排名前三;"21世纪海上丝绸之路"沿线省市区餐饮收入,广东、江苏和山东分别排名前三位;京津冀地区中,河北餐饮收入最多,其次是天津和北京;长江经济带省市区中,江苏、浙江和四川的表现最为突出,餐饮收入分别位列前三。

二、行业发展情况

1. 调研概况

本次参与调研的企业共计116家,分布在内地26个省、市和自治区;涉及门店数3.1万余家,涉及品牌总数400余个。2020年营业收入超过2 000万元的企业占比83%,2020年营业收入超过1亿元的企业占比64%。从所有制上看,调研企业包含内资民营企业、国有/国有控股企业、港澳台资和其他类型企业及外商企业;从业态上看,调研企业涵盖正餐、火锅、团餐、快餐等多元业态。调研数据能够一定程度上反映餐饮行业大中型企业发展状况,具有一定的典型性和代表性。调研企业基本情况如图1所示。

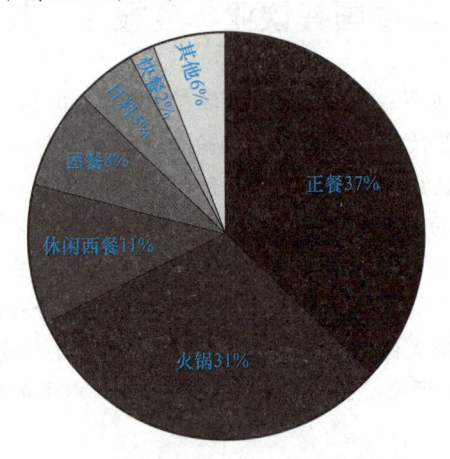

图1 调研企业业态分布比例

（正餐37%、火锅31%、休闲西餐11%、团餐8%、饮料5%、快餐2%、其他6%）

2. 经营状况

2020年年初的新型冠状病毒感染疫情对行业的发展情况产生重大影响。从规模方面来看,调研企业普遍采取稳中求进的路线,在门店和品牌扩张上放缓脚步,转而加强中央厨房与养殖基地的建设工作;从成本方面来看,新型冠状病毒感染疫情虽然客观上降低了企业部分运营成本,但盈利压力同时加大,总体成本压力仍然存在;从现代化方面来看,连锁化规模持续扩大,加盟店成为调研企业青睐的模式。移动支付比例继续提升,主流支付地位明显。有关于企业规模、成本、现代化程度、财务情况、各业态经营指标统计等详细经营情况数据在完整版报告中披露。

3. 发展方向和未来预期

品牌化仍然是调研企业关注的重点,更多的企业对供应链发展和数字化、智能化发展产生兴趣。众多调研企业将加大新投资、发展新品牌纳入下一步计划;绝大多数参与调研的餐饮企业家对于整个餐饮行业及营收预期持乐观态度。

4. 行业发展状态与趋势

2020年年初的新型冠状病毒感染疫情对餐饮行业造成巨大打击。在此背景下,中央及时做出调整与部署,将餐饮行业作为落实"六稳""六保"任务的重要阵地,行业在稳定群众就业方面发挥了积极作用。随着国内新型冠状病毒感染防控形势总体稳定,国家出台各类促消费政策,餐饮行业积极调整配合,在10月份迎来了复苏与正增长。

餐饮行业出现一系列新发展趋势：企业更加注重发展绿色餐饮，积极践行分餐制、反对食物浪费、限塑禁塑等措施；企业加大对供应链、中央厨房、精益化央厨等配套元素的建设；外卖市场继续下沉，走向专业化与品质化转型；团餐"逆风起飞"，备受资本青睐；预制半成品引领餐饮和超市融合发展；特色小吃与单品异军突起，火遍大江南北；职教改革将助力行业人才培养与建设。针对这些新趋势的内涵以及餐饮企业如何把握趋势、占领发展先机，完整版《报告》给出了详细分析与建议。

5. 政策解读

2020年是极不平凡的一年。突如其来的新型冠状病毒肺炎在国家经济与行业发展进程中留下了深深的烙印，餐饮企业的经营状况普遍遭遇滑铁卢式下降。为了重振经济，国家出台各类营商优惠与发展帮扶政策，助力企业尽快恢复元气。在这个背景下，本年度报告新增加"政策指引分析"模块，归纳、总结并解读绿色发展、打造民族品牌、优化营商与投资环境、建设供应链产业链、数字化发展、科技创新和人才培养等方面的优惠与发展政策，并针对这些内容为餐饮业者提供了发展方向与建议。

（来源：中国饭店协会）

学习情境一　管理会计与饭店管理会计概述

问题：
1. 什么是管理会计？它与财务会计有什么区别？
2. 什么是饭店管理会计？为什么要学习饭店管理会计？

导读：
本学习情境介绍了管理会计的相关概念、内容与作用，总结了管理会计形成至今的发展现状；阐述了饭店业管理会计的概念与内容。

任务一　管理会计概述

能力目标

能够正确描述管理会计的职能；
能够正确描述管理会计与财务会计之间的区别与联系。

知识目标

理解会计、管理会计的概念与区别；
了解管理会计的形成与发展现状。

思政目标

培养爱岗敬业、立德力行的职业品德；
培养强烈的社会责任感及团结协作和管理协调的能力。

岗课赛证融合点

对应岗位	前厅服务岗、客房服务岗、餐饮服务岗、物资管理岗、市场营销岗、财务管理岗
对应证书技能	《现代酒店服务质量管理职业技能等级标准》中级证书 服务设计领域——组织架构设计技能
对应赛项要求	全国职业院校技能大赛高职组"餐厅服务"赛项 中餐服务——模块A——主题宴会设计——用管理会计思维设计宴会产品 西餐服务——模块D——休闲餐厅服务——用管理会计思维解决客户需求

一、会计的概念和基本职能

（一）会计的概念

按照通俗的说法，会计就是记账、算账和报账。会计从产生到现在已有几千年的历史，我国古代"会计"一词产生于西周，主要指对收支活动的记录、计算、考察和监督。

清代学者焦循在《孟子正义》一书中对"会"和"计"做过概括性的解释："零星算为之计，总合算为之会。"说明会计既是进行连续的个别核算，又要把个别核算加以综合，进行系统综合全面的核算（图1-1）。通过国内外学界对会计本质问题的研究，可以得出会计的概念。

图1-1 "会计"一词的释义

会计是以货币作为主要计量单位，运用一系列专门方法，对企事业单位的经济活动进行连续、系统、全面和综合的核算和监督，并在此基础上对经济活动进行分析、预测和控制，以提高经济效益的一种管理活动。

（二）会计的基本职能

作为经济管理工作的重要组成部分，会计管理作用的发挥是通过会计职能实现的。会计的基本职能是指会计在企业经济管理中所具有的功能。会计的职能随着经济的发展和会计的内容、作用不断扩大而发展着。其基本职能可概括为核算与监督。

1. 核算

会计的核算即反映职能，是将企业已经发生的个别的、大量的经济业务，通过记录、计算、整理、汇总转化为全面、连续、系统的会计信息，以反映经济活动的全过程及结果。会计信息是管理层进行决策的重要依据。

2. 监督

会计的监督职能是指会计机构、会计人员通过会计工作对企业的经济活动全过程实行会计监督。会计监督使企业严格遵守国家颁发的财政制度和财务制度规定，并对各项经济业务的真实性、合法性、合理性进行审核，目的是保证企业会计目标顺利实现。

会计核算和会计监督这两项职能是辩证统一的关系。会计核算是会计监督的基础，只有正确地进行会计核算，会计监督才有真实可靠的依据；会计监督是会计核算的延续，只有严格进行会计监督，会计核算才能在企业的经济管理中充分发挥作用。

二、管理会计的概念

（一）管理会计的定义

关于管理会计的定义，大体上有三大类：

（1）广义的管理会计定义，是指用于概括现代会计系统中区别于传统会计，直接体现预测、决策、规划、控制和责任考核评价等会计职能的那部分内容的一个范畴。

（2）管理会计学意义的管理会计定义，是以使用价值管理为基础的价值管理活动，它运用一系列专门的方式、方法，通过确认、计量、归集、分析、编制与解释、传递等一系列工作，为规划、决策、控制和评价提供信息，并参与企业经营管理。

（3）狭义的管理会计定义，又称微观管理会计定义，是指在当代市场经济条件下，以强化企业内部经营管理，实现最佳经济效益为最终目的，以现代企业经营活动及其价值表现为对象，通过对财务信息的深加工和再利用，实现对经济过程的预测、决策、规划、控制、责任考核评价等职能的会计分支。本书采用的即这一定义。

（二）管理会计的主要内容

管理会计主要包括以下内容：

（1）预测决策会计，包括预测和决策两大职能。在预测经济前景基础上，做出和实施经营决策，是管理会计的核心。

（2）规划控制会计，包括规划和控制两项职能。企业决策目标和经营方针已经确定，以计划为主的规划和控制，就成为完成企业目标的关键。

（3）责任会计。控制的前提是划分责任，就是要明确各个组织层级和职工个人的职责范围，包括工作内容、流程、标准、目标等；明确为完成职责所必需的权力、权限；明确完成责任应该所得的权利等。明确责任、权限和权利，为考核和评价提供了依据，也为更好地激励职工积极性搭建了平台。

三、管理会计的作用

（一）管理会计包含了企业管理的基本职能

企业管理的基本职能是计划、组织、领导、控制。计划一般包括预测、决策和目标的确定；控制是围绕计划和标准展开的，计划的执行过程就是控制过程，在这个过程中不断发现实际与计划和标准的差异，以及差距产生的原因，及时采取措施，确保计划的完成。

（二）管理会计为企业未来发展提供完整信息

财务会计是对企业当时发生的财务事项进行记录和总结，提供的是企业历史信息，是对过去发生的财务事实的描述。对历史信息的分析与综合，并不是财务会计本身的职能。因此，财务会计对企业未来发挥的作用是有限的。管理会计的本质或基本职能，就是对财务会计提供的历史信息，按照管理的需要进行分析、综合，从中找出规律性的东西，为企业未来发展方向和目标计划，如预测、决策、控制等提供依据。

（三）管理会计是企业计划、决策的重要手段

企业管理不仅在于获得信息，更要有效地运用信息。财务会计提供信息，管理会计进一步加工这些信息，并运用到管理中。如财务会计提供了收入（销售额）、价格、成本、费用等原始信息，这些数据各自都是单一、独立的，对此后的经营指导作用不大。管理会计要对这些数据进一步分析与综合，例如，管理会计不仅看销售额，还要看销售量，不仅关注整体费用，还要将整个费用进一步分为可变部分和固定部分，从成本、销售量、目标利润的相互关系中，科学制订未来的财务计划和营销计划。

（四）管理会计为控制和业绩考评提供依据

企业管理重要内容之一，就是要有预算、标准、定额等指标，并对这些指标完成情况进行考核和评价，从中找出差异，分析差异产生的原因，及时改进，确保预算的完成。例如，劳动生产率是衡量饭店业经营情况的重要指标，这个指标是销售额与用工数量之比，财务会计提供了销售额，人力资源部提供了用工数量，管理会计在参考了本地区饭店行业的劳动生产率水平的基础上，提出了所在饭店的劳动生产率指标，并以此对饭店劳动生产率情况进行考核。

四、管理会计的形成与发展

（一）管理会计的形成

管理会计是随着企业管理实践和理论的发展而产生和发展的，并从传统财务会计中逐渐分离出来的、具有现代意义的会计分支。

以西蒙"决策论"为代表的现代管理科学理论促进了管理会计的形成。

20世纪50年代，世界经济有了很大发展，现代管理科学应运而生。现代管理科学是主要以运筹学（决策论是其中一个分支）和行为科学武装起来的一门新兴的管理理论，它把企业正确地进行经营决策放在首位，西蒙就提出"管理的重心在于经营，经营的重心在于决策"。在现代科学管理理论的影响下，会计的重点开始由对经济过程的反映和事后分析，逐渐转移到对经济过程

的控制和事前的预测、决策。由于对预测和决策的需要，一些现代数学方法被引入会计领域，使管理会计逐渐同传统会计相分离，形成了一套有助于加强企业内部管理的理论和方法体系。

（二）管理会计的发展与现状

1. 管理会计在我国的发展

20世纪70年代末80年代初，伴随着我国改革开放，管理会计概念传入我国，1979年由当时的机械工业部组织翻译出版了第一部《管理会计》，1982年前后，我国出版了用于不同财经类院校的《管理会计》，一些管理会计的普及读物相继面世，财政部、教育部先后组织了全国性管理会计师资培训班，这一切都促进了管理会计在业内的普及。由于我国经济改革刚刚起步，财务会计管理体制和方法仍然处于计划经济模式，管理会计从理论到实践都难以有大的突破，甚至出现滑坡。

2. 我国管理会计的现状

随着改革开放的深入发展，社会主义市场经济逐渐建立和不断完善，尤其是1993年，为适应市场经济的需要和与国际接轨，我国对财务会计体制进行了重大改革，推动了管理会计的发展。近些年来，我国一些理论工作者积极探讨，试图建立我国自己的管理会计理论和体系。然而，我国管理会计在理论上还没有突破，在实践上，还有很多企业没有将管理会计运用到企业的管理，尤其是缺少行业性管理会计的理论和实践。

五、管理会计与财务会计的关系

财务会计是对资产、负债、所有者权益及其变动情况，以及收入、费用和利润的核算、监督的活动与过程。管理会计与财务会计既有联系又有区别。

（一）管理会计与财务会计的联系

（1）从管理会计所需的资料来源看，财务会计为管理会计提供了基础的财务数据。管理会计要做出预测、决策、目标利润、控制和考核，离不开企业的财务数据，如收入、费用、利润、资产、负债和所有者权益等基础数据。没有财务会计就没有管理会计。

（2）管理会计在对财务会计的信息分析中，可以促进财务会计的工作。一般情况下，财务核算主要是为了对外公布法定财务数据而进行的企业经营活动核算，这种核算只核算到企业，而管理会计主要是为了企业内部管理而进行的核算，要求核算到经济责任单位，客观上促进财务提供更详细的数据。

（3）财务会计与管理会计的信息可以兼容和互享。财务对外报表可以被管理会计在企业内部使用，如"资产负债表"和"利润表"；同样，管理会计所需的内部报表也可以作为对外报表。

（4）财务会计的体制决定了管理会计的体制，财务会计的发展程度影响着管理会计的发展程度。

（二）管理会计与财务会计的区别

（1）作用不同。财务会计报表主要面向投资人、债权人、税务机关等企业外部，提供有关企业的财务及经营成果综合指标。管理会计主要面向企业内部，提供他们所需要的、经过分析和加工的财务信息，为企业预测、决策、预算、控制和考核等管理提供依据。当然，无论是财务会计还是管理会计都是为企业内外部服务的，只不过是侧重点不同。

（2）方法不同。财务会计的会计凭证的登录、账簿的设立、记账方式及核算方法等会计行为都有一套严格规范的准则和制度。管理会计则是根据企业的需要，可以采用灵活多样的方式，随时对财务数据进行分析整理。

（3）目标不同。财务会计一般只对企业已经发生的经济事项进行记录和事后算账，目标侧重于当时和事后。管理会计的目标则是面向未来，它利用财务数据，为未来的预测、决策和经营目标提供依据。

（4）功能不同。财务会计的功能在于反映企业整体财务状况，如会计的六大要素所反映的就是企业整体性、系统性、综合性指标。管理会计则是关注整体，兼顾局部，着眼企业，立足部门、班组等经济责任单位。管理会计中的"决策会计"，主要是确定目标、制订计划、规划未来、选择方案，提高企业整体效益。"执行会计"则是将整体目标分解到部门、班组，落实责任，控制监督，跟踪考核。

（5）组织形式不同。财务会计是一门专业，任何企业都要设立专门岗位和部门以满足财务活动和会计管理的需要。管理会计则是一种方法，是企业管理中普遍适用的方法，企业中任何一名职工，尤其是各岗位的经营管理人员，都可以运用管理会计的知识和方法，对企业、部门、自己管辖的部位和范围，乃至自己关心和感兴趣的经济内容做管理会计方面的分析，无须某种特定的组织形式。

任务二 饭店管理会计概述

能力目标

能够正确描述饭店管理会计的内容、特点；
能够正确描述饭店管理会计与管理会计的区别与联系。

知识目标

理解饭店产品的特殊性；
了解饭店的组织架构；
掌握饭店管理会计的内容。

思政目标

培养团结协作的精神及服务的意识；
培养专业的职业素养和强烈的社会责任感。

岗课赛证融合点

对应岗位	前厅服务岗、客房服务岗、餐饮服务岗、物资管理岗、市场营销岗、财务管理岗
对应证书技能	《现代酒店服务质量管理职业技能等级标准》中级证书 服务设计领域——组织架构设计技能

续表

| 对应赛项要求 | 全国职业院校技能大赛高职组"餐厅服务"赛项
西餐服务——模块 D——休闲餐厅服务——熟悉并能设计休闲餐厅组织架构 |

一、饭店业及其性质

饭店也称"酒店"（Hotel），是商业性的食宿建筑。这个定义包含着饭店同时具备的三个要素：一是饭店的功能，主要是满足人们吃饭和住宿的需求；二是饭店的性质是商业性的，也就是经营性的，如家庭虽也能满足吃饭和住宿的需求，但它不具备经营性质，因此不能称其为饭店；三是外在形象一定是个建筑物，无论如何不能将路边烧烤或野外宿营称为在饭店消费。

饭店业在我国国民经济体系中属于第三产业服务业，其主要性质体现如下：

（1）饭店业是投资密集型产业。饭店是商业性食宿建筑。一所饭店的投资少则几十万、上百万元，动辄则十几亿、几十亿元，涉及资金额巨大。

（2）饭店业是劳动密集型产业。对客服务中提供全天全程的面对面服务，其服务性必然要求饭店保有足够的从业人员。

二、饭店产品的特殊性

饭店产品与机器制造业、服装业等其他行业的产品相比，具有以下特殊性：

（1）客房销售的时间性。客房销售的时间性是指客房商品价值不可储存和弥补，这一特点是由饭店客房特点决定的。客房出售的是使用权而非所有权，客房商品的价值实现是在时间上连续不断地出售使用权而实现的。

（2）空间位置的固定性。饭店产品自身是建筑物，位置不可移动，不像其他商品能向外辐射销售，因此饭店只能向内吸引消费者；其他商品可以拿到任何地方去卖，饭店产品只能吸引顾客到饭店来买。因此地理位置和声誉是决定饭店经营极为重要的因素。

（3）服务与消费的统一性。饭店产品不能试用和退货，也不能在其他消费者的消费过程中感知服务质量，更不能因为服务出现瑕疵而重新服务一次，因此，质量具有一锤定音和不可预知的特性。这就要求饭店的经营管理者要树立科学的质量观和科学的管理方法。

（4）消费者对服务质量评价的主观随意性。一般商品都是由"物"做载体的，摸得着看得见，对其质量评价具有客观性。饭店服务是一个活动过程，是无形的，只能靠消费者的感觉评价质量；因销售与服务的时空统一性，消费者只能对自己所经历的消费过程质量做出评价；面对同一标准、同一水准、同一内容和方式的服务，由于消费者的生活习惯、文化背景、个人喜好、消费时的情绪及心理状态等的不同，会做出不同的甚至于完全相反的评价。这一特性要求饭店经营管理者要特别强调个性化服务，饭店的服务员要具有很高的应变能力。

（5）经营的季节性。饭店消费者的消费动机主要体现在两方面：一是旅游，二是商务活动，或者两者兼而有之。旅游和商务活动都受季节限制，不仅如此，就是每一天的经营也有淡旺季。经营淡旺季的特点，使饭店的经营管理者在促销的方式上、劳动时间安排上及劳动成本的控制上表现出了与其他行业不同的特点。

三、饭店的组织机构

饭店组织机构的设置是由饭店规模决定的。饭店机构一般分为两大部分：一部分是经营部门或利润中心；一部分是为经营服务的部门或服务中心。我们以一个中型饭店为例，利润中心包括房务部（包括客房部、前厅部）、餐饮部、康乐部等经营部门；服务中心包括总经理办公室（总经办，也称行政部）、人力资源部、财务部、营销部、保安部、工程动力部等（图1-2）。

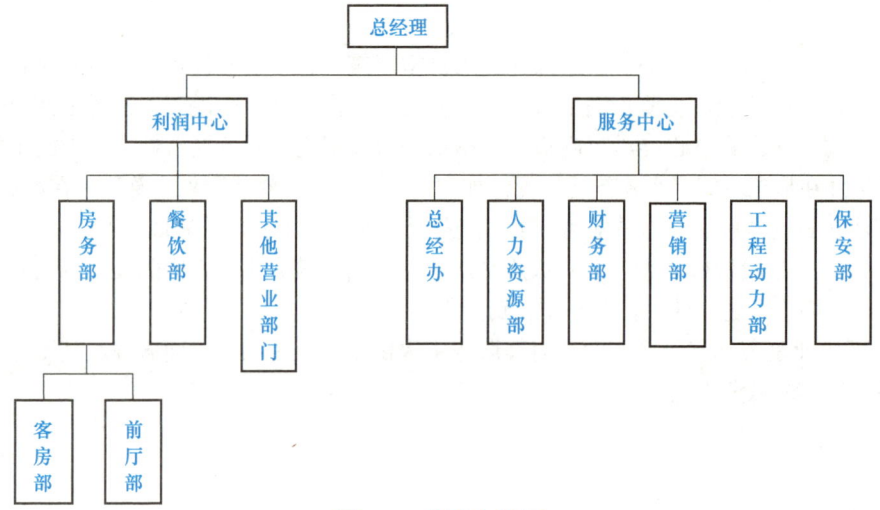

图1-2 饭店机构图

四、饭店管理会计

饭店管理会计是一般管理会计在饭店管理中的应用，是一般管理会计的基本知识和基本理论与饭店产品特殊性的有机结合，与一般管理会计既有联系，又有区别。

（一）饭店管理会计的定义

饭店管理会计是利用财务会计信息和其他有关信息，采用灵活多样的分析方法，为饭店成本、价格、利润等经营活动提供依据和管理方法，用预测、预算等手段对经济活动目标做出决策，用控制、考核、评价等内部控制方法，达到完成饭店预期经营指标和未来发展目标的会计活动。

这个定义包含饭店管理会计的对象、信息来源、方法、手段和目标。

（1）饭店管理会计的对象，是以企业所有使用价值和价值为主体的经济行为，它主要研究和解决企业各级经营管理人员，如何利用财务会计提供的信息，对企业的成本、价格、销量、利润以及预测、决策、目标、控制、考核等一系列活动与过程的管理。这是管理会计与财务会计（管理）及其他管理的本质区别。

（2）饭店管理会计的手段主要是经济信息分析。饭店管理会计的信息主要来自财务会计，它收集和利用企业内部财务会计信息，及企业外部如市场、政府等相关信息，对企业内部收入、费用、资产、负债等一些常用的经济指标和标准进行分析，同时结合企业外部信息（如一些指标的行业标准、市场需求、价格等信息，政府有关法律、法规和政策等），在信息分析比较的基础上，确定饭店目标利润，并对目标利润的实现进行控制和考核。

（3）饭店管理会计的方法灵活多样。饭店管理会计使用和分析财务会计信息时，不受财务会计核算方法的约束，根据企业经营管理需要，方法可以灵活多样，这就给管理会计的管理提供了广阔的空间，管理会计在经营管理中的作用程度取决于管理者的聪明和智慧。

（4）饭店管理会计的作用主要体现在对企业未来发展的预测（Forecasting）、决策（Making Decision）等方面提供参考和依据。

（5）饭店管理会计的目标，主要是通过对财务会计信息的分析，看到优势和差距，找准企业经营管理的切入点，促进企业完成预期经营目标。

（二）饭店管理会计内容

饭店管理会计主要内容包括决策会计和执行会计两部分（图1-3）。

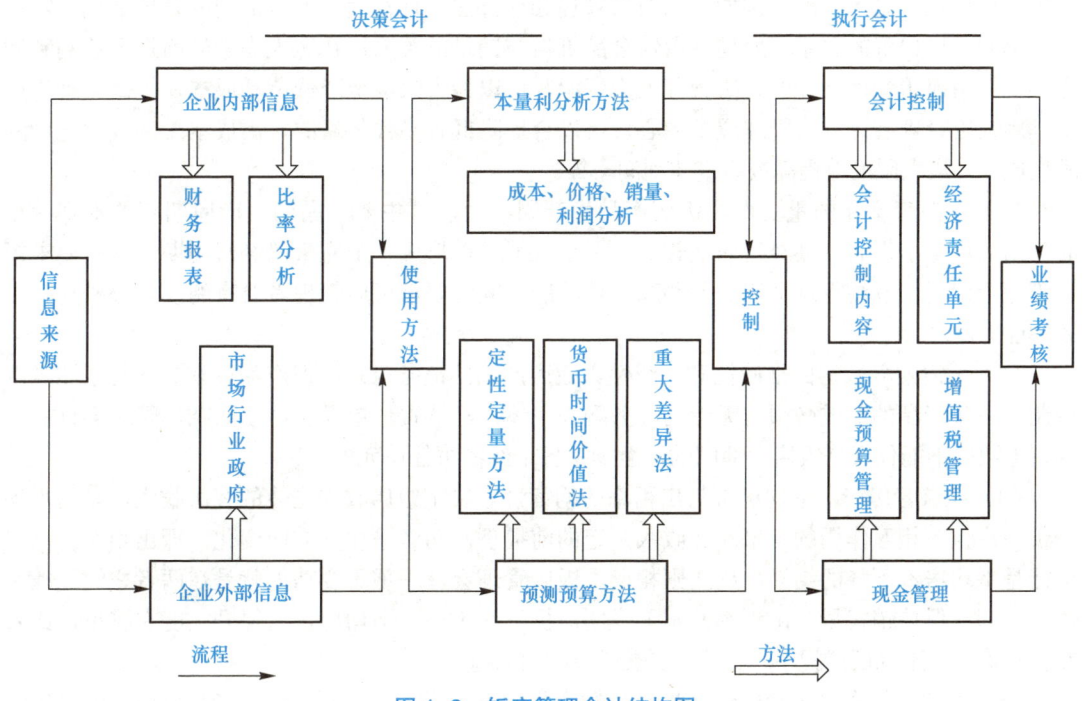

图1-3 饭店管理会计结构图

从图1-3可以看出，管理会计分为两大部分，从信息采集分析到目标利润的确定，是事先计划，规划未来阶段，属于决策过程，是决策会计。从实现目标利润到业绩考核是事中控制和事后考核阶段，是对决策的执行过程，是执行会计。

（1）饭店管理会计的起点是信息采集和分析。信息采集包括企业内部和外部的信息采集，企业内部信息来源是上个会计期间的财务报告，其中最主要的是财务报表，即资产负债、利润表和现金流量表及其附表。运用财务会计实施经营管理，不懂财务报表是无法想象的。外部信息主要是同行业、市场、政府等相关信息。对所采集的信息分析主要采用比率分析法，比率分析的基本特点是比较，在分析比较中抓住经营中的主要问题及原因。信息采集和分析是预测、决策前提和条件。

（2）使用正确的方法处理采集来的会计数据。利用本量利分析方法，综合分析成本、价格、销售量对目标利润的相互影响。

(3) 在本量利分析的基础上,运用预测和预算等手段及方法决策目标利润。预测方法包括定量分析和定性分析。预算内容不同采用的方法也不同,如经营预算采用重大差异法,投资预算采用货币时间价值法,现金预算采用现金收支法等。

(4) 通过控制实现目标利润。控制主要是会计控制,控制要落实在企业内部的各个时间点、各个部位乃至每个人,这就是经济责任单元及由不同类型经济责任单元构成的责任中心。经济责任单元的主要功能是明确经济责任,责任中心的主要功能是明确经济责任单元的类别以确定核算方法,在明确经济责任的基础上定期对经济责任单元进行经济业绩核算与考核。

(三)饭店管理会计的特点

(1) 管理内容的综合性。饭店管理会计可以用会计方式对饭店各个管理对象实施管理,使管理更加量化、更加精准。例如,用饭店管理会计方法管理营销,可以恰到好处地处理好客房出租率和平均房价的关系,处理好餐饮食品价格与销量的关系,在客人满意的前提下达到利润最大化;用饭店管理会计的方法管理人力资源,可以最大限度地降低劳动成本,提高劳动生产率;用饭店管理会计方法管理成本中心,可以合理降低容易被忽略的、占成本总额较大比例的间接成本,最大限度地提高饭店整体利润率等。

(2) 正向现金流的重要性。饭店产品生产周期短,其主要产品的生产周期有的不到一小时,由此决定了饭店产品经营周期较短,一个月就可以形成一个完整的经营周期,这就要求饭店管理会计要十分注重现金流的预测和预算功能,同时要求饭店管理者要有阅读和分析财务报表的能力。

(3) 所需财务数据的准确性和广泛性。饭店产品的链条虽短,但产品成本非常复杂和难以控制,一些产品的形成必须与无形的服务融为一体,经济责任单元主体小而杂,管理会计所需的财务数据不能仅仅是饭店和部门的,至少是各个经济责任单元的。

(4) 寻求客房产品平均房价与出租率的均衡性。决定饭店收入主体的客房收入,是由平均房价与出租率相互作用的结果。在收入一定的前提下,两者呈相反方向变化,即出租率提高,可能是平均房价下降的结果,反之则相反。饭店管理会计一项重要功能就是在两者之间寻找平衡点,即在保持销售量(出租率)不下降的前提下,价格(平均房价)提升幅度在哪里,或者在保持价格不下降的前提下,销售量的提升幅度在哪里。

(5) 关注餐饮食品定价的综合性。餐饮产品的直接成本和毛利构成了产品价格。但是决定一份菜单的毛利水平不是单个菜肴的成本和毛利。一份菜单有多种菜肴,少则十几种,多则几十种,甚至上百种,每份菜肴的毛利和销量不同,因此,一份菜单菜肴的最佳销售组合才是毛利多寡的基础。然而,最佳销售组合仅仅是销售者的主观愿望,最佳销售组合的菜单能否实现其价值,还要看消费者对菜单中菜肴的喜欢程度。饭店管理会计就是要遵循着菜肴(菜单)—销售组合—菜单结构—综合定价的逻辑,寻找获得餐饮较高收益的方法。

(6) 预测的选择性和决策的谨慎性。饭店业是投资密集型产业,无论是新建饭店还是改造饭店,抑或饭店内的装修改造,动辄数十万、成百上千万元,饭店管理会计进行决策时,要从多角度提供预测结果,供决策者选择。

冬奥记忆里的酒店人——北京北辰酒店前厅部经理李涛

小结

会计是以货币为主要计量单位,运用专门的方法,核算和监督一个单位经济活动的一种经济管理工作。

管理会计是指在当代市场经济条件下，以强化企业内部经营管理，实现最佳经济效益为最终目的，以现代企业经营活动及其价值表现为对象，通过对财务信息的深加工和再利用，实现对经济过程的预测、决策、规划、控制、责任考核评价等职能的会计分支。

管理会计的内容主要包括预测决策会计、规划控制会计和责任会计。

管理会计主要作用：管理会计包含了企业管理的基本职能；为企业未来发展提供较为完整的信息；它是企业计划、决策的重要手段；它为控制和业绩考评提供依据。加强企业内部管理的重要方面，就是要有预算、标准、定额等指标，并对这些指标完成情况考核和评价，从中找出差异，分析差异产生的原因，及时改进，确保预算的完成。

管理会计是随着企业管理实践和理论的发展而产生和发展的，并从传统财务会计中逐渐分离出来的、具有现代意义的会计分支。

饭店管理会计是管理会计一般理论与饭店行业性质和产品特点相结合，是管理会计在饭店管理中的具体应用。它是利用财务会计信息和其他有关信息，采用灵活多样的分析方法，为饭店成本、价格、利润等经济活动提供依据和管理方法，用预测、预算等手段进行决策，用控制、考核、评价等内部控制方法，达到完成饭店预期经营指标和未来发展目标的会计活动。

饭店管理会计主要内容包括决策会计和执行会计两部分。从信息采集分析到目标利润的确定，是事先计划，规划未来的阶段，属于决策过程，是决策会计。从实现目标利润到业绩考核是事中控制和事后考核的阶段，是对决策的执行过程，是执行会计。饭店管理会计的总体内容包括：信息采集和分析；利用本量利分析方法，综合分析成本、价格、销售量对目标利润的相互影响；在本量利分析的基础上，运用预测和预算等手段及方法决策目标利润；通过控制实现目标利润。

饭店产品的特殊性决定了饭店管理会计不同于一般管理会计和其他行业管理会计，其特点和作用至少包括正向现金流的重要性；所需财务数据的准确性和广泛性；寻求客房产品平均房价与出租率的均衡性；关注餐饮食品定价的综合性；预测的选择性和决策的谨慎性。

测试题

一、概念题

1. 会计。
2. 财务会计。
3. 管理会计。
4. 饭店。
5. 饭店管理会计。

二、填空题

1. 饭店管理会计的数据主要源于（　　）和（　　）。
2. 饭店管理会计的内容主要包括（　　）和（　　）两大类。
3. 饭店管理会计是（　　）在（　　）的应用。
4. 饭店管理会计的特点主要包括（　　）、（　　）、（　　）、（　　）和（　　）。

三、判断题（下面的表述是否正确，正确的打"√"，错误的打"×"。）

1. 管理会计的主要功能是对外提供法定财务信息。（　　）

2. 管理会计与饭店管理会计主要区别在于饭店行业的特点。（　　）

3. 管理会计的起点是预测和预算。（　　）

4. 管理会计需要有相应的组织部门。（　　）

四、选择题

1. 饭店管理会计主要内容包括（　　）。
   A. 信息采集　　　　　　B. 分析信息
   C. 预测与决策　　　　　D. 控制和评价
   E. 激励与奖惩

2. 会计报表包括（　　）。
   A. 资产负债表　　　　　B. 利润表
   C. 现金流量表　　　　　D. 收入表

3. 管理会计的主要内容包括（　　）。
   A. 基本数据来源　　　　B. 基本方法
   C. 预测与预算　　　　　D. 内部控制

五、思考题

1. 管理会计与饭店管理会计的联系与区别是什么？

2. 饭店管理会计的特点与作用是什么？

第二部分

数据篇

学习情境二　从资产负债表中认识饭店

问题：
1. 怎样迅速了解一家饭店的资产状况与资产结构？
2. 饭店的资产状况对其经营有什么影响？

导读：
本学习情境介绍了资产负债表的作用、基本结构及主要内容，介绍了如何运用报表分析方法对某企业的资产负债表进行分析。

任务一　认知饭店资产负债表

能力目标

能够正确描述资产负债表的构成，明确资产负债表的作用；
能够掌握资产负债表的阅读方法；
能够编制资产负债表。

知识目标

理解资产负债表的含义与作用；
掌握资产负债表基本结构与主要内容。

思政目标

培养严谨、客观的工作态度；
培养节俭朴素的价值观。

岗课赛证融合

对应岗位	前厅服务岗、客房服务岗、餐饮服务岗、物资管理岗
对应证书技能	《现代酒店服务质量管理职业技能等级标准》中级证书 服务交付与管控领域——餐厅仓库管理技能 服务交付与管控领域——酒店固定资产管理技能 服务交付与管控领域——客房仓库管理技能
对应赛项要求	全国职业院校技能大赛高职组"餐厅服务"赛项 中餐服务——模块 A——主题宴会设计——主题宴会材料采购 中餐服务——模块 B——宴会服务——宴会材料物资保管与盘点 西餐服务——模块 C——鸡尾酒调制与服务——酒水材料及用具管理 西餐服务——模块 D——休闲餐厅服务——分析休闲餐厅财务结构财务状况

饭店资产负债表是管理会计获得财务信息的主要来源之一，是分析饭店生产经营能力的重要资料，读懂饭店资产负债表对饭店投资者、债权人、管理者、政府有关部门等有着重要作用。

一、饭店资产负债表的含义、作用

（一）资产负债表的含义

资产负债表（Balance Sheet）是反映饭店某一特定日期财务状况的对外会计报表。它是根据资产、负债和所有者权益的相互关系，将日常工作中的大量数据进行高度浓缩整理，按照资产分类的性质和变现能力强弱顺序，把饭店一定日期的资产、负债和所有者权益排列起来而形成的。它表明了饭店在某一特定日期所拥有或控制的经济资源，所承担的现有义务和所有者对净资产的要求权。

（二）资产负债表的作用

（1）反映饭店在某一特定时间所拥有的经济资源及其分布情况，以分析资产的构成及其状况。

（2）反映饭店某一特定日期的负债总额及其结构，以分析饭店目前与未来需要偿还的债务数额。

（3）反映所有者权益的情况，表明投资者在饭店资产中所占有的份额，了解权益的结构情况。

（4）反映饭店的财务弹性，通过资产负债表，会计报表使用者可以了解饭店资产、负债的构成及资本结构，并借助利润表，评价饭店的财务弹性。

总之，通过资产负债表，报表使用者能够扼要地了解企业在报表日的财务状况，长期、短期和即期偿债能力，资产负债和权益结构等重要信息。

二、资产负债表的结构格式

（一）资产负债表的结构

资产负债表由表头、表体和脚注三部分组成。

(1) 资产负债表的表头部分列示表的名称、编制单位、编制日期和货币计量单位等内容。
(2) 资产负债表的表体部分列示资产、负债和所有者权益的具体内容。
(3) 资产负债表的脚注部分用来补充一些资料。

(二) 资产负债表的格式

资产负债表表体部分列示资产、负债和所有者权益事项。其结构方式有三种，即账户式、报告式和财务状况式。由于我国企业目前主要使用账户式资产负债表对外报表，企业对内部资产负债表分析时使用报告式更为方便，因此，这里主要介绍饭店业使用的账户式资产负债表和内部分析时常用的报告式资产负债表。

1. 账户式资产负债表

账户式资产负债表分左、右两部分，左边列示资产，右边列示负债和所有者权益，从整体上体现"资产 = 负债 + 所有者权益"会计等式。资产和负债项下各项目均按其流动性顺序依次排列，所有者权益项下各项目按其形成的先后顺序排列。账户式资产负债表样式见表2–1。

表2–1 资产负债表（账户式）

单位名称：　　　　　　　　　　　　　年　月　日　　　　　　　　　　　　　单位：元

资产	行次	期初数	期末数	负债和股东权益	行次	期初数	期末数
流动资产：	1	—	—	流动负债	34	—	—
货币资金	2			短期借款	35		
交易性金融资产	3			交易性金融负债	36		
应收票据	4			应付票据	37		
应收账款	5			应付账款	38		
预付账款	6			预收账款	39		
应收利息	7			应付职工薪酬	40		
应收股利	8			应交税费	41		
其他应收款	9			应付利息	42		
存货	10			应付股利	43		
一年内到期的非流动资产	11			其他应付款	44		
其他流动资产	12			一年内到期的非流动负债	45		
流动资产合计	13			其他流动负债	46		
非流动资产：	14	—	—	流动负债合计	47		
可供出售金融资产	15			非流动负债	48	—	—
持有到期投资	16			长期借款	49		
长期应收款	17			应付债券	50		
投资性房地产	18			长期应付款	51		
长期股权投资	19			专项应付款	52		

续表

资产	行次	期初数	期末数	负债和股东权益	行次	期初数	期末数
固定资产	20			预计负债	53		
在建工程	21			递延所得税负债	54		
工程物资	22			其他非流动负债	55		
固定资产清理	23			非流动负债合计	56		
生产性生物资产	24	—	—	负债合计	57		
油气资产	25			所有者权益（或股东权益）：	58	—	—
无形资产	26			实收资本（或股本）	59		
开发支出	27			资本公积	60		
商誉	28			减：库存股	61		
长期待摊费用	29			盈余公积	62		
递延所得税资产	30			未分配利润	63		
其他非流动资产	31			所有者权益（或股东权益）合计	64		
非流动资产合计	32			少数股东权益	65		
资产总计	33			负债和所有者（或股东权益）合计	66		

2. 报告式资产负债表

报告式资产负债表是按照资产、负债、所有者权益顺序纵向排列的，其中，每组合计结果应该显示"资产＝负债＋所有者权益"恒等式。表2-2表示了报告式资产负债表。

表2-2　报告式资产负债表

编制单位：　　　　　　　　　　　年　月　日　　　　　　　　　　　单位：元

资产	行次	期初数	期末数
流动资产			
货币资金	1		
短期投资	2		
应收账款	3		
减：坏账准备	4		
应收账款净额	5		
其他应收款	6		
存货	7		
待摊费用	8		
待处理流动资产净损失	9		
一年内到期的长期债券投资	10		

续表

资产	行次	期初数	期末数
其他流动资产	11		
流动资产合计	13		
长期投资：			
长期投资	14		
固定资产：			
固定资产原价	16		
减：累计折旧	17		
固定资产净值	18		
固定资产清理	19		
在建工程	20		
待处理固定资产净损失	21		
固定资产合计	23		
无形及递延资产：			
无形资产	25		
递延资产	26		
无形及递延资产合计	27		
其他资产：			
其他长期资产	29		
资产总计	30		
负债及所有者权益			
流动负债：			
短期借款	33		
应付账款	34		
其他应付款	35		
预收账款	36		
应付职工薪酬	37		
应交税费	38		
应付股利	39		
一年内到期的长期负债	40		
其他流动负债	41		
流动负债合计	42		
长期负债：			
长期借款	44		
应付债券	45		

续表

资产	行次	期初数	期末数
长期应付款	46		
其他长期负债	47		
长期负债合计			
所有者权益：	49		
实收资本	50		
资本公积	51		
盈余公积	52		
未分配利润	53		
所有者权益合计	54		
负债及所有者权益总计	55		

三、资产负债表的内容

资产负债表中的内容是分类列示的。

（一）资产

资产（Assets）是饭店拥有或控制的能以货币计量的经济资源，包括各种财产、债权和其他权利。资产按照变现时间的长短分为流动资产、长期投资和固定资产。

1. 流动资产类

流动资产（Current Assets）是指在一年或一个营业周期以内变现或耗用的资产。流动资产包括以下内容：

（1）货币资金（Cash and Cash Equivalents），是指饭店在生产经营活动中处于货币状态的那部分资金。货币资金包括现金（Cash）、银行存款（Cash in Bank）和其他货币资金（Other Cash Equivalents）。在资产负债表中将三项合计填列在"货币资金"项目下。

（2）短期投资（Short-term Investments），是指饭店购买的各种能随时变现的、持有时间不超过一年的有价证券以及其他投资，主要包括股票和有价证券。

（3）应收账款（Accounts Receivable），是指饭店在生产经营活动中因赊销商品或劳务，应该收取而尚未收取、预计一年以内可以收回的款项。为了鼓励购货方尽快付款，饭店一般按照回款时间的长短给予购货方一定的折扣，折扣的方式一般写成：2/10、1/20、n/30 等，分别表示 10 天内付全款可折扣 2%，20 天内付全款可折扣 1%，30 天付全款没有折扣。

（4）坏账准备（Bad Debt Reserves），是指由于赊销可能无法收回的应收款。如果在当前处理的坏账损失大于计提的坏账准备，本项目是以"-"号出现的。

（5）其他应收款（Other Receivables），是指饭店发生的非购销活动产生的应收债权。包括职工持有的备用金、应收的各种赔款、应收的罚款、应向职工收取的各种垫付款项、暂付有关单位购销业务以外的款项、应收投资利润等。

（6）存货（Inventories），是指饭店在生产经营过程中为销售或者耗用而储备的各种有形资产。也就是说，凡在盘点日法定所有权属于饭店的一切物品，无论存放地点和所处环节如何，均应视为饭店存货。资产负债表中的存货是将原材料、燃料、低值易耗品、物料用品、库存商品等科目合计填列的。

（7）待摊费用（Prepaid and Deferred Expenses），是指饭店已经发生，但按配比原则规定应由本期或以后各期分别负担的摊销期在一年以内的有关费用，如预付租金、预付保险金等。

（8）待处理流动资产净损失（Unsettled G/L on Current Assets）。饭店在清查财产中发现的待批准转销或做其他处理的流动资产盘亏扣除盘盈后的差额为净损失。清查盘点中若账面大于实存数，则为盘亏；若账面小于实存数，则为盘盈。

（9）一年内到期的长期投资（Long-term Debenture Investment Falling Due in a Year）。因为这部分长期投资在一年内可以变现，要从长期投资中扣除，作为流动资产的增项。

（10）其他流动资产（Other Current Assets），是指除以上流动资产以外的流动资产。

2. 长期投资类

长期投资（Long-term Investment）是指将资金投入不可能或不准备在一年内变现的投资，包括股票（Stocks）、债券（Bonds/Securities）和其他投资（Other Investment）。长期投资的目的如下：

（1）影响和控制其他企业的重大经营决策，如控股某个企业。

（2）加强和其他企业的经济联系，如参股某个企业。

（3）积累整笔资金，以备某种特别需要，如通过对某公司入股分红积累资金，经营与该公司相同的项目。

（4）为扩大自身经营规模做准备。

3. 固定资产类

固定资产（Fixed Assets）是指使用期限在一年以上，单位价格在规定标准以上（一般为2 000元），并在使用过程中保持原来物质形态的资产。固定资产主要包括房屋及其他建筑物、机器设备、运输工具、工具器具等。

（1）固定资产原价（Fixed Assets-cost），是指以实际支付的购买价，加上支付的运杂费、包装费和安装费等作为原价；自行建造的固定资产，如自建一座仓库，以建造过程中实际发生的全部支出为原价。

（2）累计折旧（Accumulated Depreciation）。固定资产可以长期参加生产经营活动而保持原有实物形态，但其价值则随着固定资产的使用而逐渐转移到产品中去而形成费用。固定资产折旧就是指固定资产在使用过程中逐渐损耗而转移到产品中去的那一部分价值。累计折旧是指在固定资产有效使用年限内按期分摊，逐次累计固定资产逐渐损耗的价值。

决定固定资产折旧额多少的依据主要有折旧基数（固定资产账面原价）、固定资产使用年限和固定资产净残值三个方面。固定资产净残值是指固定资产使用期满后，残余的价值减去应支付的固定资产清理费用后的价值。固定资产净残值属于固定资产的不转移价值，不应计入成本、费用，在计算固定资产折旧时，采取预估的方法，从固定资产原值中扣除，到固定资产报废时直接回收。固定资产净残值占固定资产原值的比例一般为5%～10%。用公式表示为

$$固定资产折旧额 = 固定资产原值（账面原始价格） - 预估的净残值$$

计算折旧的方法主要有直线法、工作量法、加速折旧法等。

1）直线法，又称平均年限法。其是指将固定资产折旧均衡地分摊到各期的一种方法。可以用年折旧率和年折旧额两种方法计算。

年折旧率 =（1- 预计净残值率）÷ 预计使用年限 ×100%

净残值率 = 预估净残值 ÷ 固定资产原值 ×100%

月折旧率 = 年折旧率 ÷12

月折旧额 = 固定资产原值 × 月折旧率

年折旧额 = 固定资产应提折旧总额 ÷ 固定资产预计使用年限

月折旧额 = 年折旧额 ÷12

2）工作量法，是指根据实际工作量计提折旧额的一种方法。用公式表示为

年折旧额 = 单位工作量应计提折旧额 × 年实际工作量

=（原值 - 净残值）÷ 预计工作量 × 年工作量

每一工作量折旧额 = 固定资产原值 ×（1- 净残值率）÷ 预计总工作量

3）加速折旧法，是指在固定资产使用的早期多提折旧，后期少提折旧，其递减的速度逐年加快的折旧法。其中有年数总和法和双倍余额递减法两种方法。

①年数总和法公式为

年折旧率 = 尚可使用的年数 ÷ 预计使用年限的逐年数字总和

月折旧率 = 年折旧率 ÷12

月折旧额 =（固定资产原值 - 预计净残值）× 月折旧率

②双倍余额递减法公式为

年折旧率 =（2÷ 预计使用年限）×100%

年折旧额 = 期初固定资产账面净值 × 双倍直线折旧率

月折旧率 = 年折旧率 ÷12

月折旧额 = 固定资产账面净值 ÷ 月折旧率

饭店提取折旧方法一经确定，不得随意变更，固定资产折旧按月计提。

（3）固定资产净值（Fixed Assets-net Value），也称折旧余值。其指固定资产原值减去已提折旧后的净额。固定资产净值主要反映饭店实际占用固定资产的资金数额和新旧程度。

（4）固定资产清理（Disposal of Fixed Assets），是指固定资产的报废和出售，以及由于各种不可抗拒的自然灾害而使固定资产遭到毁坏和损失。

（5）在建工程（Construction in Progress），是指饭店新建、扩建、改建固定资产、对固定资产大修等工程所发生的实际支出。

（6）待处理固定资产净损失（Unsettled G/L on Fixed Assets），是指饭店在清查财产中发现的、尚待批准转销或作其他处理的固定资产盘亏扣除盘盈后的净损失。

4．无形资产、递延资产、其他资产类

（1）无形资产（Intangible Assets），是指不具有实物形态的非货币性的资产，如专利权、著作权、非专利技术、土地使用权及商誉等。

无形资产价值的确定应遵循以下原则：购入或按法律程序申请取得的各种无形资产，按实际支出记账；其他单位投资转入的无形资产，按合同约定或评估确认的价值入账。

无形资产在使用过程中，随着有效期的缩短，其价值也逐步转移，应在受益期内采用直线法摊销取得无形资产的成本。

（2）递延资产（Deferred Assets），是指不能全部计入当年损益的、应当在以后年度内分期摊销的各项费用，包括开办费、租入固定资产及对其改造费用、大修理费等。

（3）其他长期资产（Other Long Term Assets），是指除流动资产、长期投资、固定资产、

无形资产、递延资产以外的长期资产。其他长期资产包括国家批准储备的特种物质、银行冻结存款及临时设施、诉讼中的财产等。

（二）负债

1. 流动负债类

流动负债（Current Liabilities）是指将在一年或者超过一年的一个营业周期内偿还的债务。饭店流动负债包括短期借债、应付账款、其他应付款、应付工资、应付福利费、未交税金、未付利润、其他未交款、预提费用、一年内到期的非流动负债、其他流动负债等。

（1）短期借款（Short-term Loans），是指饭店借入的期限在一年以下的各类借款。

（2）应付账款（Accounts Payable），是指因购买材料、商品和劳务等发生的债务。

（3）其他应付款（Other Payables），是指短期借款和应付账款以外的一些应付、暂收其他单位或个人的款项，如应付租入固定资产和包装物、存入保证金等。

（4）应付职工薪酬（Accrued Payroll），是指企业根据有关规定应付给职工的各种薪酬，按照工资、职工福利、社会保险费、住房公积金、工会经费、职工教育经费、解除职工劳动关系补偿、非货币性福利等应付职工薪酬项目进行明细核算。

（5）应交税费（Taxes Payable），是指饭店应缴纳的各种税金。包括增值税、资源税、房产税、土地使用税、车船使用税、所得税等。

（6）应付股利（Profits Payable），是指应付给投资者分配利润而尚未支付所形成的债务。

（7）预提费用（Provision for Expenses），是指饭店应该当期发生而不需当期支付、但又需要进入当期的费用。如设备的大修理费，当期应该大修而未修，按照权责发生制原则，当期的费用应该计入当期，这笔当期预提的金额，同时也形成了一笔负债。

（8）一年内到期的非流动负债（Non-current Liabilities Due within a Year）。因为这部分非流动负债在一年内到期需要偿还，形成了当期的流动负债。

（9）其他流动负债（Other Current Liabilities）。除以上各项流动负债之外的流动负债。

2. 非流动负债类

非流动负债（Non-current Liabilities）是指偿还期限在一年或超过一年的一个营业周期以上的债务。非流动负债主要包括长期借款、应付债券、长期应付款、其他非流动负债等。

（1）长期借款（Long-term Loans Payable），主要指从金融机构借入的长期借款及由此产生的利息费用。

（2）应付债券（Bonds Payable），是指企业发行的超过一年期以上的债券。债券是企业为筹集长期使用的资金而发行的一种企业债务的书面凭证。

（3）长期应付款（Long-term Accounts Payable），是指除长期借款和应付债券以外的，偿还期在一年以上的其他长期负债，如融资租入固定资产应付款等。

（4）其他非流动负债（Other Non-current Liabilities），指除上述以外的非流动负债。

（三）所有者权益

所有者权益（Stockholders' Equity）又称产权资本，是指饭店投资者对饭店净资产的所有权。包括实收资本、资本公积、盈余公积和未分配利润。

1. 实收资本（Paid-in Capital）

实收资本又称投入资本，是指投资人投入企业的各种资产价值而形成的资本。

2. 资本公积（Capital Surplus）

资本公积主要指资本溢价、法定财产重估增值及接受捐赠的资产价值。

（1）资本溢价，是指在企业重组中有新的投资者加入时，新入伙的投资者所出的投资额并非全部作为实收资本，其中一部分要作为资本溢价，计入资本公积，其数额的大小视投资者之间协议而定。

（2）法定财产重估增值，是指企业以历史成本记账的各项财产，在有资产产权变动和企业进行股份制改造的情况下，对其价值重估时所产生的增加价值。

（3）接受捐赠的资产，是捐赠人对企业的一种无偿投资，因此，捐赠资产不构成企业的实收资本，但属于对企业的投资，故作为资本公积。

3. 盈余公积（Surplus Reserve）

盈余公积是指企业按规定从利润中提取的积累资金。分为法定公益金和一般盈余公积金，法定公益金专门用于企业职工福利设施的准备，一般盈余公积金可以用于弥补以后年度亏损，或补充实收资本等。

4. 未分配利润（Retained Earnings）

未分配利润是企业留待以后年度进行分配的结存利润。

任务二　饭店资产负债表的分析

能力目标

能够明确资产负债表的主体及分析内容；

能够通过对饭店资产负债表进行分析，了解饭店财务状况，解释饭店的财务结构，为饭店的下一步发展、各部门营销策略选择提供数据支持。

知识目标

掌握资产负债表的基本关系分析、水平分析、垂直分析主要分析方法。

思政目标

形成系统观察、辩证思考的理性思维模式，形成尊重事实和严谨论证的科学精神，学会运用科学思维方式认识事物、指导行为的工作方法。

岗课赛证融合

对应岗位	前厅服务岗、客房服务岗、餐饮服务岗、物资管理岗、财务管理岗
对应证书技能	《现代酒店服务质量管理职业技能等级标准》高级证书 新媒体营销领域——新媒体运营
对应赛项要求	全国职业院校技能大赛高职组"餐厅服务"赛项 西餐服务——模块 D——休闲餐厅服务——分析休闲餐厅财务结构财务状况

> **案例导入**
>
> 小张是某高职酒店管理专业大三实习生,经过了半年岗位实习刚进入财务部轮岗。看着眼前的年度资产负债表,她很想弄懂这些数据背后的关系和意义。

资产负债表分析是运用资产负债表数据对企业过去的财务状况、经营成果及未来前景的一种评价,以便对企业预测、决策、预算和控制提供依据。不对财务报表进行分析,就不能把反映历史状况的数据转变成预计未来有用的信息。

由于分析的目的不同,对资产负债表有着不同的分析方法。概括起来如下:

(1)资产负债表基本关系分析。
(2)资产负债表水平分析。
(3)资产负债表垂直分析。

我们以东方饭店20××年资产负债表为例进行分析。表2-3为东方饭店20××年资产负债表。

表2-3 资产负债表

编制单位:东方饭店　　　　　　　　20××年12月31日　　　　　　　　单位:元

资产	行次	期初数	期末数	负债及所有者权益	行次	期初数	期末数
流动资产				流动负债:			
货币资金	1	1 406 300	139 1200	短期借款	31	300 000	50 000
短期投资	2	15 000		应付账款	32	116 800	346 800
应收账款	3	300 000	380 000	其他应付款	33	50 000	50 000
减:坏账准备	4	-900	1 140	预收账款	34	10 000	8 000
应收账款净额	5	299 100	378 860	应付职工薪酬	35	100 000	100 000
其他应收款	6	5 000	5 000	应交税费	36	30 000	129 563
存货	7	500 000	694 400	应付股利	37		
待摊费用	8	50 000	40 000	其他未交款	38	6 600	5 604.25
待处理流动资产净损失	9			预提费用	39	12 000	11 500
一年内到期的长期债券投资	10			一年内到期的长期负债	40		
其他流动资产	11			其他流动负债	41		
流动资产合计	13	2 275 400	2 509 460	流动负债合计	44	625 400	701 462.25
长期投资:							
长期投资	14	250 000	250 000	长期负债:			
				长期借款	45	80 000	1 260 000
固定资产:				应付债券	46		
固定资产原价	16	1 500 000	1 900 000	长期应付款	47		

25

续表

资产	行次	期初数	期末数	负债及所有者权益	行次	期初数	期末数
减：累计折旧	17	-400 000	330 000	其他长期负债	48		
固定资产净值	18	1 100 000	1 570 000				
固定资产清理	19			长期负债合计	50	800 000	1 260 000
在建工程	20	150 000	178 000				
待处理固定资产净损失	21			所有者权益：			
				实收资本	51	3 000 000	3 000 000
固定资产合计	23	1 250 000	1 748 000	资本公积	52		
无形及递延资产：				盈余公积	53	150 000	165 465.70
无形资产	24	600 000	540 000	未分配利润	54		100 527.05
递延资产	25	200 000	180 000				
				所有者权益合计	56	3 150 000	3 265 992.75
无形及递延资产合计	27	800 000	720 000				
其他资产：							
其他长期资产	28						
资产总计	30	4 575 400	5 227 460	负债及所有者权益总计	60	4 575 400	5 227 460

一、资产负债表基本关系分析

资产负债表基本关系包括总量关系和结构关系。

（一）总量关系

资产负债表的基本平衡关系是"资产 = 负债 + 所有者权益"，通过这种关系，可以发现资产与负债及所有者权益结构是否合理，以及不合理将对企业经营造成的影响。

在资产负债表中，左边的"资产"表明企业的资产占用方式，右边的"负债及所有者权益"表明左边"资产"的来源，即"资产从哪里来的"，两边自然相等。这种相等关系表现如下：

（1）当投资者无论是以负债还是以自主产权方式投资，都会使右边"负债及所有者权益"增加，同时左边的"资产"一定会以相同数额和某种形态增加；

（2）当"资产"方某项资产减少，那么"负债及所有者权益"方也相应地减少；

（3）当资产源于企业的积累或创造的利润，那么，"资产"项目增加，同时，"负责及所有者权益"中各利润分配项目增加，两者增加的数量完全相等；

（4）当资产只是在形态或用途上发生变化，负债和所有者权益在内部各项目之间相互转移，都不会影响资产负债表的平衡关系，因为这些变化并没有引起数量的变化。

表 2-3 中资产期初数 4 575 400 和期末数 5 227 460 分别等于负债及所有者权益期初数 4 575 400 和期末数 5 227 460。

（二）结构关系

（1）资产负债表的左方是按照不同资产的变现能力由强到弱排列的，右方是按照负债或所有者权益到期日的长短由短到长排列的，或者说是按照融资清欠、退还或可用时间的长短排列的。可以说，资产负债表的两方都是按照流动性来确定其排序和结构的。

（2）从对资产负债表两方结构对应关系的分析中可以看出，资产负债表两方的这种流动性或时间长度结构隐含着企业财务风险的大小。从资产一方看，由短期资产到长期资产，其风险逐渐由小到大。这种风险是指资产能否迅速实现和补偿其价值的资产风险。从负债及所有者权益一方看，由短期融资到长期融资，其风险逐渐由大到小。

饭店经营管理者通过对资产负债表的分析可以对财务风险做出预判。

二、资产负债表水平分析

水平分析（Horizontal Analysis）又称比较分析，是将本期和上一期资产负债表数据进行比较分析，以显示各项数据的变化程度。分析中要计算从一个时期到下一个时期绝对数和相对数两套数据。报告式资产负债表适用资产负债表的比较分析。表 2-4 是对表 2-3 的比较分析。

表 2-4　资产负债表的比较分析

资产	行次	期初数/元	期末数/元	变化数/元	变化百分比/%
流动资产					
货币资金	1	1 406 300	1 391 200	−15 100	−1.10
短期投资	2	15 000		−15 000	−100
应收账款	3	300 000	380 000	80 000	26.70
减：坏账准备	4	−900	1 140	2 040	227
应收账款净额	5	299 100	378 860	79 760	26.7
其他应收款	6	5 000	5 000	0	0
存货	7	500 000	694 400	194 400	38.9
待摊费用	8	50 000	40 000	−10 000	−20
待处理流动资产净损失	9				
一年内到期的长期债券投资	10				
其他流动资产	11				
流动资产合计	13	2 275 400	2 509 460	234 060	10.3
长期投资：					

续表

资产	行次	期初数/元	期末数/元	变化数/元	变化百分比/%
长期投资	14	250 000	250 000	0	0
固定资产：					
固定资产原价	16	1 500 000	1 900 000	400 000	26.7
减：累计折旧	17	−400 000	330 000	730 000	182.5
固定资产净值	18	1 100 000	1 570 000	470 000	42.7
固定资产清理	19				
在建工程	20	150 000	178 000	28 000	18.7
待处理固定资产净损失	21				
固定资产合计	23	1 250 000	1 748 000	498 000	39.8
无形及递延资产：					
无形资产	24	600 000	540 000	−60 000	−10
递延资产	25	200 000	180 000	−20 000	−10
无形及递延资产合计	27	800 000	720 000	−80 000	−10
其他资产：					
其他长期资产	28				
资产总计	30	4 575 400	5 227 460	652 060	14.25
负债及所有者权益					
流动负债：					
短期借款	31	300 000	50 000	−250 000	−83.3
应付账款	32	116 800	346 800	230 000	197
其他应付款	33	50 000	50 000	0	0
应付职工薪酬	34	100 000	100 000	0	0
预收账款	35	10 000	8 000	2 000	20
应交税费	36	30 000	129 563	99 563	331.9
应付股利	37				
其他未交款	38	6 600	5 604.25	−995.75	−15.08
预提费用	39	12 000	11 500	−500	−4.17
一年内到期的长期负债	40				

续表

资产	行次	期初数/元	期末数/元	变化数/元	变化百分比/%
其他流动负债	41				
流动负债合计	44	625 400	701 462.25	76 062.25	12.16
长期负债:					
长期借款	45	800 000	1 260 000	460 000	57.5
应付债券	46				
长期应付款	47				
其他长期负债	48				
长期负债合计	50	800 000	1 260 000	460 000	57.5
负债总计		1 425 400	1 961 462.25	536 062.25	37.6
所有者权益:					
实收资本	51	3 000 000	3 000 000	0	0
资本公积	52				
盈余公积	53	150 000	165 465.70	15 465.7	10.31
未分配利润	54		100 527.05	100 527.05	
所有者权益合计	56	3 150 000	3 265 992.75	115 992.75	3.68
负债及所有者权益总计	60	4 575 400	5 227 460	652 060	14.25

绝对数变化显示两个时期之间货币金额的变化，例如，表 2-4 中的货币资金期初数为 1 406 300 元，期末数为 1 391 200 元，减少了 15 100 元。

相对数变化也称百分比变化，显示的是两个时期货币数量变化的程度，用百分比表示，是用绝对值变化额除以前期的金额所得，如表 2-4 中期末货币金额比期初减少了 1.1%。

三、资产负债表垂直分析

垂直分析（Vertical Analysis）又称百分比分析，是将资产负债表中各项数据转换为百分数，以此显示各项数据所占总量百分比和变化程度。垂直分析是将资产负债表中左边的资产类和右边的负债及所有者权益类各看成整体 1 即 100%，用两边的各分项值占其总额的百分比来表示。表 2-5 是对表 2-3 的垂直分析。

表 2-5 百分比资产负债表

资产	行次	期初数/元	期末数/元	前期占比/%	本期占比/%
流动资产					
货币资金	1	1 406 300	1 391 200	30.7	26.6
短期投资	2	15 000		0.33	
应收账款	3	300 000	380 000	6.56	7.27
减：坏账准备	4	-900	1 140	-0.02	0.02
应收账款净额	5	299 100	378 860	6.54	7.25
其他应收款	6	5 000	5 000	0.11	0.1
存货	7	500 000	694 400	10.93	13.28
待摊费用	8	50 000	40 000	1.09	0.77
待处理流动资产净损失	9				
一年内到期的长期债券投资	10				
其他流动资产	11				
流动资产合计	13	2 275 400	2 509 460	49.73	48
长期投资：					
长期投资	14	250 000	250 000	5.46	4.78
固定资产：					
固定资产原价	16	1 500 000	1 900 000	32.78	36.35
减：累计折旧	17	-400 000	330 000	-8.74	6.31
固定资产净值	18	1 100 000	1 570 000	24	30
固定资产清理	19				
在建工程	20	150 000	178 000	3.28	3.41
待处理固定资产净损失	21				
固定资产合计	23	1 250 000	1 748 000	27.32	33.44
无形及递延资产：					
无形资产	24	600 000	540 000	13.11	10.33
递延资产	25	200 000	180 000	4.37	3.44
无形及递延资产合计	27	800 000	720 000	17.48	13.77
其他资产：					
其他长期资产	28				
资产总计	30	4 575 400	5 227 460	100	100

续表

资产	行次	期初数/元	期末数/元	前期占比/%	本期占比/%
负债及所有者权益					
流动负债：					
短期借款	31	300 000	50 000	6.56	0.96
应付账款	32	116 800	346 800	2.55	6.63
其他应付款	33	50 000	50 000	1.1	0.96
应付职工薪酬	34	100 000	100 000	2.19	1.91
预收账款	35	10 000	8 000	0.22	0.15
应交税费	36	30 000	129 563	0.66	2.48
应付股利	37				
其他未交款	38	6 600	5 604.25	0.14	10.72
预提费用	39	12 000	11 500	0.26	0.22
一年内到期的长期负债	40				
其他流动负债	41				
流动负债合计	44	625 400	701 462.25	13.67	13.42
长期负债：					
长期借款	45	800 000	1 260 000	17.48	24.1
应付债券	46				
长期应付款	47				
其他长期负债	48				
长期负债合计	50	800 000	1 260 000	17.48	24.1
所有者权益：					
实收资本	51	3 000 000	3 000 000	65.57	57.39
资本公积	52				
盈余公积	53	150 000	165 465.70	3.28	3.17
未分配利润	54		100 527.05		1.92
所有者权益合计	56	3 150 000	3 265 992.75	68.85	62.48
负债及所有者权益总计	60	4 575 400	5 227 460	100	100

百分比资产负债表（Common-Size Balance Sheet）是对每一时期内与基数相关的数据进行比较。例如，表2-5中的货币资金期初数为1 406 300元，期末数为1 391 200元，减少了15 100元，减少了1.1%。但在垂直分析中上期货币资金占资产的30.7%，本期货币资金占资产的26.6%，降低了近4%。

资产负债表百分比分析不仅可用于饭店内部分析，也可用于不同饭店资产负债表进行水平比较分析，尤其是不同规模饭店之间的水平比较分析。

小结

资产负债表是反映企业某一特定日期财务状况的对外会计报表。它是根据资产、负债及所有者权益相互关系，将日常工作中的大量数据进行高度浓缩整理，按照资产分类的性质和变现能力强弱顺序，把企业一定日期的资产、负债和所有者权益排列起来而形成的。资产负债表是投资者、债权人、管理者和政府有关部门信息来源之一，也是管理会计获得财务信息的主要来源之一。资产负债表的格式有账户式、报告式。按财务会计制度规定，饭店业对外报表使用的是账户式。

账户式资产负债表分为左、右两方，资产项列在表的左方，负债类和所有者权益类列在表的右方，使左右两方相等，即"资产＝负债＋所有者权益"。左面的"资产"表明企业资产的形态或占有方式，右边的"负债及所有者权益"表明左边资产的来源，"来源"与"占用"自然相等。资产负债表的两方都是按照流动性来确定其排序和结构的，左边的资产是按照不同资产变现能力由强到弱排列的，右边是按照负债和所有者权益到期日由短到长排列的。

按照流动性可以将资产和负债分为长期资产和短期资产，负债及所有者权益分为长期融资和短期融资。长期资产需要长期融资来保证；短期资产需要短期融资来保证，短期资产虽然可以用长期融资来保证，但成本较高。资产负债表两方的流动性或时间长度结构隐含着企业财务风险的大小：从资产一方看，由短期资产到长期资产，其风险逐渐由小到大；从负债及所有者权益一方看，由短期融资到长期融资，其风险逐渐由大到小；若资产负债表两方对称结构合理，则一方的风险可为另一方的风险小所中和，这些内容构成了资产负债表结构分析的内容。

资产负债表为企业管理提供了财务数据，这些财务数据经过分析才能成为管理数据，一般情况下，对资产负债表的分析有基本关系分析、比较分析（水平分析）、百分比分析（垂直分析）。如果管理者想知道本期和上期各项数据的变化程度，适合使用比较分析，如果管理者想知道各项数据占总量的百分比，适合使用百分比分析。

测试题

一、概念题

1. 资产负债表。
2. 账户式资产负债表。
3. 报告式资产负债表。

二、填空题

1. 账户式资产负债表是按照（　　）、（　　）、（　　）的顺序（　　）排列的。
2. 短期偿债能力主要反映在流动资产的（　　）能力。
3. 资产负债表反映的是（　　）的财务状况。
4. 固定资产净值也是（　　）。

三、判断题（下面的表述是否正确，正确的打"√"，错误的打"×"。）

1. 账户式资产负债表是将资产项列在报表的右方，负债和所有者权益列在报表的左方，从而使资产负债表左、右两方平衡。（   ）
2. 资产负债表是根据"利润＝收入－成本－费用－税收"会计平衡等式编制的。（   ）
3. 资产负债表是反映饭店一年财务状况的会计报表。（   ）
4. 资产负债表是以现实数据为基础，反映的是现实的财务状况。（   ）
5. 存货就是库存物品。（   ）

四、选择题

1. 如果饭店向银行贷款，银行需要了解饭店支付流动负债的能力，饭店应该向银行提供（   ）。
   A. 利润表　　　　　　　　B. 资产负债表
   C. 现金流量表　　　　　　D. 应收账款账龄分析报告
2. 无形资产是指（   ）。
   A. 看不见的资产　　B. 非专利技术　　C. 专利权　　D. 商誉
3. 下列不是非流动负债的是（   ）。
   A. 应付账款　　　　　　　B. 应付工资
   C. 应付福利费　　　　　　D. 预提费用
4. 下列属于资产负债表中的项目是（   ）。
   A. 人力资源资产　　　　　B. 忠诚客户群
   C. 饭店地理位置　　　　　D. 已购买的商誉

五、思考题

1. 简单分析资产与负债及所有者权益之间的基本关系。
2. 资产负债表水平分析的含义与作用。
3. 资产负债表垂直分析的含义与作用。

六、编制比较资产负债表

表2-6是某饭店20×1年12月31日和20×2年12月31日资产负债表中的账户余额，请编制一份比较资产负债表。

表2-6　资产负债表

单位：元

资产	20×1年	20×2年
现金	16 634	20 768
应收账款	16 105	11 618
有价证券	10 396	10 496
存货	14 554	18 554
预付费用	4 158	3 874
土地	116 435	116 435
建筑物	1 007 090	1 007 090
瓷器、玻璃器皿	269 255	284 934
累计折旧	453 263	537 849
负债及所有者权益		

续表

资产	20×1 年	20×2 年
应付账款	13 265	12 945
预计费用	2 047	1 039
递延所得税——非流动	8 163	7 927
非流动负债的本期到期额	20 407	20 060
非流动负债	553 429	533 369
留存收益	192 853	149 380
实收资本	211 200	211 200

学习情境三　从利润表中认识饭店

问题：

1．什么是利润表？表内各项目的含义是什么？
2．利润表中各项目是怎样排序的？各项目之间的关系怎样？
3．为什么要制定内部利润表？外部利润表和内部利润表的区别在哪里？
4．你能简单分析一张利润表吗？
5．为什么要将管理费用分摊到经营部门？

导读：

本学习情境介绍了利润表的作用、基本结构及主要内容，介绍了如何运用报表分析方法对某企业的利润表进行分析。

任务一　认知饭店利润表

能力目标

能够明确利润表的主体及结构内容；
能够编制利润表。

知识目标

理解利润表的含义与作用；
掌握利润基本结构与主要内容。

思政目标

培养严谨、客观的工作态度；
培养节俭朴素的价值观。

岗课赛证融合

对应岗位	前厅服务岗；客房服务岗；餐饮服务岗；物资管理岗；财务管理岗
对应证书技能	《现代酒店服务质量管理职业技能等级标准》高级证书 新媒体营销领域——新媒体运营
对应赛项要求	全国职业院校技能大赛高职组"餐厅服务"赛项 中餐服务——模块 A——主题宴会设计——分析宴会产品的利润率 西餐服务——模块 D——休闲餐厅服务——分析休闲餐厅的经营成果

案例导入

20×1 年，东方饭店实现营业收入 980 万元，其营业成本 392 万元，销售费用 349 万元，管理费用 87.25 万元，税金及附加 52 万元，应交所得税总额 23.72 万元。该饭店利润表见表 3-1。

表 3-1　东方饭店利润表

会企 02 表

编制单位：　　　　　　　　　　　年度　　　　　　　　　　　金额单位：万元

项目	行次	本期金额
一、营业收入	1	980.00
减：营业成本	2	392.00
税金及附加	3	52.00
销售费用	4	349.00
管理费用	5	87.25
财务费用	6	
资产减值损失	7	
加：公允价值变动收益（损失以"-"号填列）	8	
投资收益（损失以"-"号填列）	9	
其中：对联营企业和合营企业的投资收益	10	
资产处置收益（损失以"-"号填列）	11	
其他收益	12	
二、营业利润（亏损以"-"号填列）	13	99.75
加：营业外收入	14	
减：营业外支出	15	
三、利润总额（亏损总额以"-"号填列）	16	99.75
减：所得税费用	17	23.72
四、净利润（净亏损以"-"号填列）	18	76.03

法定代表人：　　　　　　　主管会计工作负责人：　　　　　　　会计机构负责人：

一、利润表的含义、作用

（一）利润表的含义

利润表（Income Statement）又称损益表，是反映企业在一定时期内经营成果的会计报表。

它反映的是企业在一定时期内的营业收入和营业费用，以及通过营业收入与营业费用的配比而计算出来的营业期间的利润。企业的各项收入扣除各项支出，收大于支，即为企业实现的利润；反之则为企业发生的亏损。

利润表属于月报表，一般来说，利润表编制涉及某一时期，通常为一个月。因此，利润表反映的是两个相邻资产负债表编制时点之间的饭店经营状况、经营结果，即某一时期的净利润或亏损，被加在适当的所有者权益账户上，并在会计期末的资产负债表中表示出来。

（二）利润表的作用

（1）利润表能够表明生产经营成果。
（2）利润表能够用于分析和预测企业的收益能力。
（3）利润表可以评价企业的投资报酬率。
（4）根据利润表提供的净利润数据，可以判断企业资本保全情况。

利润表一般被看作会计报表体系中最重要的报表。为了展示企业经营成果的细节，以利于企业经营分析、决策与控制，从饭店内部管理需要，在利润表基础上还可以编制有关利润表的其他一些附表，如利润分配表、主营业务收支明细表、管理费用明细表、经营费用明细表、营业外收支明细表及投资净收益明细表等。通过利润表可以考查企业收益计划的完成情况，分析收益增减变化的原因，预测企业收益的发展趋势等。

二、利润表的结构

常见的利润表结构主要有单步式和多步式两种。在我国，利润表基本上采用的是多步式结构，即通过对当期的收入、费用、支出项目按性质加以归类，按利润形成的主要环节列示一些中间性利润指标，分步计算当期净损益，便于使用者理解企业经营成果的不同来源。饭店利润表对于费用列报通常应当按照功能进行分类，即分为从事经营业务发生的成本、管理费用、销售费用、研发费用和财务费用等，有助于使用者了解费用发生的活动领域。与此同时，为了有助于报表使用者预测企业的未来现金流量，对于费用的列报还应当在附注中披露性质分类的补充资料，如分为耗用的原材料、职工薪酬费用、折旧费用、摊销费用等，见表3-2。

表 3-2　利润表

编制单位：　　　　　　　　　　　年　　月　　　　　　　　　　　　　单位：元

项目	行次	本月数	本年累计数
一、营业收入	1		
减：营业成本	2		
税金及附加	3		
管理费用	4		
销售费用	5		
财务费用	6		
其中：利息收入	7		
利息费用	8		
研发费用	9		
资产减值损失（亏损以"-"号表示）	10		
加：投资收益	11		
其他收益	12		

续表

项目	行次	本月数	本年累计数
二、营业利润（亏损以"-"号表示）	13		
加：营业外收入	14		
减：营业外支出	15		
三、利润总额（亏损以"-"号表示）	16		
减：所得税费用	17		
四、净利润（净亏损以"-"号表示）	18		
持续经营净利润（净亏损以"-"号表示）	19		
终止经营净利润（净亏损以"-"号表示）	20		
五、其他综合收益的税后净额	21		
六、综合收益总额	22		
七、每股收益	23		
（一）基本每股收益	24		
（二）稀释每股收益	25		

三、利润表的内容

利润表主要反映以下几方面的内容：

（1）营业收入。由主营业务收入和其他业务收入组成。

（2）营业利润。营业收入减去营业成本（主营业务成本、其他业务成本）、税金及附加、销售费用、管理费用、研发费用、财务费用、资产减值损失、信用减值损失，加上其他收益、投资收益、公允价值变动收益、资产处置收益，即为营业利润。

（3）利润总额。营业利润加上营业外收入，减去营业外支出，即为利润总额。

（4）净利润。利润总额减去所得税费用，即为净利润，按照经营可持续性具体分为"持续经营净利润"和"终止经营净利润"两项。

（5）其他综合收益的税后净额。企业根据其他会计准则规定未在当期损益中确认的各项利得和损失，即为其他综合收益。具体分为"不能重分类进损益的其他综合收益"和"将重分类进损益的其他综合收益"两类，并以扣除相关所得税影响后的净额列报。

①不能重分类进损益的其他综合收益：主要包括重新计量设定受益计划变动额、权益法下不能转损益的其他综合收益其他权益工具投资公允价值变动、企业自身信用风险公允价值变动等。

②将重分类进损益的其他综合收益：主要包括权益法下可转损益的其他综合收益、其他债权投资公允价值变动、金融资产重分类计入其他综合收益的金额、其他债权投资信用减值准备、现金流量套期储备、外币财务报表折算差额等。

（6）综合收益总额。净利润加上其他综合收益税后净额，即为综合收益总额。

（7）每股收益。每股收益包括基本每股收益和稀释每股收益两项指标。

此外，为了使报表使用者通过比较不同期间利润的实现情况，判断企业经营成果的未来发展趋势，企业需要提供比较利润表，利润表还就各项目再分为"本期金额"和"上期金额"分别填列。

任务二　饭店利润表分析

能力目标

能够运用水平分析法、垂直分析法、趋势法等分析工具对饭店利润表进行分析，了解饭店运营状况，为饭店的总体发展、各部门营销策略的选择提供数据支持。

知识目标

掌握利润表的主要分析方法，用以分析企业的经营成果。

思政目标

培养量入为出的朴素管理意识；
培养节约的消费观。

岗课赛证融合

对应岗位	前厅服务岗；客房服务岗；餐饮服务岗；物资管理岗；财务管理岗
对应证书技能	《现代酒店服务质量管理职业技能等级标准》高级证书 新媒体营销领域——新媒体运营
对应赛项要求	全国职业院校技能大赛高职组"餐厅服务"赛项 中餐服务——模块A——主题宴会设计——分析宴会产品的利润率 西餐服务——模块D——休闲餐厅服务——分析休闲餐厅的经营成果

业界动态

锦江酒店2023年全年经营活动总体状况简述

2023年1月以来，休闲游及商务差旅消费需求明显释放，在机遇与挑战并存的经营环境下，在全球经济多种变量博弈的背景下，锦江公司继续按照"市场化改革、国际化发展、系统化治理、数字化转型、人本化管理、加强党的建设"的工作方向，坚定不移走高质量发展道路，做强做优锦江民族品牌，建设具有全球竞争力的一流酒店集团。

于2023年度，公司实现合并营业收入1 464 938万元，比上年同期增长29.53%。实现营业利润180 069万元，比上年同期增长275.10%。实现归属于上市公司股东的净利润100 175万元，比上年同期增长691.14%。实现归属于上市公司股东的扣除非经常性损益后的净利润77 427万元，比上年同期增加98 092万元，于2023年12月31日，公司资产总额为5 058 704万元，比上年末增长3.68%；负债总额3 322 646万元，比上年末增长7.73%；归属于上市公司股东的净资产为1 667 704万元，比上年末下降2.91%。资产负债率65.68%，比上年同期增加2.46个百分点。

于 2023 年度，公司实现经营活动产生的现金流量净流入 516 172 万元，比上年同期增长 177.59%。

扫二维码看上海锦江国际酒店股份有限公司 2023 年年度报告。

利润表有三种分析方法，即水平分析法、垂直分析法、趋势分析法。

我们以东方饭店为例，对利润表进行分析，见表 3-3。

表 3-3　东方饭店利润表

编制单位：东方饭店　　　　　　　　　　　202×年 12 月　　　　　　　　　　　　单位：元

项目	行次	上年数	本年累计数
一、营业收入	1	1 153 200	1 720 000
减：营业成本	2	398 869	580 000
营业费用	3	201 753	386 000
税金及附加	4	67 234	100 280
二、经营利润（亏损以"-"表示）	5	485 344	653 720
减：管理费用	6	306 061	412 240
财务费用	7		21 500
三、营业利润（亏损以"-"表示）	8	179 283	219 980
加：投资收益（亏损以"-"表示）	9		31 500
营业外收入	10		
减：营业外支出	11		29 700
四、利润总额（亏损以"-"表示）	12	179 283	221 780

一、水平分析法

水平分析法又称比较分析法，该方法同资产负债表水平分析法类似，就是将表内各时期项目数字分别进行绝对值和相对值比较，见表 3-4。

表中的"上年数"作为基期数，绝对值差异额是本年累计数减去基年数即上年数所得，表中的"百分比差异"是绝对值额除以基期数即上年数所得。如果本年累计数少于上年数，则会出现负数，这是正常的。

通过利润表的水平分析，可以发现各项目本期和上期相比所增减的绝对值和增减的程度即增减的百分比，进而分析变化的原因，提出解决问题措施。例如，仅从绝对数上看，营业收入增加了 566 800 元，增加了 49.15%，经营成绩是可观的。但进一步分析则发现，本期营业收入增加了 49.15%，成本增加了 45.4%，低于营业收入的增长，说明成本控制得较为理想，营业费用增加了 91.3%，高出营业收入增长的幅度较大，说明营业费用还需要加强控制。

39

表 3-4 比较利润表

填表单位：　　　　　　　　　　　　　　　年　月　日　　　　　　　　　　　　　　单位：元

项目	行次	上年数	本年累计数	绝对值差异	百分比差异
一、营业收入	1	1 153 200	1 720 000	566 800	49.15
减：营业成本	2	398 869	580 000	181 131	45.4
税金及附加	3	67 234	100 280	33 046	49.15
销售费用	4	201 753	386 000	184 247	91.3
管理费用	5	306 061	412 240	106 179	34.69
财务费用	6		21 500	21 500	
资产减值损失	7				
加：公允价值变动收益（损失以"-"号填列）	8				
投资收益（损失以"-"号填列）	9				
其中：对联营企业和合营企业的投资收益	10				
资产处置收益（损失以"-"号填列）	11				
二、营业利润（亏损以"-"表示）	12	179 283	219 980	40 698	22.7
加：营业外收入	13		31 500	31 500	
减：营业外支出	14		29 700	29 700	
三、利润总额（亏损以"-"表示）	15	179 283	221 780	42 498	23.7
减：所得税费用	16	44 820.75	55 445	10 624.5	23.7
四、净利润（净亏损以"-"号填列）	17	134 462.25	166 335	31 873.5	23.7

二、垂直分析法

垂直分析法又称百分比分析法，其是用表中各分项去除营业收入，用所得结果分析经营状况的方法。表 3-5 列示了东方饭店百分比利润表。

从利润表上看，本期营业收入和经营利润均高于前期，经营状况较好。但通过利润表的百分比比较分析发现，营业利润率（12.89）比前期营业利润率（15.55）低了近 4 个百分点，说明东方饭店在提高经营能力的同时，还要加强管理，降低营业成本和营业费用。

表 3-5 百分比利润表

填表：　　　　　　　　　　　　　　　年　月　日　　　　　　　　　　　　　　单位：元

项目	行次	上年数	本年累计数	前期百分比/%	本期百分比/%
一、营业收入	1	1 153 200	1 720 000	100	100
减：营业成本	2	398 869	580 000	34.59	33.72

续表

项目	行次	上年数	本年累计数	前期百分比 /%	本期百分比 %
营业费用	3	201 753	386 000	17.50	22.44
增值税	4	67 234	100 280	5.83	5.83
二、经营利润（亏损以"-"表示）	5	485 344	653 720	42.09	38.01
减：管理费用	6	306 061	412 240	26.54	23.97
财务费用	7		21 500	0	1.25
三、营业利润（亏损以"-"表示）	8	179 283	219 980	15.55	12.79
加：投资收益（亏损以"-"表示）	9		31 500	0	1.83
营业外收入	10				
减：营业外支出	11		29 700	0	1.73
四、利润总额（亏损以"-"表示）	12	179 283	221 780	15.55	12.89

三、趋势分析法

利润表趋势分析法是根据连续几个时期的会计报表，比较、分析、确定分析期各有关项或指标的增减变化情况，从而判断其经营成果的发展变化趋势和变化规律，并对未来的结果作出预测的一种报表分析方法。这一方法既可用于对会计报表的整体分析，研究一定时期会计报表各项目的变化趋势，也可仅对会计报表中的某些项目的发展趋势进行分析。

在本例中，我们以第一年为基年，然后将其余各年会计报表中相同项目数据与基年报表数据比较，计算趋势百分比，这种被称为定比百分比，也叫定基百分比；另一种是是将各年会计报表有关数据均与其前一年会计报表相同项目数据进行比较，计算出趋势百分比，这种被称为环比百分比，也叫为环基百分比。根据趋势百分比计算结果，评价与判断饭店各项指标的变动趋势及其合理性。预测未来企业的发展趋势，根据企业以前各期的变化情况，分析其变化趋势的规律从而预测企业未来发展变动情况。下表3-6就采用了定比分析的方法来进行趋势分析。"

表 3-6　东方饭店营业利润 2021 年—2023 年定比分析表

项目	行次	2021 年	2022 年	2023 年	2021 年	2022 年	2023 年
一、营业收入	1	755 346	1 153 200	1 720 000	100%	152.7%	227.7%
减：营业成本	2	256 817	398 869	580 000	100%	155.3%	225.8%
营业费用	3	132 148	201 753	386 000	100%	152.7%	292%
营业税金及附加	4	44 038	67 234	100 280	100%	152.67%	227.7%
二、经营利润	5	322 343	485 344	653 720	100%	150.57%	205.6%
减：管理费用	6	200 469	306 061	412 240	100%	152.67%	205.6%
财务费用	7			21 500	0	0	

续表

项目	行次	2021年	2022年	2023年	2021年	2022年	2023年
三、营业利润	8	121 873	179 282	219 980	100%	147.11%	180.6%
加：投资收益	9			31 500	0	0	
营业外收入	10						
减：营业外支出	11			29 700	0	0	
四、利润总额	12	121 873	179 282	221 780	100%	147.1%	181.98%

利润表的趋势分析法主要用于多个会计期利润表的连续分析，从中找出规律，发现问题。在对表3-6的分析中发现，东方饭店在连续3个会计期内，经营平稳提升，但营业费用增加幅度较大，2023年比基期提高一倍还多，说明在经营稳步提高的同时，还要加大经营费用的管理和控制。

拓展链接一：内部报表

一、内部报表的种类

内部报表（Internal Financial Statement）是供内部使用的报表，它从日常经营管理需要出发，不受会计报表格式的约束，完全按照饭店需要设计和使用。饭店主要内部报表见表3-7。

表3-7 饭店主要内部报表

报表	报表频率	报表内容	比较对象	报表使用者	报表目的
营业日报	每日1次	出租率、平均房价	本期经营计划和去年同期比较	高级管理部门和日常运营主管	评估企业运营正常与否
房价分析	每日、每月、每年各1次	按价格类目和客房类型，将实际价格和牌价进行比较	经营计划和去年同期水平	高级管理部门和营销部门	如果预期目标没有实现，就要及时对问题进行分析
周预报	每周1次	出租的客房数及出租率、平均房价	前几周水平	高层管理部门和主管	人员安排计划和促销
简报/快报	每月底1次，在财务报表之前报表	收入和直接成本、估计的间接成本	经营计划和去年同期结果	高层管理部门和各部门负责人	对客房、餐饮及其他各部门提供财务成果直接信息
现金流量分析	每月1次	期间内的收入和支出	当月及当年迄今为止的现金流量计划	高层管理部门	预测经营所需现金的可获性，提供期间内财务所需要的信息
劳动生产率	每日、每周、每月各1次	劳动小时数、每小时劳动成本、劳动力成本总数	经营计划中的劳动时数、劳动所需的标准时间	高层管理部门和主管	通过预先设定的人员安排控制劳动力成本，提供预测精准

续表

报表	报表频率	报表内容	比较对象	报表使用者	报表目的
部门分析	每月1次	主要收益类目及费用类目的具体情况	经营计划，去年同期水平	高层管理部门和部门主管	了解经营管理情况，解决问题，提高水平
差异报告	同月度报告和财务报表同时进行	简要列示与预期目标存在的差异项目	经营预算	高层管理部门和各部门经理	在详细报表分析出来之前，及时发现问题
未来预订报告	每月1次	预订分析	前期和上年同期	高层管理部门、营销部门、其他部门管理者	指导销售计划和拓展计划，揭示设备设施的优劣，提高饭店形象
投资回报率分析	实际计算至少每年2次，计算基于预测，并在年度之前进行	作为平均投资或计划的所有者权益的百分率来表示的盈余	经营计划和上年同期水平	高层管理部门	如果预期目标没有实现，就要及时对优劣势进行分析
顾客历史资料分析	至少每半年1次，建议每季或每月1次	团队预订的历史情况	前期报告	高层管理部门和销售部门	在市场拓展方面提供指导
长期计划	每年1次	3年内的收入和费用规划及用财务术语表示的经营计划	上年同期水平	高层管理部门	使员工关注企业的成败，使资产经营管理计划更贴近实际

二、内部使用的利润表

利润表与资产负债表和现金流量表的最大不同，在于它是可以根据内部管理需要，在对外报表的基础上，根据管理实际需要形成内部各经营部门利润表，将各项指标还原给各部门，再深入和详细分析。表 3-8 是牡丹饭店汇总各经营部门利润表后形成的饭店利润表。

表 3-8 牡丹饭店利润表   单位：万元

项目	合计	客房部	餐饮部	商场部	行政办
一、营业收入	2 469	1 414	830	225	
减：营业成本	542	0	373	169	
销售费用	509	203	260	46	
营业税及附加	126	77	45	4	
二、经营利润	1 292	1 134	152	6	
减：管理费用	921				921
财务费用	8				8
三、营业利润	363	1 134	152	6	929
加：营业外收入					

续表

项目	合计	客房部	餐饮部	商场部	行政办
减：营业外支出					
四、利润总额	363	1 134	152	6	929
减：所得税	87.25				
五、净利润	275.75				

如果将表3-8最后四列，即客房部、餐饮部、商场部、行政办去掉，就是饭店向外报送的利润表。外部人员使用利润表时，只关注饭店整体经营情况，而不会关注企业内部各经营部门的经营情况。企业内部管理人员只是阅读对外报送的利润表，不能找到经营中可能存在问题的原因，因此，设计和正确使用内部报表就变得非常重要了。一般情况下，内部报表的项目尽可能详细一些。在表3-8中，我们可以知道3个经营部门各占营业费用的绝对值和百分比，但我们不知道各项经营费用所占比例是多少，在下个会计期中，也就无法有的放矢地控制营业费用，因此，在表3-8的基础上，还可以将其细化为表3-9。

表3-9　牡丹饭店内部利润表　　　　　　　　　　　　　　　　　　单位：万元

项目	合计	客房部	餐饮部	商场部	行政办
一、营业收入	2 469	1 414	830	225	
减：营业成本	542	0	373	169	
税金及附加	126	77	45	4	
销售费用	509	203	260	46	
运输费	—	—	—	—	
保管费					
保险费	30	15	12	3	
燃料费	36	12	20	4	
水费	22	10	10	2	
电费	22	15	5	2	
广告费	25		25		
差旅费	4		3	1	
洗涤费					
清洁卫生费					
低耗品摊销	5	5			
物料消耗					
工资	300	120	170	10	
工作餐费	55	20	30	5	
服装费	10	3	5	2	
其他费用					

续表

项目	合计	客房部	餐饮部	商场部	行政办
管理费用	921				921
工会经费	——	——	——	——	20
教育经费					20
劳动保险费					170
劳动保护费					3
排污费					5
绿化费					
土地使用费					20
燃料费					50
电费					80
水费					70
折旧费					450
修理费					
低耗品摊销					15
应酬费					15
坏账损失					3
其他费用					
财务费用	8				8
二、营业利润	363	1 134	152	6	929
加：营业外收入	——				
减：营业外支出					
三、利润总额	363	1 134	152	6	929
减：所得税	87.25				
四、净利润	275.75				

拓展链接二

凯宾斯基饭店利润表见表 3-10。

表 3-10　凯宾斯基饭店利润表

Actual Month /%	Budget Month /%	Actual LAST YEAR	Budget Variance	2020-11-30	2020-11-30	Actual Y-T-D /%	Budget Y-T-D /%	Last Year Y-T-D /%	Budget Variance
本月实际	本月预算	上年同期	与预算差额	in CNY	人民币	本年实际	本年预算	上年同期	与预算差额
				Total Revenues	总营业收入				

续表

Actual Month /%	Budget Month /%	Actual LAST YEAR	Budget Variance	2020-11-30	2020-11-30	Actual Y-T-D /%	Budget Y-T-D /%	Last Year Y-T-D /%	Budget Variance
				Rooms Department	客房部				
				Rooms Revenues	客房部营业收入				
				Rooms Payroll & Related Expenses	客房部工资及福利				
				Rooms All Other Expenses	客房部营业费用				
				Rooms Total Expenses	客房部总费用				
				Rooms Departmental Profit	客房部总盈/亏				
				F&B Department	餐饮部				
				Food Revenues	餐饮食品收入				
				Beverage Revenues	餐饮饮品收入				
				F&B Other Revenues	餐饮其他收入				
				F&B Total Revenues	餐饮部营业收入				
				Cost of Food	餐饮食品成本				
				Cost of Beverage	餐饮饮品成本				
				F&B Cost of Other Revenues	餐饮其他成本				
				F&B Total Cost of Sales	餐饮部总成本				
				F&B Gross Profit	餐饮部净营业收入				
				F&B Payroll & Related Expenses	餐饮部工资及福利				
				F&B All Other Expenses	餐饮部总营业费用				
				F&B Total Staff Cost&Others	餐饮部总费用				
				F&B Departmental Profit	餐饮部总盈/亏				

续表

Actual Month /%	Budget Month /%	Actual LAST YEAR	Budget Variance	2020-11-30	2020-11-30	Actual Y-T-D /%	Budget Y-T-D /%	Last Year Y-T-D /%	Budget Variance
				Minor Operated Departments	其他营运部门				
				MOD Revenues	其他营运部门收入				
				MOD Cost of Sales	其他营运部门成本				
				MOD Payroll & Related Expenses	其他营运部门工资及福利				
				MOD All Other Expenses	其他营运部门费用				
				MOD Total Expenses	其他营运部门总费用				
				MOD Departmental Profit	其他营运部门总盈/亏				
				Other Income	其他收入				
				Gross Profit	总盈/亏				
				Administrative & General	行政办				
				A&G Payroll & Related Expenses	行政办工资及福利				
				A&G All Other Expenses	行政办营运费用				
				A&G Total Expenses	行政办总费用				
				IT	信息通信				
				IT Payroll & Related Expenses	IT工资及福利				
				IT All Other Expenses	IT营运费用				
				IT Total Expenses	IT总费用				

续表

Actual Month /%	Budget Month /%	Actual LAST YEAR	Budget Variance	2020-11-30	2020-11-30	Actual Y-T-D /%	Budget Y-T-D /%	Last Year Y-T-D /%	Budget Variance
				Marketing & Sales	市场销售部				
				S&M Payroll &Related Expenses	市场销售部工资及福利				
				S&M All Other Expenses	市场销售部营运费用				
				S&M Total Expenses	市场销售部总费用				
				Property Operation& Maintenance	维修部门				
				P.O.M. Payroll & Related Expenses	维修部门工资及福利				
				P.O.M. All Other Expenses	维修部门营运费用				
				P.O.M. Total Expenses	维修部门总费用				
				Total Utility Cost	总能源费				
				TtlUndistrib. Costs& Expenses	总未分配成本及费用				
				Gross Operating Profit	饭店总盈/亏				
				Base Management Fee	×××国际酒店——管理费				
				Base Management Fee	×××国际酒店——管理费				
				M&S Marketing & Franchise Fees	营销服务费				
				Royalty Fee	KISA 商标费				

续表

Actual Month /%	Budget Month /%	Actual LAST YEAR	Budget Variance	2020-11-30	2020-11-30	Actual Y-T-D /%	Budget Y-T-D /%	Last Year Y-T-D /%	Budget Variance
				Business Tax	税金及附加				
				Adjust Gross Operating Profit	总营运盈/亏				
				Incentive Fee on G.O.P.	×××国际酒店——奖励费				
				Owners Return	投资回报				
				Other Additions	其他收入				
				Other Deductions	其他支出				
				Replacement Reserves	资产准备				
				Insurance	保险费用				
				Property Taxes	财产税				
				Amortization on Pre-opening	开办费摊销				
				Depreciation	折旧费				
				Profit Before Taxes	税前盈/亏				
				Taxes (Profit)	所得税				
				Net Profit (Loss)	净盈/亏				

小结

利润表又称损益表，是反映企业在一定时期内经营成果的会计报表。它反映的是饭店一定时期内的营业收入和营业费用，以及通过营业收入与营业费用的配比而计算出来的会计期间的利润。阅读利润表能够了解企业的生产经营成果，能够分析和预测企业的收益能力，可以评价企业的投资报酬率，还可以判断企业资本保全情况。

利润表一般被看作会计报表体系中最重要的报表。从饭店内部管理需要出发，在利润表基础上还可以编制有关利润表的其他一些附表，如利润分配表、主营业务收支明细表、管理费用明细表、经营费用明细表、营业外收支明细表及投资净收益明细表等。

利润表中各项目的编排采取由主到次、由具体到综合的方式展开。表中项目分三个层次：营业利润、利润总额、净利润。营业利润是营业收入减去营业成本、税金及附加、销售费用、管理费用、财务费用、资产减值准备，加公允价值变动损益和投资收益后的余额，反映了企业在经营过程中形成利润的多少。利润总额是在营业利润的基础上加上营业外收入扣除营业外支出后的余额。利润总额扣除所得税费用后的余额就是本期的净利润，也是企业最终的财务成果。

利润表分析方法有水平分析法、垂直分析法、趋势分析法等。

利润表与资产负债表的最大不同，是它可以根据内部管理需要，在对外报表的基础上，根据管理实际需要形成内部各经营部门利润表，将各项指标还原给各部门，再深入和详细分析。内部报表是供内部使用的报表，它不受会计报表格式的约束，完全按照饭店需要设计和使用。

测试题

一、概念题

1. 利润表。
2. 经营利润。
3. 营业利润。
4. 利润表垂直分析法。
5. 财务费用。
6. 内部报表。

二、填空题

1. 利润表编制所涉及的时间为（   ）。
2. 利润表一般被看成（   ）的会计报表。
3. 利润表的附表一般包括（   ）表、（   ）表、（   ）表、（   ）表、（   ）表。
4. 管理费用是反映企业（   ）部门发生的费用，以及应由（   ）负担的各项费用。

三、判断题（下面的表述是否正确，正确的打"√"，错误的打"×"。）

1. 利润表一般采用账户式。（   ）
2. 经营利润＝收入－成本－费用－增值税。（   ）
3. 营业利润＝收入－财务费用－管理费用－直接成本－直接费用－增值税。（   ）
4. 利润总额＝经营利润＋投资净收益＋营业外收入－营业外支出（   ）。

四、选择题

1. 利润表的作用有（   ）。
   A. 表明生产经营成果   B. 分析企业的收益能力
   C. 企业的资产结构   D. 评价企业投资报酬率
   E. 判断企业资本保值情况
2. 利润表四大部分的依次顺序为（   ）。
   A. 费用、经营利润、营业利润、利润总额
   B. 收入、经营利润、营业利润、利润总额

C. 毛利、经营利润、营业利润、利润总额
D. 营业利润、经营利润、利润总额、收入

3. 如果管理者想要了解利润表中各部分占收入的百分比，应该使用（　　）方法对利润表进行分析。

A. 结构分析法　　　　　　B. 水平分析法
C. 垂直分析法　　　　　　D. 基年比较分析法

4. 以下群体希望得到最详尽的利润表的群体是（　　）。

A. 投资者　　　　　　　　B. 债权人
C. 经理　　　　　　　　　D. 供应商

5. （　　）在利润表上得不到答案。

A. 盈利情况　　　　　　　B. 营销费用
C. 库存现金　　　　　　　D. 销售成本

五、论述题

1. 利润表的含义、作用、地位。
2. 利润表内容及其相互关系。
3. 内部利润表中一般列示哪些费用？

六、根据下列各项，制定一份利润表样表

营业收入、营业成本、营业费用、增值税、管理费用、财务费用、投资收益、营业外收入和营业外支出。

七、用比较法分析三叶饭店利润表

三叶饭店利润表见表3-11。

表3-11　三叶饭店利润表

编制单位：三叶饭店　　　　　　20×1年12月31日　　　　　　单位：元

项　目	行次	上年数	本年累计数	绝对值差异	百分比差异
一、营业收入	1	5 967 000	6 720 000		
减：营运成本	2	2 327 130	2 352 000		
营业税金及附加	3	208845	235 200		
销售费用	4	179 010	150 809		
管理费用	5	2 535 975	2 986 191		
财务费用	6		55 000		
资产减值损失	7				
加：公允价值变动收益（损失以"-"号填列）	8				
投资收益（损失以"-"号填列）	9				
其中：对联营企业和合营企业的投资收益	10				
资产处置收益（损失以"-"号填列）	11				
其他收益	12				

续表

项　目	行次	上年数	本年累计数	绝对值差异	百分比差异
二、营业利润	13	716 040	940 800		
加：营业外收入	14				
减：营业外支出	16				
四、利润总额	17	716 040	940 800		

学习情境四　报表比率分析

本学习情境介绍了比率分析的含义、作用和种类，并突出了饭店业主要几项指标的含义和计算方法。

能力目标

能够对偿债能力指标进行计算分析；
能够对营运能力指标进行计算分析；
能够对盈利能力指标进行计算分析。

知识目标

理解比率分析的参照标准的内容；
掌握最常见五类比率类型及其含义。

思政目标

培养学生严谨、诚实守信、精益求精的工作作风；
培养知法守法的道德规范，严格职业操守。

岗课赛证融合

对应岗位	前厅服务岗；客房服务岗；餐饮服务岗；物资管理岗；财务管理岗
对应证书技能	《现代酒店服务质量管理职业技能等级标准》中级证书 新媒体传播领域——内容策划 新媒体传播领域——内容推广 督导与培训领域——全员销售技巧培训技能
对应赛项要求	全国职业院校技能大赛高职组"餐厅服务"赛项 中餐服务——模块A——主题宴会设计——计算宴会产品的盈利状况 西餐服务——模块D——休闲餐厅服务——计算休闲餐厅的盈利能力

作为饭店一名经营管理者，不能停留在对财务报表的阅读上，还要对财务报表进行深入分析，从中发现饭店财务状况中不易发现的问题。这一任务是通过比率分析来完成的。

> **案例导入**
>
> 华宇饭店对比了 20×0 年和 20×1 年连续两年的利润表，期望能从中获得对经济管理有价值的分析。两年的盈利情况水平通过表 4-1 比较列示。

表 4-1 利润表

编制单位：华宇饭店　　　　　　　　　20×0 年 12 月　　　　　　　　　　　　单位：元

项目	20×0 年	20×1 年	20×1 年比 20×0 年
一、营业收入			
减：营业成本			
营业费用	1 110	980	−11.7%
抵扣后的增值税	499.5	392	−21.5%
四、经营利润（亏损以"—"号表示）	399.6	349	−12.7%
减：管理费用	50	52	4%
财务费用	160.9	187	16.2%
三、营业利润（亏损以"—"号表示）	68.6	87.25	27.2%
加：投资收益（损失以"—"号表示）	92.3	99.75	8.1%
营业外收入	92.3	99.75	8.1%
减：营业外支出			
四、利润总额（亏损以"—"号表示）			

一、认知比率分析

之前，我们对资产负债表和利润表分别做了水平分析、垂直分析和基本关系分析，这些分析虽然也是比率分析，但只是对某一个报表自身变化的分析，并不是两种不同报表间对应数据的分析。例如，张先生的餐馆，从获得利润看，2015 年利润高于 2014 年，但这两年所使用的资产状况从利润表中无法得知，就无法获得资金利用率指标，也就不能判断哪年的资金使用效果更好。占用资金多少要从资产负债表中才能获得，需要从资产负债表和利润表中相对应的数据比率中做出资金使用效果的评价。

二、比率分析含义

比率分析（Ratio Analysis）就是通过对财务报表上的两个相关联的数字结成比率，从而产生更有意义、信息量更大、能用来评价饭店经营及财务状况的新信息过程。它是两个数字之间的数学表述，是通过一个数字除以另一个数字来计算的。比率分析使得财务报表上呆板的数字变得鲜活起来，为评价饭店经营及财务状况提供了一个指示器。

比率本身是中性的，仅仅表示相关数字间的关系。为将比率分析作为衡量饭店运作成功与否的指示器，必须将计算出来的比率与某种标准进行比较，只有这样，比率才变得有意义，才能为财务报表的使用者提供评价经营和财务状况的基础。

三、比率分析的标准

比率分析的比较标准一般有以下三种：

1. 与过去的数据相比较

许多比率可以与前期、过去某一个时期内相应的比率进行比较，从而发现是否有变化及变化呈现出来的趋势。例如，可以将本年的客房出租率与上一年的客房出租率相比较，以确定饭店在这一年里客房的销售量是否比上一年有所增加或减少；连续与前几年相比较，可以发现客房出租率变化的趋势。

2. 与行业的平均值相比较

如果只看本企业比率分析的各项指标，还不能确认本企业在行业中所处的地位和水平，只有将本企业比率分析的各项指标与同行业相关比率平均水平相比较，才能确认企业所具有的水平。如经理们只有将本饭店的出租率、食品成本率、劳动生产率等比率数据与同行业平均水平相比较，才能知道本饭店的经营管理水平及竞争能力如何。

3. 与计划比率目标相比较

假如经理们发现饭店人工成本过高，就会制订一个低于前期人工成本指标计划，依此来衡量人工成本管理水平和管理结果，将比率同以上不同标准相比较，可以得出不同评价。如果本期食品成本率为 43%，同上年 45% 相比、与同行业 46% 相比，可能是不错的水平，但如果同计划 41% 相比，可能就是有问题的。因此，用比率分析来评估经营业绩时，不仅要注意使用什么标准去评价比率，还要注意比率分析的目的。

四、比率分析的作用

（1）比率分析可以监督和衡量经理们的运营业绩，评估其是否完成了预期目标。通过跟踪一些比率，经理们就能认识饭店经营是否有效。如餐饮部经理可能紧盯上座率、食品成本率和人工成本率三大指标，因为这三大指标决定了餐饮经营的业绩。营销部可能十分关注客房出租率和平均房价，这些指标决定着饭店的经营目标能否完成。比率指标是目标完成与否的指示器，其对于经理们来说至关重要，它不仅可以衡量经理们的经营业绩，还可以通过这些指标的比较，找到经营管理中存在的问题和差距及其原因，为解决问题提供了广泛而有用的信息。

比率分析可以用来表达财务业绩，不同的比率表达不同的业绩。单个来看某一个比率只能揭示饭店某一个方面的财务状况，而将许多单个比率集中在一起，却能揭示饭店在表面上或单一比率所不能显露的大量的财务信息。

（2）比率分析可以使债权人评估饭店的偿债能力，判断未来贷款的风险。如果债权人认为债务人的流动比率要保持在 2∶1 左右时贷款才是安全的，那么，他就会以 2∶1 的流动比率作为是否贷款给债务人的依据。

（3）比率分析可以使投资者和潜在投资者通过评价饭店经营业绩，决定是否投资饭店行业。

五、比率分析的种类

根据需要和信息类型,比率分析可分为以下五种:
(1)流动性比率。流动性比率是反映饭店偿还短期债务能力的比率。
(2)偿债能力比率。偿债能力比率是衡量饭店能够偿付非流动负债能力及程度的比率。
(3)营运性比率。营运性比率是反映管理者运用饭店资产能力的比率。
(4)获利能力比率。获利能力比率是测量管理者销售回报与投资回报效果的比率。
(5)营业比率。营业比率是分析饭店经营活动能力的比率。

上述比率分析种类的划分不是绝对的,例如,存货周转率可以归类于流动性比率,也可以归类于营运性比率;利润率可以包括在获利能力比率,也可以归类在营业比率。

六、比率分析方法

了解一种比率的含义及其应用比了解它的类别更加重要。现在,我们将深入地讨论各个比率。对于所讨论的每一种比率将从它的目的、计算公式、数据来源,以及所有者、债权人和管理者从不同角度对比率做出的各种解释等方面进行探讨。

表 4-2 ~ 表 4-7 是假设的东方饭店部分财务报表,我们将用它来讨论各个比率。

表 4-2　20×0—20×2 年东方饭店资产负债表

资产	行次	20×0 年	20×1 年	20×2 年
流动资产				
货币资金	1	20 000	21 000	24 000
短期投资	2	60 000	81 000	145 000
应收账款	3			
减:坏账准备	4			
应收账款净额	5	100 000	90 000	140 000
其他应收款	6			
存货	7	14 000	17 000	15 000
待摊费用	8	13 000	12 000	14 000
待处理流动资产净损失	9			
一年内到期的长期债券投资	10			
其他流动资产	11			
流动资产合计	13	207 000	221 000	338 000
长期投资:				
长期投资	14	43 000	35 000	40 000

续表

资产	行次	20×0年	20×1年	20×2年
固定资产：				
固定资产原价	16	1 048 500	1 108 500	1 156 500
减：累计折旧	17	260 000	320 000	381 000
固定资产净值	18	788 500	788 500	775 500
固定资产清理	19			
在建工程	20	11 500	20 500	22 800
待处理固定资产净损失	21			
固定资产合计	23	800 000	809 000	798 300
无形及递延资产：				
无形资产	24			
递延资产	25			
无形及递延资产合计	27			
其他资产：				
其他长期资产	28			
资产总计	30	105 0000	106 5000	117 6300
负债及所有者权益				
流动负债：				
短期借款	31			
应付账款	32	60 000	53 500	71 000
其他应付款	33			
应付工资	34			
应付福利费	35			
未交税金	36	30 000	32 000	34 000
未付利润	37			
其他未交款	38			
预提费用	39	70 000	85 200	75 000
一年内到期的非流动负债	40	25 000	21 500	34 000
其他流动负债	41			
流动负债合计	44	185 000	192 200	214 000
非流动负债：				
长期借款	45			

续表

资产	行次	20×0年	20×1年	20×2年
应付债券	46			
长期应付款	47	425 000	410 000	400 000
其他非流动负债	48	40 000	42 800	45 000
非流动负债合计	50	465 000	452 800	445 000
负债总额	51	650 000	645 000	659 000
所有者权益：				
实收资本	52	55 000	55 000	55 000
资本公积	53	110 000	110 000	110 000
盈余公积	54			
未分配利润	55	235 000	255 000	352 300
所有者权益合计	56	400 000	420 000	517 300
负债及所有者权益总计	60	1 050 000	1 065 000	1 176 300

表 4-3 东方饭店利润表

编报单位：东方饭店　　　　　　　　20×2年12月31日　　　　　　　　单位：元

项目	行次	上年数	本年累计数
一、营业收入	1	1 300 000	1 352 000
减：营业成本	2	142 000	148 000
营业费用	3	430 900	445 000
抵扣后的增值税	4	30 000	31 000
二、经营利润（亏损以"-"表示）	5	697 100	728 000
减：管理费用	6	349 200	301 400
财务费用	7		60 000
三、营业利润（亏损以"-"表示）	8	347 900	366 600
加：投资收益（亏损以"-"表示）	9		
营业外收入	10		
减：营业外支出	11		
减：其他固定费用	12	159 500	171 000
四、利润总额（亏损以"-"表示）	13	188 400	195 600
五、所得税	14	47 100	48 900
六、净利润	15	141 300	146 700

表 4-4　餐饮部利润表（内部）

20×2 年度　　　　　　　　　　　　　　　　　　　　　　　　　　单位：元

项目	食品	饮料
销售额	300 000	145 000
销售成本		
期初存货	11 000	6 000
采购	120 000	28 000
减：期末存货	9 000	6 000
耗用的食品成本	122 000	28 000
减：员工餐	200	0
已售食品成本	120 000	28 000
毛利	180 000	117 000
费用		
工资及相关费用	135 000	45 000
其他费用	30 000	15 000
费用合计	165 000	60 000
部门利润	15 000	57 000

注：20×1 年食品销售额为 280 000 元，饮料销售额为 150 000 元；供应餐数：20×1 年为 55 500 人次，20×2 年为 56 000 人次。

表 4-5　客房部利润表（内部）

20×2 年 12 月 31 日

项目	上年数	本年累计数
收入 / 元	780 000	810 000
工资及相关费用 / 元	135 000	145 000
其他直接费用 / 元	625 000	60 000
费用总计 / 元	760 000	205 000
部门利润 / 元	20 000	605 000
已售客房数 / 间	20 500	21 000
已付款的客人数	23 500	24 000
两人或两人占用的客房数 / 间	2 400	2 500
免费客房 / 间	150	160
每天可供出租客房数为 80 间		

表 4-6　商场部利润表（内部）

20×2 年 12 月 31 日　　　　　　　　　　　　　　　　　　　　单位：元

项目	上年数	本年累计数
销售额	40 000	42 000
销售成本	30 000	31 000
毛利	10 000	11 000
费用		
工资及相关费用	10 000	10 500
其他费用	5 000	4 500
费用合计	15 000	15 000
部门利润	-5 000	-4 000
租金收入	50 000	55 000

表 4-7　东方饭店留存收益表和其他信息

20×2 年 12 月 31 日　　　　　　　　　　　　　　　　　　　　单位：元

项目	上年数	本年累计数
本年期初留存收益	235 000	255 000
净利润	141 300	146 700
公布的股利	121 300	49 400
本年期末留存收益	255 000	352 300
在外流通的普通股份数	55 000	56 000

（一）流动性比率

流动性比率是企业短期偿债能力比率，饭店流动负债的偿还能力是饭店财务状况的重要指标之一，流动性比率是指企业流动资产对流动负债及时足额偿还的保障程度。根据流动资产变现能力弱和强，或变现速度慢与快，流动性比率分为流动比率、速动比率和超速动比率三种。

1. 流动比率

流动比率（Current Ratio）是将流动资产与流动负债相比所得的比率。其计算数据来源于资产负债表，计算公式为

$$流动比率 = 流动资产 / 流动负债$$

一般来说流动比率越高，短期偿债能力越强。流动比率如果等于1，说明具有基本的物质保证来偿还短期债务，如果流动比率小于1，说明没有物质保证偿还短期债务，如果流动比率大于1，说明不仅有足够的物质保证偿还短期债务，而且还能保证企业正常经营。多年来，多数企业财务运作经验说明，流动比率保持在 2 为最佳水平。

表 4-2 中东方饭店 20×2 年流动比率为 1.58 或 1.58∶1：

$$338\ 000 \div 214\ 000 = 1.58$$

这一结果表明东方饭店每 1 元流动负债就有 1.58 元的流动资产做保证。对于这样的结果，不同报表使用人有不同的评价。

股东认为，这个比率应该再低些。因为，股东关心的是利润，一般来说，流动资产投资比非流动资产投资盈利少一些。

债权人觉得这个比率应该再高一点。因为，债权人主要关心的是能否从债务人那里及时足额收到还款，这个比率越高，收到还款的保证就越大。

管理者对这个比率基本满意。因为，管理者既要设法满足所有者和借款人的要求，同时又要有足够的运营资金和足够的资金流动性，以确保饭店的顺利经营。

2. 速动比率

速动比率（Acid-Test Ratio）又称酸性试验比率，是反映企业速动资产同流动负债的比率。其计算数据来源于资产负债表，计算公式为

$$速动比率 = 速动资产 \div 流动负债$$

速动资产是流动资产扣除存货及预付费用后的余额。流动比率能够反映企业的偿债能力，但有一个假定的前提，就是全都流动资产都能在一年内转变成现金，如果变现过程出现障碍，这一比率就不能充分体现企业的偿债能力。在流动资产中，存货是变现最慢的，如果在流动资产中扣除存货费用，那就更能体现企业的偿债能力。一般认为，速动比率为 1∶1 就具有良好的偿债能力。与流动比率一样，速动比率不一定越高越好。

表 4-2 中东方饭店 20×2 年的速动比率为 1.44：

$$309\ 000 \div 214\ 000 = 1.44$$

计算结果表明，1 元的流动负债有 1.44 元的速动资产做保证。

所有者、债权人和管理者对速动比率的观点和对流动比率的观点相似，即所有者喜欢比率低一些，债权人喜欢比率高一些，而管理者介于两者之间。

3. 超速动比率

超速动比率（Cash Ratio）是指现金和等值现金与流动负债的比率。这里的等值现金是指与现金具有几乎相同变现能力的各种活期存款、短期有价证券和转让票据等。超速动比率的计算数据来源于资产负债表，计算公式为

$$超速动比率 =（现金 + 等值现金）\div 流动负债$$

表 4-2 中 20×2 年超速动比率为 0.79 或 0.79∶1：

$$(24\ 000 + 145\ 000) \div 214\ 000 = 0.79$$

计算结果表明，东方饭店 20×2 年，每一元短期负债就有 0.79 元现金做保证。

4. 应收账款周转率

一般说来，应收账款是饭店一项比较大的流动资产，因此在分析饭店流动性时，必须考虑应收账款转化为现金的速度。应收账款周转率就是对这种转化速度进行的评估。

衡量应收账款转化为现金速度的表述方法有两种，即应收账款周转率和平均收账期。

（1）应收账款周转率的计算。应收账款周转率（Accounts Receivable Turnover）反映了企业应收账款的收款期，也是企业应收账款变现速度的指标。应收账款周转率高，说明企业占用在应收账款上的资金少，收款时间短，可以说，应收账款周转率越高越好。

计算应收账款周转率的计算数据来源于资产负债表和利润表，计算公式为

$$应收账款周转率（ART）= 收入总额 \div 平均应收账款$$
$$平均应收账款 =（期初应收账款 + 期末应收账款）\div 2$$

东方饭店20×2年应收账款周转率为18.15，计算如下：

135 2000÷[（9 000+140 000）/2]=18.15

这个计算结果表明，20×2年的收入总额是平均应收账款的18.15倍。所有者、供应商、债权人喜欢较高的应收账款周转率，管理者则要慎重看待这一指标，因为在管理者通过放宽信用条件增加收入的同时，也面临着增加坏账的风险，并且回收应收账款是需要付出一定成本的。只有增加一位客人时，坏账加上扩大信用的附加收账成本等于每增加一位客人而扩大信用所获得的额外利润时，管理人员才能通过增加应收款的方式增加销售额。

应收账款周转率只是总体上计算了收款速度，要想使应收账款周转率指标达到理想程度，还需要对每一个应收账款的个别账户进行分析。表4-8是应收账款账龄分析表。

表4-8　应收账款账龄分析表

年　　月　　日　　　　　　　　　　　　　　　　　　单位：元

企业名称	未结账天数							原因
	合计	0～30天	31～60天	61～90天	91～120天	120～半年	半年以上	
新兴公司	19 000	5 000	10 000	4 000				
黎明公司	30 000						30 000	
—								
飞跃公司	20 000				15 000		5 000	
合计	69 000	5 000	10 000	4 000	15 000		35 000	

（2）平均收账期的计算。平均收账期（Days Sales Outstanding，DSO）是应收账款周转率的一个变形公式，计算方法是用365天除以应收账款周转率。这种转换能够将应收账款周转率简化成一种更容易理解的形式。对东方饭店来说，20×2年平均收账期如下所示：

平均收账期（DSO）=365÷应收账款周转率

=365÷18.15

=20.11（天）

计算结果表明，该饭店在整个20×2年内，平均每隔20.11天就收回它的全部应收账款。

平均收账期多长为好呢？一般来说，所允许的平均付款时间不超过销售条款的7～10天，如果销售条款是n/30（全部金额在30天到期），那么，可以允许的平均收账期的最长限度应是37～40天。这个最长限度的天数，是假设销售款全部为赊销。

假设在全部销售款中，现金销售占60%，赊销占40%，则最大限度可允许的平均收账期应是14.8～16天（37～40天分别乘以40%）。

（二）偿债能力比率

偿债能力比率是资产总额除以负债总额。常用这个比率评估饭店举债融资的程度和偿付长期负债的能力。偿债能力比率揭示了可用来承受任何经营亏损的资本缓冲能力，较高的偿债能力比率显示了一个饭店渡过财务难关的能力较强。

1. 负债能力

在分析偿债能力比率之前，我们先了解一下饭店的负债能力。

负债能力是指企业负担非流动债务的能力，体现非流动债务人所承担的风险。适当的负债对于企业是必要的，因为使用适当的负债可以使投资者增加其已投资的回报，这就是财务杠杆所起的作用。当投资回报超过融资的债务成本时，就可以使用财务杠杆（Financial Leverage），即通过举债增加投资回报。这个过程可在表4-9中体现出来。

表4-9 权益回报

项目	高负债、低权益	高权益、低负债
负债	80	20
资本	20	80
息、税前利润	50	50
利息（15%）	12（80×15%）	3（20×15%）
税前利润	38（50-12）	47（50-3）
所得税	15.20（38×40%）（税率40%）	18.8（47×40%）
净利润	22.8（38-15.20）	28.20（47-18.8）

权益回报率＝净利润/权益。权益回报率是指每一元权益投资的回报额；
高负债、低权益（80：20）的权益回报率为：22.8/20=1.14（元），每1元权益投资，可以赚取1.14元；
低负债、高权益（20：80）的权益回报率为28.2/80=0.35（元），每1元权益投资，只赚取0.35元。

上述分析说明企业具有适当的资产负债率是合算的。资产负债率（Debt Ratio）是负债总额与资产总额的比率，其计算公式为

$$资产负债率（Debt\ Ratio）＝负债总额÷资产总额$$

该比率表明的是，在全部资产中由债权人提供的部分所占的百分比，假设是40%，就说明在全部资产中，有40%是由于债权人提供的，有60%是属于所有者的。

负债是要偿还的，一般来讲，一定的负债能力是由一定的偿债能力做保证的。

2. 偿债能力比率

当饭店资产超过它的负债时，它就有偿债能力，因此偿债能力比率就是资产总额除以负债总额。东方饭店20×2年偿债能力比率的计算公式为

$$偿债能力比率＝资产总额÷负债总额$$
$$=117\ 6300÷659\ 000=1.78$$

计算结果表明东方饭店每1元负债就有1.78元的资产做保证，或者说有0.78元的缓冲。即使东方饭店的资产被折减43.8%（0.78元÷1.78元=43.8%），但仍能有能力支付债权人的债务。

饭店运用的财务杠杆（用负债筹集资产）越大，它的偿债能力比率就越低。所有者喜欢使用财务杠杆，只要从债权人处筹集资金所赚取的利润超过借债成本；债权人喜欢较高的偿债能力比率；管理者必须同时满足所有者和债权人的要求。

3. 负债－权益比率

负债－权益比率（Debt to Equity Ratio）也称产权比率，是偿债能力比率中最常用的一种，它是将企业的负债和净资产（所有者权益）相比而得。其计算公式为

$$负债－权益比率＝负债总额÷所有者权益总额$$

这个比率显示了饭店承受困境及偿付长期负债的能力。用表4-2中的数据计算东方饭店20×2年的负债—权益比率为1.27或1.27∶1：

$$659\,000 \div 517\,300 = 1.27$$

计算结果表明，东方饭店每获得1元所有者净资产，就欠债权人1.27元。

所有者希望使用财务杠杆获得最大投资回报，财务杠杆越大，负债—权益比率就越大；

债权人希望较低的负债—权益比率；管理者采取介于债权人和所有者之间的中间态度。

4. 非流动负债对非流动负债与所有者权益的比率

负债—权益比率变形公式是非流动负债对资本总额的比率，它是将负债—权益比率中分子去掉流动负债而只有非流动负债，将分母加上非流动负债。因为一般流动资产足以支付流动负债，所以它们不算入长期比率。其计算公式为

非流动负债对非流动负债与所有者权益的比率 =（非流动负债 ÷ 非流动负债与所有者权益之和）×100%

表4-2中的数字计算东方饭店20×2年非流动负债与对非流动负债和所有者权益之和的比率为46.24%：

$$(445\,000 \div 962\,300) \times 100\% = 0.462\,4$$

计算结果表明，东方饭店20×2年的非流动负债占非流动负债和所有者权益之和的46.24%。债权人喜欢较低的比率，所有者喜欢较高的比率。

5. 利息保障倍数

举借债务需要债务人还本付息。非流动负债，首先要支付的不一定是本金，而是利息。利息是企业的一项固定支出，必须按期缴付，支付利息的可靠保证是企业的盈利。衡量利润支付利息能力的指标是利息保障倍数。

利息保障倍数（Times Interest Earned，TIE）又称已获利息倍数比率，它表明的是能够支付利息费用（财务费用）的倍数。利息保障倍数越大，债权人就越安全，一般认为，利息保障倍数为3～4比较安全，表明企业有支付利息的保障能力。

计算利息保障倍数的数据来源于利润表，其计算公式为

利息保障倍数（TIE）=（净利润 + 所得税 + 财务费用）÷ 财务费用

或　　利息保障倍数（TIE）=（利润总额 + 财务费用）÷ 财务费用

用表4-3中数据计算东方饭店20×2年的利息保障倍数为4.26：

$$(146\,700 + 60\,000 + 48\,900) \div 60\,000 = 4.26$$

或者直接用利润表中的"利润总额计算：（195 600 + 60 000）÷ 60 000 = 4.26

所有当事人都喜欢这项指标高一些。

（三）营运性比率

营运性比率（Operating Ability Ratio）又称资产效率比率，是衡量管理者使用各类企业资源的效率性。

1. 存货周转率

存货周转率（Inventory Turnover Ratio）反映企业存货的周转速度，也是判断企业存货变现速度的指标。存货的一次周转标志着企业的一次"现金—存货—销售—现金"经营循环，存货周转率低会使企业存货成本增加，如储存场所、冷藏、保险、人工成本、保管成本、机会成本等；存货周转率高预示着企业有良好的现金流量，经营效率高、存货占用资金少。但是，过高

的存货周转率表示企业将可能因存货不足而影响正常经营，同时也增加了采购成本。所以，存货周转率并不是越高越好，而应当根据企业的实际情况具体分析。

存货周转率用次数表示，数据来源于资产负债表和利润表，其计算公式如下

$$存货平均余额 =（存货期初余额 + 存货期末余额）÷ 2$$

$$存货周转率（ITR）= 销售成本 ÷ 存货平均余额$$

饭店应分别计算食品和酒水的存货周转率。表4-4是东方饭店20×2年餐饮部简明财务报表，其中分别列出了食品与酒水的数字。下面分析一下食品与酒水的存货周转率。

$$食品存货周转率 = 122\ 000 ÷ 10\ 000 = 12.2（次）$$

$$食品平均存货 =（11\ 000 + 9\ 000）÷ 2 = 1\ 000（元）$$

$$酒水平均存货 =（6\ 000 + 6\ 000）÷ 2 = 6\ 000（元）$$

$$酒水存货周转率 = 28\ 000 ÷ 6\ 000 = 4.67（次）$$

计算结果表明，122 000元食品存货需要每隔29天左右进货一次（365÷12.2），28 000元酒水存货需要每隔78天进货一次。

只要不发生存货短缺，所有的相关者都喜欢较高的存货周转率。

2. 固定资产周转率

固定资产周转率（Fixed Assets Turnover Ratio）又称资产和设备周转率，它是用当期的总收入除以平均固定资产总额来计算的。这个比率是用来衡量固定资产使用效率，周转率高说明固定资产使用效率高，周转率低说明固定资产使用效率低。可以采用增加收入或处理掉部分固定资产的方式来提高固定资产使用效率。

固定资产周转率的计算数据来源于利润表和资产负债表，其计算公式为

$$固定资产周转率 = 收入总额 ÷ 固定资产平均额$$

$$固定资产平均额 =（期初固定资产 + 期末固定资产）÷ 2$$

用表4-2和表4-3的相关数据计算东方饭店20×2年固定资产周转率为1.68次。

$$固定资产周转率 = 135\ 2000 ÷ 803\ 650 = 1.68（次）$$

$$固定资产平均额 =（809\ 000 + 798\ 300）÷ 2 = 803\ 650（元）$$

这个计算结果表明收入是固定资产的1.68倍。

所有当事人都愿意有较高的固定资产周转率。但是，管理者应该反对薄利、老旧且低效的固定资产，即使它们可以导致较高的固定资产周转率。在之后分析资产回报率可以验证这个情况。

特别需要指出的是，固定资产周转率的高低，受固定资产折旧方法影响，在其他因素相同的情况下，使用加速折旧法比使用直线折旧法会得到更高的周转率。同时，固定资产溢价部分加在正在使用的固定资产上，这也影响了固定资产周转率的高度。

对于大多数饭店来说，固定资产是饭店总资产的主要构成部分，因此，固定资产周转率指标对饭店的运用能力分析十分重要。

3. 资产周转率

资产周转率（Total Assets Turnover）是反映企业全部资产效率的指标。分析资产周转率可以从各单项资产周转率入手，如上述分析的存货周转率、固定资产周转率和流动性比率中的应收账款周转率等。

总资产周转率的计算数据来源于利润表和资产负债表，其计算公式为

$$总资产周转率（次数）= 销售收入 ÷ 资产平均余额$$

应用表4-2和表4-3的数据计算东方饭店20×2年资产周转率为1.21次。

资产周转率 =135 2000÷112 0650=1.21（次）

平均资产总额 =（106 500+117 6300）÷2=1 120 650（元）

以下介绍衡量饭店管理者有效运用资产能力的另外几个指标。

4. 客房出租率

客房出租率（Occupancy Percentage）是用饭店可供出租客房数除以已出租的客房数，用百分数表示。这个指标是衡量饭店管理者销售业绩的主要指标。其计算公式为

客房出租率（OP）=（已售客房数÷可供出租客房数）×100%

可供出租客房数（Room Available）= 每天可供出租客房数×期间天数

应用表 4-5 的数据计算东方饭店 20×2 年客房出租率如下：

客房出租率 =21 000÷29 200×100%=0.719 2×100%=71.92%

可供出租客房数 =80×365=29 200（间）

71.92% 的客房出租率是全年平均客房出租率。

影响饭店客房出租率的主要因素有饭店所在区域、地理位置、季节因素、价格结构、住宿设施、服务水平、营销策略等。

5. 每间客房平均占用率

每间客房平均占用率（Average Occupancy Per Room）是用入住客人数除以售出的客房数。一般来说，当每间客房平均占用率增加时，房价也随之增加。其计算公式为

每间客房平均占用率 = 入住的客人数÷售出的房间数

运用表 4-5 中的数据计算东方饭店 20×2 年每间客房平均占用率为 1.14。

每间客房平均占用率 = 24 160÷21 160=1.14

6. 双倍出租率

双倍出租率（Doubled Occupancy Percentage）又称倍数出租率，是用双人或多人入住一间客房的客房数除以售出的客房数来计算的，用百分比表示。其计算公式为

双倍出租率 =（双人或多人入住一间客房的客房数÷售出的客房数）×100%

运用表 4-5 中数据计算东方饭店 20×2 年双倍出租率为 11.81%。

双倍出租率 =2 500÷21 160×100%=0.118 1=11.81%

所有者、债权人和管理者都希望出租率高。出租率是衡量饭店经营水平的重要指标。出租率按日计算，并记录在每日经营报告中。

7. 免费使用客房率

免费使用客房率是用免费入住客房数除以已售客房数，用百分比表示，计算公式为

免费使用客房率 =（免费入住客房数÷已售客房数）×100%

用表 4-4 的数据计算东方饭店 20×2 年免费使用客房率为 0.76%。

免费使用客房率 =（160÷21 000）×100%=0.76%

从以上分析中可以看到，在计算出租率时，已售客房数是 21 000 间，不包括 160 间免费入住客房数，而在计算每间客房平均占用率和双倍出租率时，已售客房数是 21 160 间，其中包含了 160 免费入住客房数。

（四）盈利能力比率

饭店盈利能力是企业效率的集中表现。反映企业盈利能力的指标一般越高越好，包括如下指标。

1. 资产报酬率

资产报酬率（Return On Total Assets Ratio，ROA）是饭店资产获利能力的总括指标，反映的是每 1 元资产所取得的收益，用百分比表示，计算数据源于资产负债表和利润表，其计算公式为

$$资产报酬率 = 净利润 \div 资产平均占用额$$

$$资产平均占用额 =（本年期初资产总额 + 本年期末资产总额）\div 2$$

用表 4-1 和表 4-2 相关数据计算东方饭店 20×2 年的资产报酬率为 13.09%，即东方饭店每 1 元的平均资产总额获利 0.130 9 元：

$$146\ 700 \div 112\ 0650 = 0.1\ 309 = 13.09\%$$

使用同样方法计算该饭店 20×1 年的资产报酬率为 13.36%，说明 20×2 年该饭店的资产报酬率有所下降，有可能是利润不足造成的，也可能是资产过多造成的，太高的资产报酬率可能意味着资产较旧，近期需要更换，或者意味着需要增加资产以支持收入的增加。

用资产报酬率还可以对其他饭店的盈利能力进行横向比较。净利润是反映饭店效益的重要指标，但是，对于两个不同的饭店，用净利润不能说明问题。比如，甲饭店今年净利润是 1 000 万元，乙饭店是 500 万元，显然不能就说甲饭店一定比乙饭店好，还要比较两个饭店为取得这些净利润所占用的资产，如果说甲饭店占用的资产为 1 000 万元，等于是投资 1 元赚 1 元，乙饭店总资产是 200 万元，等于是投资 1 元赚 2.5 元，显然，乙饭店效益比甲饭店要好。

用资产报酬率评价不同饭店时，要特别注意如下问题：①饭店所占用的资产越陈旧，累计折旧越多，分母就越小，资产报酬率就会越大。②在物价上涨时期，饭店新购入的固定资产越多，分母就越大，资产报酬率就越小。③净利润是企业通过资产取得的正常利润，计算时，最好扣除营业外收支项目。

资产报酬率还有另外两种计算方法：

（1）加上利息后的资产报酬率，即认为利息是为取得资产的成本，也是饭店总资产创造的，应当把利息费用加回来。其计算公式为

$$资产报酬率 = （净利润 + 税后利息）\div 资产平均占用额$$

（2）用利润率计算资产报酬率，计算公式为

$$资产报酬率 = 利润率 \times 资产周转率$$

$$利润率 = 净利润 \div 收入总额$$

$$资产周转率 = 收入总额 \div 平均资产总额$$

资产报酬率是评价企业盈利能力的一个综合性很强的指标，通过"资产报酬率 = 利润率 × 资产周转率"这个等式，可以分解出与企业盈利能力相关的各种指标。因为这种方法是美国杜邦公司首先创造的，因此称为杜邦分析法。

2. 净资产报酬率

净资产报酬率（Return On Net Assets Ratio，RONA）又称所有者权益报酬率，是反映所有者投资的获利能力的一项关键指标，显示了管理者为所有者创造财富的能力和业绩。

计算数据来源于资产负债表和利润表，用百分比表示。其计算公式有两个。

（1）净利润除以平均净资产或平均所有者权益，分母包括全部股本和留存收益：

$$净资产报酬率 = 净利润 \div 平均净资产（平均所有者权益）$$

$$平均净资产 = （期初净资产 + 期末净资产）\div 2$$

用表 4-2 和表 4-3 的有关数据计算东方饭店 20×2 年的资产报酬率为 31.30%：

(146 700÷468 650)×100%=0.313×100%=31.30%

计算结果表明，每1元净资产即所有者权益赚0.313元。

（2）资产报酬率乘以平均资产和平均净资产，即平均所有者权益总额之比，计算公式为

净资产报酬率＝资产报酬率×（平均资产总额÷平均净资产总额）

东方饭店 20×2 年净资产报酬率为 31.30%：

13.09%×（1 120 650÷468 650）=31.30%

从上述看出，计算净资产报酬率的公式中，净资产（所有者权益）相对应资产总额越小（财务杠杆越大），则净资产报酬率就越大。

3．边际利润率

边际利润率（Net Profit Margin）是衡量饭店获利能力的关键性指标，它是由净利润除以收入总额来确定的，是管理者创造收入和控制费用的结果与尺度。这里的净利润是指扣除了全部费用后的利润。计算利润率的数据源于利润表，用百分比表示，其计算公式为

边际利润率＝（净利润÷收入总额）×100%

运用表 4-3 中的相关数据计算东方饭店 20×2 年利润率为 10.85%：

（146 700÷1 352 000）×100%=10.85%

在计算利润率时，除计算饭店整体利润率外，还要分别计算各利润中心，即各经营部门的利润率，以发现问题，如果各利润中心的利润率令人满意，那么问题很可能出现在间接费用上，需要非经营部门加大力度控制费用。

4．毛利率

毛利率（Gross Profit Margin）是经营毛利率的简称，又称经营效率比率。它是经营部门用本部门的利润（本部门收入减去本部门发生的成本、费用）除以本部门的收入所得的结果。该比率可以直接衡量各经营部门管理者的经营业绩。计算毛利率的数据，源于利润表。如果在对外报表的利润表中不含有各经营部门利润表，还要加上饭店内部各经营部门利润表，毛利率结果用百分比表示。

表 4-3～表 4-6 包含了各部门利润表，用其中相关数据计算东方饭店 20×2 年的毛利率如下：

经营毛利率＝（728 000÷1 352 000）×100%=53.8%

计算结果表明，东方饭店每1元的收入就有近 0.54 元的经营利润。

餐饮部的经营毛利率＝（15 000+57 000）÷（300 000+145 000）×100%=16.2%

餐饮部每1元的经营收入就可获得多于 0.16 元的经营利润。

5．每股净利润

每股净利润（Earning Per Share，EPS）反映的是股份制饭店普通股每一股的报酬额。如果只发行了普通股，则其计算公式为

每股净利润＝净利润÷流通在外普通股的平均股数

如果同时还发行了优先股或可转换证券，则要从净利润中扣除优先股后，再除以流通在外的普通股平均股数来计算，计算公式为

每股净利润＝（净利润－分配给优先股的利润）÷发行在外普通股平均股数

计算每股净利润的数据来源于利润表和留存收益及其他信息。

用表 4-3 和表 4-7 中的相关数据，计算东方饭店 20×2 年每股净利润如下：

146 700÷56 000=2.62（元）

计算结果说明，东方饭店 20×2 年每股净利润为 2.62 元。

所有人都愿意盈利能力比率高些。

（五）营业比率

营业比率是分析饭店经营状况的比率。营业比率主要包括各经营部门收入占收入总额的比率、总费用与总收入的比率、部门收入与部门费用的比率、食品成本与食品收入的比率、每间已售客房的平均收入、售出的每餐收入、每间客房的年费用等。根据经营管理者的需要，可以列出许多营业比率，这里我们主要分析一些较为重要的营业比率。

1. 销售组合

营业比率中的销售组合是指各经营部门的收入所占收入总额的比率。用表 4-3 和表 4-7 的相关数据计算东方饭店 20×2 年的销售组合，见表 4-10。

表 4-10　东方饭店销售组合表

部门	销售额/元	占总额的百分比/%
客房	810 000	59.9
食品	300 000	22.2
饮料	145 000	10.7
商场	42 000	3.1
租金与其他收入	55 000	4.1
总计	135 2000	100

2. 平均房价

平均房价（Average Room Rate，ARR）与客房出租率是衡量客房经营的一对重要指标，也称平均日价（Average Daily Rate，ADR）。其计算公式为

$$平均房价 = 客房收入 \div 已售客房数$$

利用表 4-3 和表 4-7 中的有关数据，计算东方饭店 20×2 年平均房价为

$$810\ 000 \div 21\ 000 = 38.57（元）$$

3. 平均每间可供出租客房收入（Revpar）

在客房经营统计中，最常用的一对指标是出租率和平均房价。然而，出租率和平均房价本身的意义不大，因为用这两个指标很难衡量饭店之间的经营状况。例如，甲饭店出租率 60%，平均房价 200 元/天，乙饭店出租率 70%，平均房价 180 元/天，哪个饭店经营状况更好些呢？

只看出租率和平均房价是不能确定哪个饭店经营更好些。使用"平均每间可供出租客房收入"（Revenue per Average room，Revpar）这个指标就可解决这个问题。其计算公式为

平均每间可供出租客房收入 = 客房收入 ÷ 可供出租客房数

= （可供出租客房数 × 出租率 × 平均房价）÷ 可供出租客房数

= 出租率 × 平均房价

根据平均每间可供出租客房收入计算公式，上例中甲饭店的 Revpar 为 120 元（60%×200元），乙饭店 Revpar 为 126 元（70%×180元）。从 Revpar 观点看，将客房出租率高的饭店看成经营好的饭店。

根据已计算出来的客房出租率 OP 和平均房价 ARR，计算东方饭店 20×2 年的 Revpar 如下：

$$71.92\% \times 38.57 = 27.74（元）$$

相对于单独看客房出租率或平均房价（ADR），Revpar 指标有了更大改进。实际上，Revpar 是变形的 ADR，ADR 是用收入除以已售客房数，而 Revpar 是用收入除以全部客房数。

4. 人均消费额

人均消费额是用来衡量餐饮营业效率的重要指标。它是由食品收入总额除以该时期内消费者人数计算得来的。计算数据来源于饭店内部经营报表，计算公式为

$$人均消费额 = 食品收入总额 \div 消费者人数$$

用表 4-4 的相关数据计算东方饭店 20×2 年的人均消费额如下：

$$人均消费额 = 300\,000 \div 56\,000 = 5.36（元）$$

以上计算公式中，分子是"食品收入总额"，显然是不包括酒水的，酒水的人均消费额应该另行计算。

5. 食品成本率

食品成本率（Food Cost Percentage）是用已售食品成本除以食品收入额。食品成本率是衡量餐饮经营管理水平的一项重要指标，用这个指标判断食品成本是否合理。计算食品成本率的数据源于利润表和内部经营报表，用百分比表示，其计算公式为

$$食品成本率 = 已售食品成本 \div 食品销售额$$

用表 4-7 中的相关数据计算东方饭店 20×2 年食品成本率如下：

$$120\,000 \div 300\,000 \times 100\% = 0.4 \times 100\% = 40\%$$

结果表明，东方饭店 20×2 年，每售出 1 元食品，其中成本是 0.4 元，毛利为 0.6 元。

食品成本率的高低与否，要参考预算、同行业、餐馆档次等因素进行评价。食品成本率过高，说明可能有食品浪费现象或者价格有些偏低；食品成本率过低，可能导致食品质量问题或者价格过高。食品成本率过高和过低，都会影响食品销售及餐馆声誉。

6. 酒水成本率

酒水成本率（Beverage Cost Percentage）是已售酒水成本除以酒水销售额。这个指标是衡量餐饮酒水经营水平的重要指标，计算这个指标的数据源于利润表和内部经营报表，计算结果用百分比表示，其计算公式为

$$酒水成本率（Beverage\ Cost\ Percentage）= 已售酒水成本 \div 酒水销售额$$

用表 4-3 及附表中的数据计算东方饭店的酒水成本率如下：

$$28\,000 \div 145\,000 \times 100\% = 0.193\,1 \times 100\% = 19.31\%$$

计算结果表明，东方饭店 20×2 年每售 1 元的酒水，其中的成本是 0.19 元，赚取的毛利为 0.81 元。

7. 人工成本率

饭店的人工成本（Labor Cost）包括工资、奖金、各类保险、各种福利等。饭店行业属于劳动密集型行业，人工成本占全部成本的比例较大，控制人工成本对饭店经营成果至关重要。衡量人工成本高低的重要指标是人工成本率（Labor Cost Percentage），它是用人工成本除以收入总额计算得到的。计算人工成本率的数据源于利润表和饭店内部经营报表，结果用百分比表示，计算人工成本率的公式为

$$人工成本率 = 人工成本 \div 收入总额$$

由于人工成本占饭店费用的比例较大，人工成本率的计算最好以部门为单位计算，

用表 4-3 数据计算东方饭店 20×2 年客房部和餐饮部的人工成本率如下：

客房部人工成本率 =145 000÷810 000=17.90%

餐饮部人工成本率 =180 000÷445 000=40.45%

比较人工成本率的高低，要参考经营预算、同行业水平、饭店档次与服务方式，以及饭店所在地区劳动力供给情况等。

非经营部门人工成本率的计算，由于这些部门没有营业收入而被忽略。人工成本是饭店中最大的费用，应该核算到各个部门，包括非经营部门。非经营部门人工成本率的计算是用部门人均人工成本除以饭店人均收入额，结果用百分比表示。假设东方饭店人力资源部年人均成本为 20 000 元，再假设当年人均收入为 100 000 元，则人力资源部的人工成本率为 20%。

8. 劳动生产率

劳动生产率（Labor Productivity）是衡量饭店营业效率的一项重要指标，用它衡量一个饭店人均创造收入的水平，同时分析饭店收入与用工数量是否匹配。

计算劳动生产率的数据来源于饭店利润表和内部报表，计算公式为

劳动生产率 = 收入总额 ÷ 用工总人数

假设东方饭店有员工 14 人，根据表 4-3 提供的营业收入额，计算该饭店 20×2 年的劳动生产率为

1 352 000÷14=96 571（元）

计算结果表明，东方饭店在 20×2 年的劳动生产率，即人均创造收入为 96 570 元。用该项指标与饭店上期比较，与预算比较，与同行业比较，就能衡量饭店营业效率水平。

小结

比率分析就是通过对财务报表上的两个相关联的数字结成比率，从而产生更有意义、信息量更大、能用来评价饭店经营及财务状况的新信息过程。比率分析提供的新信息本身并没有什么意义，只有将计算出来的比率与某种标准进行比较，如与过去的数据相比较，与行业的平均值相比较，与计划比率目标相比较，比率才变得有意义，才能为财务报表的使用者提供评价财务状况的基础。

比率分析可以监督和衡量经理们的运营业绩，评估其是否完成了预期目标；可以使债权人评估饭店的偿债能力，判断未来贷款的风险；可以使投资者和潜在投资者通过评价饭店经营业绩，决定是否投资饭店行业。同样的比率计算结果，对于所有者、债权人和管理者的评价往往是不同的。

比率分析包括流动性比率，它是反映饭店偿还短期债务能力的比率；偿债能力比率，它是衡量饭店能够偿付长期负债能力及程度的比率；营运性比率，它是反映管理者运用饭店资产能力的比率；获利能力比率，它是测量管理者销售回报与投资回报效果的比率；营业比率，它是分析饭店经营活动能力的比率。表 4-11 汇总了流动性比率分析、偿债能力比率分析、营运性比率分析、获利能力比率分析和营业比率分析 5 种比率分析中的 35 种比率及其计算公式。

表 4-11 比率表

序号	比率名称与计算公式
1	流动比率 = 流动资产 ÷ 流动负债
2	速动比率 = 速动资产 ÷ 流动负债

续表

序号	比率名称与计算公式
3	超速动比率＝（现金＋等值现金）÷流动负债
4	应收账款周转率＝收入总额÷平均应收账款 平均应收账款＝（期初应收账款＋期末应收账款）÷2
5	平均收账期＝365÷应收账款周转率
6	资产负债率＝负债总额÷资产总额
7	偿债能力比率＝资产总额÷负债总额
8	负债－权益比率＝负债总额÷所有者权益总额
9	非流动负债对非流动负债与所有者权益的比率 ＝（非流动负债÷非流动负债与所有者权益之和）×100%
10	利息保障倍数（净利润＋利息费用＋所得税）÷利息费用
11	存货周转率＝销售成本÷存货平均余额 存货平均余额＝（存货期初余额＋存货期末余额）÷2
12	固定资产周转率＝收入总额÷固定资产平均额 固定资产平均额＝（期初固定资产＋期末固定资产）÷2
13	总资产周转率（次数）＝销售收入÷资产平均余额
14	客房出租率＝（已售客房数÷可供出租客房数）×100% 可供出租客房数＝每天可供出租客房数×期间天数
15	每间客房平均占用率＝入住的客人数÷售出的房间数 双倍出租率＝（双人或多人入住1间客房数÷售出的客房数）×100%
16	免费使用客房率＝（免费入住客房数÷已售客房数）×100%
17	资产报酬率＝净利润÷资产平均占用额 资产平均占用额＝（本年期初资产总额＋本年期末资产总额）÷2
18	资产报酬率＝（净利润＋税后利息）÷资产平均占用额
19	资产报酬率＝利润率×资产周转率
20	利润率＝净利润÷收入总额
21	资产周转率＝收入总额÷平均资产总额
22	净资产报酬率＝净利润÷平均净资产（平均所有者权益）
23	净资产报酬率＝资产报酬率×（平均资产总额÷平均净资产总额）
24	利润率＝（净利润÷收入总额）×100%
25	经营毛利率（营业效率比率）＝（扣除未分配营业费用的利润÷收入总额）×100%
26	每股净利润＝净利润÷流通在外普通股的平均股数
27	每股利润＝（净利润－分配给优先股的利润）÷发行在外普通股
28	营销组合＝（各经营部门的收入÷收入总额）×100%
29	平均房价＝（客房收入÷售出的客房数）×100%

续表

序号	比率名称与计算公式
30	平均每间可供出租客房收入＝客房收入÷可供出租客房数＝出租率×平均房价
31	人均消费额＝食品收入总额÷消费者人数
32	食品成本率＝已售食品成本÷食品销售额
33	酒水成本率＝已售酒水成本÷酒水销售额
34	人工成本率＝人工成本÷收入额
35	劳动生产率＝收入总额÷用工总人数

测试题

一、概念题

比率分析；流动性比率；偿债能力比率；获利能力比率；营业比率；流动比率；速动比率；超速动比率；应收账款周转率；平均收账期；负债能力；权益回报率；财务杠杆；负债—权益比率；利息保障倍数；营运性比率；存货周转率；固定资产周转率；资产周转率；客房出租率；资产报酬率；净资产报酬率；利润率；毛利率；每股净利润；客房出租率；双倍出租率；每间客房平均占用率；销售组合；平均房价；平均每间可供出租客房收入；食品成本率；酒水成本率；人工成本率；劳动生产率。

二、填空题

1. 比率分析使得财务报表上的（　　）变得（　　）起来，为评价企业经营及财务状况提供了一个（　　）。
2. 比率与（　　）比较才有意义。
3. 比率分析一般与（　　）比较、与（　　）比较、与（　　）比较，这些比较的结果往往是（　　）。
4. "用部分去除整体再乘百分之百"是（　　）中的（　　）表述。
5. "用总额除以构成总额的某部分"是（　　）中的（　　）、（　　）。

三、判断题（下面的表述是否正确，正确的打"√"，错误的打"×"。）

1. "服务的客人数除以为客人提供的设施数"是比率分析中的"倍数表述"。（　　）
2. "分母是1"是比率分析中的"次数"表述。（　　）
3. 获利能力比率是分析饭店经营活动能力的比率。（　　）
4. 营业比率是测量管理者销售回报与投资回报效果的比率。（　　）

四、选择题

1. 用"次数"表述的比率分析是（　　）。
   A. 用部分去除整体再乘百分之百　　B. 用总额除以构成总额的某部分
   C. 用服务的客人数除以为客人提供的设施数　　D. 分母是1
2. 管理者最有用的比率是（　　）。
   A. 完成经营计划指标的程度　　B. 竞争对手比率指标
   C. 前一期比率　　D. 客人满意度

3．比率分析中最理想的比较标准是（　　）。
A．计划比率目标　　　　　B．行业平均值
C．前一期比率　　　　　　D．竞争对手指标
4．比较两个饭店客房经营状况的指标是（　　）。
A．客房出租率　　　　　　B．平均每间可供出租客房收入
C．平均房价　　　　　　　D．每间客房平均占用率

五、论述题

1．为什么说企业具有适当的负债比率是合算的？
2．简述人工成本率和劳动生产率的计算方法及其意义。
3．比率分析有哪些局限性？
4．比率分析对债权人、所有者和管理者各有什么作用？

六、计算题

1．某饭店20×1年年末营业收入4 350万元，当年期初应收账款为428万元，期末应收账款362万元。请计算该饭店在20×1年的应收账款周转率和平均收账期。

2．某饭店有200间客房，5月份每天有10间客房因正常原因维修，平均2%的客房因必须原因成为免费用房，还有960间客房没有售出，当月客房收入990 036元。请回答下列问题。
（1）计算出租率。
（2）计算平均房价。
（3）计算平均每间可供出租客房收入。

3．华宇饭店6月份销售额120 000元，食品成本共50 000元，员工用餐成本420元，接待成本220元，4月份成本率是多少？

4．华宇饭店20×1年资产负债表和简明利润表见表4-12、表4-13。

表4-12　华宇饭店资产负债表

20×1年12月31日　　　　　　　　　　　　　　　　　　　　　单位：元

资产		负债及所有者权益	
流动资产		流动负债	
库存现金	95 000	短期借款	210 000
应收账款	100 000	流动负债合计	210 000
存货	5 000	非流动负债	
流动资产合计	200 000	长期借款	40 000
固定资产		长期应付款	80 000
土地	60 000	非流动负债合计	120 000
房屋	300 000	所有者权益	
机器设备（净值）	80 000	实收资本	100 000
固定资产合计	440 000	留存收益	210 000
		所有者权益合计	310 000
资产总计	640 000	负债及所有者权益总计	640 000

表 4–13 华宇饭店简明利润表

20×1 年 12 月 31 日　　　　　　　　　　　　　　　　单位：元

项目	行次	本年累计数
一、营业收入	1	1 500 000
减：营业成本	2	200 000
营业费用	3	747 500
营业税金及附加	4	52 500
二、经营利润（亏损以"–"表示）	5	500 000
减：管理费用	6	114 500
财务费用	7	10 500
三、营业利润（亏损以"–"表示）	8	375 000
减：其他固定费用	9	162 000
营业外支出	10	120 000
四、税前利润	11	93 000
五、所得税	12	27 900
六、利润总额	13	65 100

根据上述两表计算：

（1）流动比率。

（2）速动比率。

（3）负债—权益比率。

（4）已获利息倍数比率。

（5）营业效率比率。

（6）利润率。

（7）所有者权益报酬率。

（8）总资产报酬率。

2023 年三季度国内酒店集团财务分析报告

第三部分

成本与价格篇

学习情境五　认识成本

本学习情境详细阐释了成本构成，区分了不同成本间的关系，同时解释了机会成本、边际成本、沉没成本的含义，及这些成本对人们生活和企业生产经营的影响。

能力目标

能够在实际应用中进行成本拆解，并结合实际运用变动成本法；
能够运用混合成本知识解释、解决饭店实际运营中的问题。

知识目标

理解成本的含义、分类；
理解固定成本与变动成本的特性、意义；
掌握混合成本的构成。

思政目标

培养具有严谨、负责的工作态度，高度的社会主义法治意识，成为具备经世济民思维的合格从业者。

岗课赛证融合

对应岗位	前厅管理岗、客房管理岗、餐饮管理岗、物资管理岗、财务管理岗
对应证书技能	《现代酒店服务质量管理职业技能等级标准》高级证书 服务策划——主题客房策划 服务策划——主题餐饮策划 新媒体营销领域——新媒体运营
对应赛项要求	全国职业院校技能大赛高职组"餐厅服务"赛项 中餐服务——模块A——主题宴会设计——宴会设计成本 西餐服务——模块C——鸡尾酒调制与服务——鸡尾酒配方设计

> **案例导入**
>
> 截至 20×1 年 12 月 31 日，东方饭店全年共收入 980 万元，直接成本 392 万元，直接费用 349 万元，间接费用 87.25 万元，税前利润 151.75 万元。
>
> 通过利润表，我们得知其全年的税前利润（经营成果），可以通过会计等式计算：
>
> 利润 = 收入（价格）– 成本 – 费用
>
> 价格 = 成本 + 费用 + 利润
>
> 因为收入等于单价乘以销售量，所以收入等于总的销售价格。
>
> 在这个小案例中，请思考成本在其中的作用，成本与销售收入的实现是否存在关系？
>
> 在管理会计中，"成本"包含"费用"，一般是指为了增加收入而导致的资产的减少，也就是财务会计中"成本 + 费用"的总和。因此上式可写成
>
> 价格 = 成本 + 利润
>
> 可见，成本是决定价格的基本因素，也是决定利润有无和多寡的重要因素。

一、成本的定义

成本是指特定主体为了达成特定目的所耗费或放弃的经济资源的价值。

成本有广义和狭义之分，广义成本泛指取得各种资产的代价。狭义成本仅指生产商品所付出的代价，即产品的生产成本或制造成本。目前除针对财务会计的产品成本计算外，成本和费用这两个术语的使用一般不再严格区分。

从管理的角度看，不同目的需要不同的成本概念。为了系统理解和运用成本概念，需要对成本进行分类。

二、成本的分类

（一）成本按照经济用途分类

成本按经济用途可分为制造成本和非制造成本。这是财务会计中有关成本分类最主要的方法，也是最传统的分类方法，其结果主要用于确定存货成本和期间损益，满足对外财务报告的需求。

（1）制造成本：也称生产成本或生产经营成本，是指为制造（生产）产品或提供劳务而发生的支出。就饭店企业而言，主要指餐饮成本、商品成本、洗涤成本及其他营业成本。

（2）非制造成本：也称期间成本或期间费用，是指饭店企业在生产产品过程之外、为生产过程服务的各种消耗，主要是指在销售过程和管理过程中发生的各种耗费，包括销售费用、管理费用和财务费用。

销售费用和管理费用的共同点：其成本支出可以使饭店整体受益，但难以确定该项支出与某一特定产品或服务之间的关系，因此在财务处理上直接计入当期损益。我国《企业会计制度》对此做出明确规定（图 5-1）。

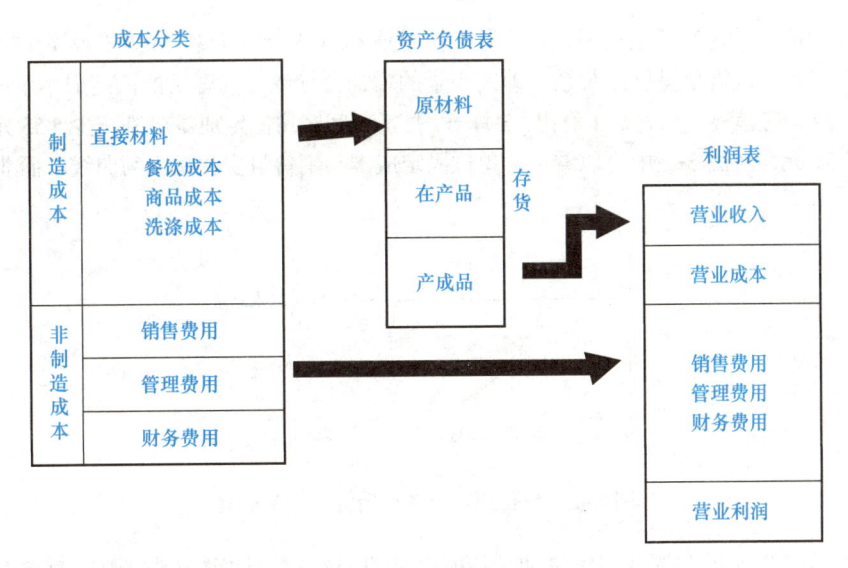

图 5-1　成本流动及其与财务报表的关系

(二) 成本按性态分类

成本性态又称成本习性，是指成本总额对销售量的依存关系。成本总额对销售量的依存关系是客观存在的，且具有规律性。对成本按性态划分是管理会计的重要理论基石，管理会计作为决策会计的角色，其许多决策方法，即短期决策方法都需要借助成本性态这一概念。

成本按照性态分为固定成本、变动成本和混合成本三类。

1. 固定成本

固定成本（Fixed Cost）是指其总额在一定期间和一定销售量范围内，不受销售量变动的影响而保持固定不变的成本。

固定成本包括行政管理人员的工资、办公费、保险费、按直线法计提的固定资产折旧费、职工教育培训费等，均属于固定成本。如 100 000 元的月固定成本，当月客房销售额量增加15%，餐饮销售量减少 5%，固定成本都保持不变。

固定成本总额不受销售量变动的影响，但销售量所负担的固定成本直接受到销售量变动的影响。

【例 5-1】华宇饭店有 200 间客房，月固定成本仍然是 100 000 元，20×2 年 3 月份，共销售客房 3 000 间，那么，每间客房固定成本应为 33.33 元（100 000 元÷3 000 间）；4 月份共销售客房 3 600 间，那么，每间客房固定成本应为 27.78 元。下面进行进一步分析，见表 5-1。

表 5-1　固定成本与销售量关系

月份	出租客房数 / 间	固定成本总额 / 元	每间客房应摊固定成本 / 元
3	3 000	100 000	33.33
4	3 600	100 000	27.78
5	4 200	100 000	23.81
6	4 800	100 000	20.83
7	5 400	100 000	18.52

表 5-1 说明，无论客房销售量怎样变化，固定成本总额始终不变，而单位固定成本（每间客房的固定成本）与销售量呈反比关系，即销售量的增加会导致每间客房的固定成本下降，降幅也表现出逐步减少的趋势。从表 5-1 看出，3 月—7 月，每间客房固定成本分别减少 5.55 元、3.97 元、2.98 元和 2.31 元。从图 5-2 中可以看出，单位固定成本与销售量变化呈现为曲线，而非直线。

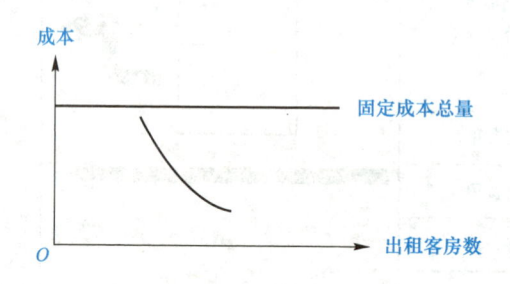

图 5-2　单位固定成本与销售量关系模型

一些饭店管理人员在计划销售量和价格时，凭直觉往往只注重与销售量有直接关联的可变成本，而忽略固定成本。从单位固定成本与销售量模型中可以看出，当饭店采取降价方法增加客房销售量时，变动成本增加，单位固定成本则在减少，这种减少完全可以冲减由于销售量增加而增加的变动成本。这体现出客房单位产品价格中，构成客房单位产品价格的大部分是固定成本，变动成本所占比例较低。

固定成本又根据其固定性强弱细分为酌量性固定成本和约束性固定成本。

（1）酌量性固定成本（Discretionary Fixed Cost）：是指饭店管理者为了某种目标，可以通过决策改变其数额的固定成本。酌量性固定成本减少到一定程度也会导致销售的减少。如因为要完成预定的当期利润额，管理当局可以取消固定成本中的职工培训费用。一般来说，减少这些成本不会立即影响经营，但如果一直减下去，就会严重影响销售量。在饭店的财务危机中，酌量性固定成本比约束性固定成本更容易被削减。

（2）约束性固定成本（Committed Fixed Cost）：又称足量性固定成本，是指企业提供生产经营能力而发生的成本，约束性固定成本减少到一定程度，可导致销售额降低。

例如，工资总额属于固定成本，一定的工资总额保证了一定客房的销售量，如果减少工资总额超过了一定限度，就会减少客房销售量，因此，一定客房销售量对工资总额起到一定的约束作用。再如，饭店因理发项目自身亏损而取消了美发室，虽然减少的美发美容室固定成本，没有影响客房的销售量，但降低了客房服务水平，从更长远的时间看就会因此减少客房销售量，只是这种减少不能被直接地反映出来。

约束性固定成本是由以前决策引起，在短期内很难改变，如折旧费，一旦确定就不能轻易改变，因此，其具有很强的约束力。

2. 变动成本

变动成本是指在一定期间和一定销售量范围内，其总额随销售量的变动成正比例变动的成本。例如，餐饮直接耗用的原材料、产品包装费，按件计薪的工人薪金、推销佣金及按加工量计算的固定资产折旧费等，均属于变动成本。

变动成本总量随销售量变动成正向变动，而单位销售量中的变动成本是一个定量。

【例 5-2】华宇饭店中厨房制作某菜品的餐饮成本为 50 元，当销售量分别是 10 份、20 份、30 份、40 份时，其已售食品成本总额和单位变动成本见表 5-2。

表 5-2 变动成本与销售量关系

份数	变动成本总额，即已售食品成本总额 / 元	单位变动成本 / 元
10	500	50
20	1 000	50
30	1 500	50
40	2 000	50

从图 5-3 可以看出，变动成本总额由每单位变动成本与销售量相乘所得。而单位变动成本是一个常量，不随销售量的变化而变化。

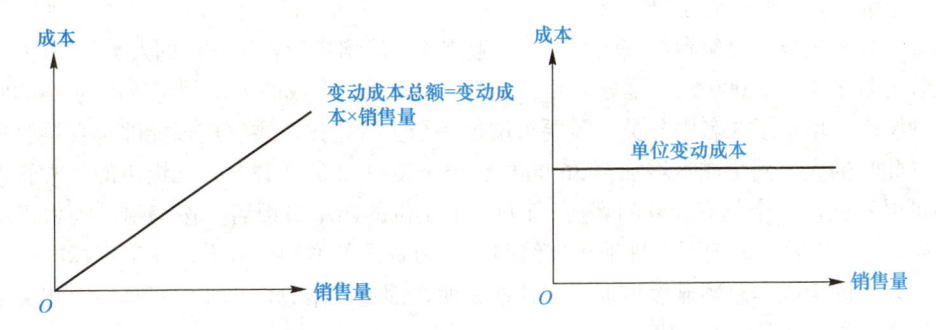

图 5-3 变动成本的性态模型

变动成本与销售量关系的意义在于：

（1）降低变动成本的方法不在于降低销售量和变动成本总额，而在于降低单位变动成本，如通过科学管理，在保证质量标准前提下，采用降低食品成本，减少人工成本等方法来降低单位变动成本。

（2）变动成本可以度量出租率和平均房价的最佳点。在客房销售中，在一定销售额的前提下，平均房价和出租率呈相反方向变化，怎样才能获得出租率和平均房价最佳点呢？收入怎样与成本有效结合才能使利润最大化呢？使用可变成本可以解决上述问题。

客房收入 = 可供出租客房数 × 平均房价 × 预计出租率

客房变动成本 = 可供出租客房数 × 预计出租率 × 每间已售客房变动成本

客房利润 = 客房收入 − 客房变动成本

华宇饭店有可供出租客房 200 间，平均每间已售客房的变动成本为 7.5 元，20×2 年 11 月份客房销售有关指标见表 5-3。

表 5-3 11 月份客房营销分析表

指标	1—5 日	6—10 日	11—15 日	16—20 日	21—25 日	26—30 日
可供出租客房数 / 间	1 000	1 000	1 000	1 000	1 000	1 000
平均房价（ADR）/ 元	200	225	237.5	250	262.5	275
预计出租率 /%	77	75	72	70	65	60
客房收入 / 元	154 000	168 750	171 000	175 000	170 625	165 000
客房变动成本 / 元	5 775	5 625	5 400	5 250	4 875	4 500

续表

指标	1—5 日	6—10 日	11—15 日	16—20 日	21—25 日	26—30 日
客房利润 / 元	148 200	163 125	165 600	169 750	165 750	160 500
每间可销售收入 / 元	154	169	171	175	170.6	165

从表 5-3 对各个经营期间的比较可以看出，当出租率为 70%，平均房价为 250 元时，即每间可销售收入（RevPAR）最大，虽然此时客房变动成本最高（169 750 元），但客房收入最高，利润最大。

固定成本和变动成本与销售量的关系模型是有条件的，两者的定义都用了"一定时期"和"一定销售量"做了相关范围的限制。

例如：从固定成本总额看，按照管理的一般规律，客房主管直接管理的人员为 10 人，假设客房主管的月工资为 5 000 元，服务员月工资为 2 000 元，形成的人工固定成本为 25 000 元。由于某种原因，增加了 3 名服务员，需要再增加一个主管，这个主管应该能够再直接管理 7 名服务员。此时的人工固定成本增加至 36 000 元（5 000×2+2 000×13）；在饭店的日常管理中，我们还可以看到，一个具有 300 间客房、1 000 个座位的四星级饭店，按编制，人力资源部有 4 人就够了，一年后，由于不合理地增加编制，人力资源部增加至 6 人，在工资标准没有降的前提下，人工固定成本总额显然增加了。这些说明，固定成本总额不变，只是在"相关范围"内，超过这个范围就会发生变化。

再如，从单位变动成本看，一个刚刚营业的饭店，由于出租率较低，每天销售客房数量较少，但每天的电费、燃料费等变动成本照常发生，摊销到每间客房的单位变动成本额就会较多；随着出租率的逐渐提高，每天销售客房的数量逐渐增加，摊销在每间已售客房的单位变动成本额就会较少。这也说明，单位变动成本与销售量之间的稳定关系，也是在相关范围内的。

3. 混合成本

混合成本（Mixed Cost）是指随着销售量变动而变动，但没有严格比例关系的成本。之所以如此，是因为混合成本同时兼有固定成本和变动成本的性质，如电话费、阶梯电费、阶梯水费、基数加提成的工资等形式的成本。

混合成本中的固定部分（又称半固定部分，Semi-fixed Cost）与销售量无关，而变动成本部分（又称半变动部分，Semi-variable Cost）与销售量成正比例增加。如电话费，其固定部分是初装费，变动部分则是按使用次数和时间计费。再如，基本工资是固定部分，按销售量提成是变动部分。图 5-4 说明了混合成本中固定成本和变动成本的构成。

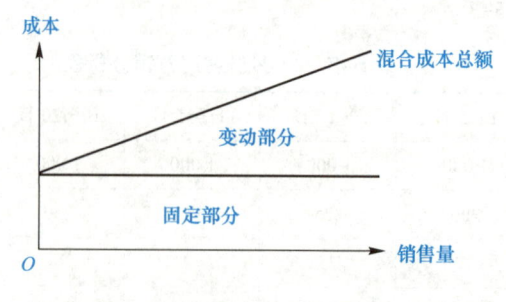

图 5-4 混合成本构成模型

混合成本中固定部分，在一定范围内是固定的，超过了一定范围，固定成本总额会在一个新的范围内以比原来高的数量固定下来。例如阶梯电费，用电高峰时每千瓦时电的电价要高于用电低谷时的电价；再如阶梯水费，高于人均使用量部分的每吨水价，要高于正常人均使用量等。因为这种变化呈阶梯状态，混合成本中的固定成本又称阶梯成本。图 5-5 说明了混合成本中固定部分的变化。

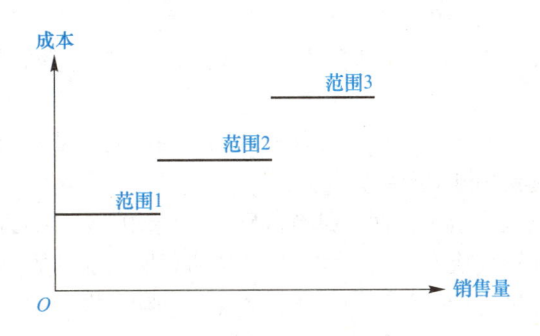

图 5-5　混合成本中固定部分变化模型

表 5-4 进一步说明了混合成本中的固定部分和变动部分的构成。

表 5-4　混合成本的固定部分和变动部分

混合成本	构成	
	固定部分	变动部分
通信费	系统成本	按次数和时间计费
阶梯电费	平时用电电价	高峰或低谷时用电电价
基础加提成工资	工资基数	按销售量提成工资
委托管理费	基础管理费	按营业额或经营利润提成
维护保养费	饭店低出租率时的最低限度金额	较高出租率时增加的维修费用

混合成本是由固定成本和可变成本两部分组成，因此，混合成本的计算公式为

$$混合成本 = 固定成本部分 + 变动成本部分$$
$$= 固定成本部分 + （单位变动成本 \times 销售量）$$

【例 5-2】某饭店营销部每月基础工资为 20 000 元，营业额的 1% 作为 5 月份提成工资，5 月份营业额 4 000 000 元，5 月份营销部工资总额为

$$工资总额 = 20\,000 + （4\,000\,000 \times 1\%）= 60\,000（元）$$

用一个线性的一般方程式表示就是

$$y = a + bx$$

式中　y——因变量值（混合成本）；

　　　a——常数项（固定成本部分）；

　　　b——直线斜率（每单位变动成本部分）；

　　　x——自变量值（销售量）。

（三）其他成本概念及分类

在经营决策中，需要通过比较不同备选方案经济效益的大小进行最优选择，而影响经济效

益大小的一种重要因素就是成本，甚至在某些情况下成本高低决定了备选方案的优劣。

1. 机会成本

企业进行经营决策时，必须从多个备选方案中选择一个最优方案，而放弃其他方案。此时，被放弃的方案所能获得的潜在利益就称为已选中的最优方案的机会成本。也就是说，企业为从事某项经营活动而放弃另一项经营活动的代价，或利用一定资源获得某种收入时所放弃的另一种收入。选择方案时，考虑机会成本的影响，有利于对所选方案的最终效益进行全面评价。

2. 边际成本

边际成本是指每一单位新增生产的产品（或者购买的产品）带来的总成本的增量。这个概念表明每一单位的产品的成本与总产品量有关。

边际成本看似与变动成本接近，两者是有区别的，变动成本反映的是增加单位销售量所追加成本的平均变动额，而边际成本是每增加 1 单位销售量所追加的成本的实际数额。所以，在相关范围内，增加 1 单位销售量的单位变动成本才能与边际成本一致。如果把不同销售量看作不同方案，边际成本实际就是不同方案形成的差量成本。

3. 沉没成本与付现成本

沉没成本是指过去已经发生并无法由现在或将来的任何决策所改变的成本。由于沉没成本是对现在或将来的任何决策都无影响的成本，因此决策时不予考虑。

付现成本是指由现在或将来的任何决策所能够改变其支出数额的成本，付现成本是决策必须考虑的重要影响因素。

4. 专属成本与联合成本

（1）专属成本：是指可以明确归属于企业生产的某种产品，或为企业设置的某个部门而发生的固定成本，没有这些产品或部门，就不会发生这些成本。

（2）联合成本：是指为多种产品的生产或为多个部门的设置而发生的，应由这些产品或部门共同负担的成本。比如，几种产品共同的设备折旧费就属于联合成本。

认清沉没成本

在选择方案时，专属成本是与决策有关的成本，必须予以考虑；而联合成本与决策无关，可以不考虑。

小结

在管理会计中，"成本"所表示的含义是费用，一般是指为了增加收入而导致的资产的减少，也就是财务会计中"成本＋费用"的总和。在饭店行业中，多数饭店的利润率不足 10%，其收入的 90% 以上要用于支付这些成本或费用，严格控制成本对饭店尤为重要。

成本按照经济用途可分为制造成本和非制造成本；按其与销售量的依存关系又分为固定成本、变动成本、混合成本。

测试题

一、概念题

1. 生产成本；非生产成本。
2. 固定成本；变动成本；混合成本。
3. 约束性固定成本；酌量性固定成本。
4. 单位固定成本；单位变动成本。

5. 成本习性；阶梯成本；无差异点。

二、填空题
1. 管理会计中的成本一般是指（   ）和（   ）。
2. 生产成本和非生产成本是按照成本在（   ）过程中的作用区分的。
3. 成本与销售量的关系分为（   ）成本和（   ）成本。

三、判断题（下面的表述是否正确，正确的打"√"，错误的打"×"。）
1. 单位固定成本随销售量的增加而减少。（   ）
2. 单位变动成本随着销售量的增加而增加。（   ）
3. 混合成本是指经营部门和管理部门共同存在的成本。（   ）
4. 无差异点是指无论以固定成本方式还是以变动成本方式支付费用，成本都相同的业务量水平。（   ）

四、选择题
1. 以下成本：
 a. 折旧 b. 已售食品成本 c. 部门经理工资 d. 电话费 e. 客用品
 f. 财产税 g. 保险 h. 修理和维护费
 A. 属于固定成本的有（   ） B. 属于变动成本的有（   ）
 C. 属于阶梯成本的有（   ） D. 属于混合成本的有（   ）
2. 某小型旅馆每售出一间客房的变动成本为 10 元，每月固定成本是 40 000 元。如果 6 月份以平均房价 80 元出售了 500 间客房，该旅馆净利润是（   ）元。
 A. 500   B. 5 000   C. -500   D. -5 000

五、简答题
1. 管理会计对成本是如何分类的？
2. 按成本性态划分，成本可以分为几类？它们各自有什么含义？

六、计算题
1. 张某欲租用 200 m² 的房屋经营餐馆，租金支付方式有两种可供选择：每年 6 000 元或以每年收入的 5% 支付租金。张某怎样选择支付租金的方式才能花费更低呢？
2. 张某的餐馆平均每餐售价 10 元，平均变动成本为 5 元，3 月份固定成本预计为 20 000 元，预计 3 月份可售出 5 000 餐，3 月份的利润是多少？

学习情境六 认识价格

问题：
1. 决定价格的因素都有哪些？
2. 怎样给一个新开业的饭店客房定价？怎样给营业中的客房定价？
3. 成本加成法能给餐饮产品定价吗？
4. 什么是菜单销售组合？什么是菜单结构？为什么说菜单销售组合与菜单结构决定了餐饮价格？
5. 综合定价法是什么意思？

本学习情境将客房视作产品，介绍了处于不同经营阶段的客房应采用的定价方法，以及具体如何进行定价。

任务一　客房成本定价

能力目标

能够说出饭店客房定价方法；
能够对经营中客房价格进行选择。

知识目标

掌握影响价格的因素；
掌握新开业客房的产品定价；
掌握营业中客房的产品定价；
理解平均房价与销售收入的关系。

思政目标

培养严谨细致的、精益求精的工作作风；
培养克勤节俭的工匠精神。

岗课赛证融合

对应岗位	前厅管理岗、客房管理岗、物资管理岗、财务管理岗
对应证书技能	《现代酒店服务质量管理职业技能等级标准》中级证书 服务营销——经营要素模型构建
	《现代酒店服务质量管理职业技能等级标准》高级证书 服务策划——主题客房策划 新媒体营销领域——新媒体运营
对应赛项要求	职业院校技能大赛高职组"客房服务"赛项 客房服务——客房成本管理

一、新开业饭店客房定价

（一）千分之一定价法

千分之一定价法是指以每间客房平均造价的千分之一确定房价的方法。假设某新建饭店平均每间客房建造成本为 200 000 元，则每间客房定价为 200 元。这种定价方法更适合新建饭店，同时，也仅仅是从成本角度考虑的基本价格，没有考虑地理位置、综合功能、管理及服务水平、其他设施的质量和档次等。

（二）赫伯特公式定价法

赫伯特公式定价法（Hubbart Formula）是指以预期利润、各项成本总和确定客房价格的方法。因为定价考虑的因素都包含在饭店预算中，因此又称为预算定价法。预算往往从预期利润开始逐次计算至收入乃至客房单价，在利润表中，净利润处于最末一行，因此，赫伯特公式定价法也被称为末行向上定价法。

赫伯特公式定价法的步骤如下：

步骤1：确定预期利润。预期利润＝总投资×投资回报率。

步骤2：计算税前利润。税前利润＝预期利润÷（1－所得税税率）。

步骤3：计算固定费用和管理费用，包括折旧、财务费用、保险费、财产税、摊销、租金、管理费等。

步骤4：计算未分配营业费用，即非营业部门产生的费用，包括行政管理费、人工成本、能源费等。

步骤5：估计非客房经营部门的利润或亏损。

步骤6：计算要求的客房部利润。因为要求的客房部利润是要扣除以上相关费用后的利润，因此，要求的客房利润相当于税前利润（步骤2）、固定费用与管理费用（步骤3）、未分配营业费用（步骤4）、其他营业部门亏损或盈利（步骤5）的累加。

步骤7：计算客房部收入。相当于要求的客房部利润（步骤6）加客房部的人工成本和其他直接费用。

步骤8：将客房部收入（步骤7）除以预期售出的客房数，就可以计算出客房的平均价格。

【例6-1】东方饭店投资总额为4 980万元，投资者希望每年投资回报率为15%，预计出租率为70%，一年销售客房数量为51 100间（200间×70%×365天），所得税税率为25%。预算费用为：饭店管理费700.7万元，营业费用300.3万元，餐饮部利润457万元，康乐部利润32万元，客房部直接费用371万元，客房平均价格定为多少才能达到投资者希望的15%投资回报率？

按赫伯特公式定价法计算，东方饭店客房平均价格为368元，见表6-1。

表6-1 东方饭店客房平均价格计算表　　　　　　　　　　　　　　单位：元

行数	步骤	项目	计算	金额
1	1	预期净利润	49 800 000×0.15	7 470 000
2	2	税前利润	7 470 000÷（1－0.25）	9 960 000
3	3	管理费		7 007 000
4		不包含未分配营业费用的利润	4行＝2行+3行	16 967 000
5	4	未分配营业费用		3 003 000
6	5	要求的经营部门利润	6行＝4行+5行	19 970 000
7		其他部门利润 餐饮部：4 570 000 康乐部：320 000	4 570 000+320 000	4 890 000
8	6	要求的客房部利润	8行＝6行－7行	15 080 000
9		客房部直接费用		3 710 000

续表

行数	步骤	项目	计算	金额
10	7	客房部收入	10行=8行+9行	18 790 000
11	8	要求的客房平均价格	18 790 000÷51 100	368

表6-1计算的价格基础或依据是成本，因此，用赫伯特公式计算新开业的客房目标价格是十分有用的。但需要特别指出的是，一个新开业的饭店，在3年内是很难盈利的，用赫伯特公式计算的客房价格，只能是目标价格。开业时的具体价格要以目标价格为基础，兼顾非成本定价因素。一般来说，新开业饭店的平均房价要低于目标价格，在经营中，随着市场的培育和知名度的提高而逐渐达到或超过目标价格。可以说，用赫伯特公式计算的目标价格，不是操作价格，而是盈利的标准价格，因此更有用。

二、经营中客房价格的选择

（1）选择低价高出租率。客房经营的普遍做法是追求更高的出租率，也就是尽可能多地销售客房，将会议、旅游团等团体客人作为销售的重点，团体客源批量大、销售目标明确，价格低，一般比散客低20%甚至更多。这种选择跟着感觉和经验走，追求出租率被看成是正确的选择，从而忽略了收入，尤其是忽略了一线预定员和前台服务员对价格选择、决策的作用。

（2）以收入最大化为目标选择价格。这种方法是在价格和出租率两者中间寻求收入最大化，是一种理性销售。

【例6-2】某饭店有客房130间，3月25日预测4月25日营销情况时，获得的信息是，4月23日有两个旅行团欲入住，正在接洽，其中一个旅游团用房60间，一个旅游团用房35间，两个旅行团价格都是278元，都住2天；4月23日散客预订25间，有住4天、2天、1天不等，平均入住为2天，价格为398元，已售每间客房变动成本为12元。面对这些信息，预订员做出怎样的选择呢？

预订员根据信息直接选择了方案1。

方案1：

团队销售 95×278=26 410（元）

散客销售 25×398=9 950（元）

销售收入 =36 360（元）

出租率 =（95+25）÷130×100%=92.3%

平均房价 =36 360÷120=303（元）

当预订员将方案1上报主管时，主管帮助预定员做了如下分析：方案1在预订房中，团队销售所占比重过高，虽然剩余的10间客房有足够的接待未知散客能力，如果取消方案1中用房35间旅游团的洽谈，即使总用房量不增加或略减，如取消的35间预订中有25间被未知散客所接替，就会取得超过方案1的收入。

方案2：

团队销售 60×278=16 680（元）

散客销售 50×398=19 900（元）

销售收入 =36 580（元）

出租率＝（60+50）÷130×100%=84.6%

平均房价＝36 580÷110=332.55（元）

方案2虽然出租率下降了，通过提高散客入住比例增加平均房价，取得了超过方案1的营销效果。如果考虑变动成本，效果更明显。如果每间客房的可变成本为12元，那么

方案1：可变成本总额：12×120=1 440（元）；利润＝36 360-1 440=34 920（元）

方案2：可变成本总额：12×110=1 320（元）；利润＝36 580-1 320=35 260（元）

差额：35 260-34 920=340（元）

方案2比方案1多340元的利润。

在例6-2中，仅从散客和团队客人比例，即仅考虑了出租率、平均房价和变动成本，在营销中选择哪一个方案，还有许多因素要考虑，如团队客人综合消费能力较强，可以增加餐饮、商场、康乐消费等。

任务二　餐饮成本定价

能力目标

能够运用餐饮成本定价理论设计菜单销售组合。

知识目标

理解成本加成定价法和毛利率定价法；

掌握加赫伯特公式定价法制定餐饮制品价格；

掌握菜单销售组合和菜单结构。

思政目标

培养严谨、细致的工作态度；

培养精益求精的对客服务意识；

培养克勤节俭的工匠精神。

岗课赛证融合

对应岗位	前厅管理岗、餐饮管理岗、物资管理岗、财务管理岗
对应证书技能	《现代酒店服务质量管理职业技能等级标准》中级证书 服务营销——经营要素模型构建
	《现代酒店服务质量管理职业技能等级标准》高级证书 服务策划——主题餐饮策划 新媒体营销领域——新媒体运营
对应赛项要求	全国职业院校技能大赛高职组"餐厅服务"赛项 中餐服务——模块A——主题宴会设计——菜单组合设计 西餐服务——模块C——鸡尾酒调制与服务——鸡尾酒配方设计

一、成本加成定价法（提升定价法）

餐饮定价有许多方法，基本方法是成本加成定价法。

成本加成定价法（Cost-Plus Pricing）是以产品单位成本为基本依据，加上预期利润确定价格的一种定价方法。成本加成定价法分为全部成本加成和主要成本加成两种。全部成本加成定价法考虑全部产品成本，主要成本加成定价法只考虑全部成本中最主要的成本。

成本加成定价法的步骤：确定全部成本；确定全部成本的加成倍数；将全部成本乘以加成倍数而确定预期价格；根据市场需求及其他因素，调整预期价格。这里的关键是确定成本加成倍数，成本加成倍数计算公式为

$$成本加成倍数 = 1 \div 预期产品成本率$$

成本加成法计算公式为

$$单位产品价格 = 单位成本 \times (1 \div 成本率)$$

或

$$单位产品价格 = 单位成本 \div 成本率$$

其中：（1÷成本率）为加成倍数。

成本加成法的关键是确定每种菜肴的成本和成本率。如果某餐食成本率为35%，则加成倍数为2.86（1÷0.35），假如成本为8元，则价格为22.9元（8×2.86或8÷0.35）。

【例6-3】利宏餐馆确定的成本率为40%，一盘麻婆豆腐的成本如下：

豆腐	3.0元
豌豆	1.0元
肉末	1.5元
麻椒	0.5元
辣椒	0.3元
葱蒜	0.2元
总计	6.5元

麻婆豆腐的价格：6.5÷0.4=16.25（元）或 6.5×（1÷0.4）=16.25（元）

二、赫伯特公式定价法

赫伯特公式定价法也可以用来制定餐饮价格，这种方法更适合独立餐馆。其具体步骤如下。
步骤1：用预期投资回报率确定净利润；
步骤2：确定税前利润；
步骤3：确定固定成本；
步骤4：确定变动成本；
步骤5：计算餐饮收入；
步骤6：计算供应餐数；
步骤7：计算平均价格。

【例6-4】东方饭店是一家总投资额200万的新开业饭店，共设座位200个，投资回报率为13%，开业前做出如下预算：所得税率25%，年固定成本150.05万元，年变动成本408万元。

食品成本率 40%，座位周转率 3 次 / 天，营业天数 358 天（365 天减去春节放假 7 天），餐饮的平均价格应该是多少？

计算步骤见表 6-2。

表 6-2　东方饭店平均价格计算表

行数	步骤	项目	计算	金额 / 元
1	1	预期净利润	2 000 000×0.13	260 000
2	2	税前利润	260 000÷（1−0.25）	346 667
3		固定费用		1 500 500
4		可变费用		4 080 000
5	4	包括费用和食品成本的利润额	2+3+4	5 927 167
6	5	食品收入总额	5 927 167÷（1−0.4）	9 878 612
7	6	售出餐数	358×200×3	214 800
8	7	平均价格	9 878 612÷214 800	46

从表 6-2 中不难看出，在其他条件不变的情况下，餐饮平均价格与座位周转率成反方向变化，即当座位周转率提高，平均价格就会降低，反之则相反。

假如座位周转率（OP）为 4 次，那么，平均价格就会下降为
$$9\,878\,612÷（358×200×4）=34.5（元）$$

假如座位周转率（OP）为 2.5 次，平均价格就会提高为
$$9\,878\,612÷（358×200×2.5）=55.2（元）$$

上述座位周转率是全天综合周转率，没有区分午餐和晚餐，在实际经营中，许多餐馆午餐和晚餐的座位周转率和平均价格是不同的，这是由餐馆所在的地理位置决定的，如果餐馆位于写字楼或商业地段，午餐座位周转率就会高，平均价格就会低；如果餐馆坐落在商业或热闹地段，晚餐座位周转率就会高，平均价格也会很高。怎样计算全天综合平均价格和座位周转率呢？

假如餐馆经营者预计午餐收入占全天总收入的 30%，晚餐收入占全体总收入的 70%，午餐座位周转率为 1.8 次，晚餐座位周转率为 1.2 次，午餐和晚餐的平均价格分别为

各餐收入：
　　　　午餐收入 =9 878 612×0.3=2 963 584（元）
　　　　晚餐收入 =9 878 612×0.7=6 915 028（元）

各餐销售量：
　　　　午餐销售量 =358×200×1.8=128 880（元）
　　　　晚餐销售量 =358×200×1.2=85 920（元）

各餐平均价格：
　　　　午餐平均价格 =2 963 584÷128 880=23（元）
　　　　晚餐平均价格 =6 915 028÷85 920=80.5（元）

三、菜单结构

上述我们分别分析了餐饮成本加成定价法和餐饮赫伯特公式定价法,这些方法都是以成本和目标利润为基础制定价格。尽管如此,不一定能保证达到目标利润,因为,在一个餐馆的菜单上,至少也要有几十种菜肴,多的要有上百种,每种菜肴的价格、成本率、毛利、销售量是不同的,每一个因素的变化都会影响目标利润的变化。要到达目标利润或实现合适利润水平,就要遵循食品销售组合—菜单结构—综合定价这样的逻辑或顺序。

(一)菜单销售组合

所谓食品销售组合(Food Mixed)就是食品销售量的组合,是指在餐饮销售过程中,在总销量不变的前提下,将相同菜肴的不同销售量组合起来销售,以达到毛利最大化。也就是说,总销售量不变,只要改变其中某种菜肴的销售量,就可以相应改变毛利。

(1)可供选择的几组销售组合,见表6-3。

表6-3 可供选择的销售组合餐数

菜肴名称	第一组	第二组	第三组
红烧牛柳	600	400	300
京酱肉丝	400	500	600
炒三丝	500	600	600
合计	1 500	1 500	1 500

(2)销售组合的成本、毛利。表6-3中有三种销售量组合,哪一种组合销售毛利(Gross Profit)最高呢?具体数据参见表6-4。

表6-4 可供选择的销售组合成本与盈利

组别	售价/元	每餐成本/元	成本率/%(成本÷售价)	销售量	销售收入/元	成本总额/元	毛利/元
第一组							
红烧牛柳	50	30	60	600	30 000	18 000	12 000
京酱肉丝	20	10	50	400	8 000	4 000	4 000
炒三丝	10	4	40	500	5 000	2 000	3 000
合计			55.8	1 500	43 000	24 000	19 000
第二组							
红烧牛柳	50	30	60	400	20 000	12 000	8 000
京酱肉丝	20	10	50	500	10 000	5 000	5 000
炒三丝	10	4	40	600	6 000	2 400	3 600

续表

组别	售价/元	每餐成本/元	成本率/%（成本÷售价）	销售量	销售收入/元	成本总额/元	毛利/元
合计			53.9	1 500	36 000	19 400	16 600
第三组							
红烧牛柳	50	30	60	300	15 000	9 000	6 000
京酱肉丝	20	10	50	500	10 000	5 000	5 000
炒三丝	10	4	40	700	7 000	2 800	4 200
合计			52.5	1 500	32 000	16 800	15 200

（3）销售组合的盈利比较和选择。从表 6-4 看出，综合成本率最高的是第一组合，为 55.8%，最低的是第三组合，为 52.5%；毛利额最高的是第一组合，为 19 000 元，最低的是第三组合，为 15 200 元，在销售中应该如何选择呢？从成本率看应加大第三组合的销售力度，从毛利看应该力推第一组合。我们知道，毛利是直接决定净利润的因素，第一组合的毛利比第二组合多 2 400 元，比第三组合多 3 800 元，分别高出 12.6% 和 20%，所以，在其他条件不变的情况下，第一组合是经营者的最佳选择，因为它能产生更高的净利润（表 6-5）。

表 6-5 三组销售组合的盈利比较与选择

可供选择的销售组合	收入总额/元	成本总额/元	毛利/元	成本率/%
第一组合	43 000	24 000	19 000	55.8
第二组合	36 000	19 400	16 600	53.9
第三组合	32 000	16 800	15 200	52.5

（4）销售组合的平均毛利比较与选择。平均毛利反映的是，每个组合中销售的各种菜肴所获得毛利的平均额。其计算公式为

$$平均毛利 = 每组组合毛利总额 \div 该项组合总销售量$$

通过对平均毛利的分析，可以看出在取得相同毛利水平下，各组合销售量的差别（表 6-6）。

平均毛利下各销售组合销量差计算公式为

$$销售差 = 最低毛利 \div 其他各组合的平均毛利$$

表 6-6 三组销售组合平均毛利比较

组合	毛利/元	销量	平均毛利（毛利÷销量）/元	平均毛利下各组合销量	差额
1	19 000	1 500	12.7	1 197（15 200÷12.7）	303（1 500-1 197）
2	16 600	1 500	11.1	1 369（15 200÷11.1）	131（1 500-1 369）
3	15 200	1 500	10.1	1 500	

表 6-6 表明，使用平均毛利，销售组合 1 销售 1 197 份餐、销售组合 2 销售 1 369 份餐，就能取得销售组合 3 销售 1 500 份餐所取得的毛利，分别少销售 303 份餐和 131 份餐，也就是说，

组合1和组合2销售量分别比组合3下降20%（303÷1 500）和8.7%（131÷1 500），仍能取得与组合3相等的毛利。

（二）菜单结构

（1）菜单结构的含义。销售组合分析主要是从价格（Price）、成本（Food Costs）和销售量（Sales）等方面分析了盈利能力，然而，在实际经营中，消费者是按照自己的喜好选择菜肴，而不是按照经营者确定的价格高低、成本多少选择菜肴的。因此，在分析餐饮盈利能力的时候，除考虑价格、成本、销售量等因素外，更要考虑消费者喜好这个关键因素。这种以消费者喜好程度为主，以边际毛利或边际贡献（CM）为切入点分析餐饮盈利的方法，就是菜单结构方法，也称为菜单工程（Menu Engineering）。我们之所以称为菜单结构，是因为，"菜单结构"更容易从各因素所占百分比方面去理解，而"菜单工程"容易使人理解为一个过程。

（2）确定菜单项目中盈利能力和受欢迎程度的菜肴。

①计算菜单组合平均边际毛利。从某个时期各菜单项目入手，根据价格、成本和销售量，计算菜单项目的平均边际毛利；

②确定标准平均边际毛利。以目标利润为导向确定菜单项目标准平均边际毛利；

③确定菜单盈利水平的高低。以标准平均边际毛利确定菜单项目盈利的高与低；

④确定客人对菜单的喜欢程度。根据售出的各菜单项目所占菜单项目总和的百分比，确定菜单组合项目受消费者喜欢程度，计算消费者喜欢程度的方法是，用70%除以菜单项目的总和数，计算公式为

$$70\% \div n$$

或：
$$70\% \times 1/n$$

其中 n 代表菜单中菜肴数，如某菜单项目上有25种菜肴，那么，客人对菜肴喜好程度的划分点就是70%÷25或70%×1/25，即2.8%就是客人喜好程度的划分点，也就是说，某个菜肴销售量等于或超过总销售量的2.8%，即为客人喜欢的菜肴，销售量低于销售总量的2.8%，即为客人不喜欢的菜肴。

（3）确定菜单项目中各菜肴的类型。上述分析可以看出，决定菜单中各菜肴类型的因素主要是盈利能力和受欢迎程度，由此，菜单中各种菜肴可以划分为4种类型：

①盈利能力高，受欢迎程度高，这种类型称为保留类；

②盈利能力高，受欢迎程度低，这种类型称为调整类；

③盈利能力低，受欢迎程度高，这种类型称为提价类；

④盈利能力低，受欢迎程度低，这种类型称为删除类。

注：对于菜单项目的分类，在市场营销理论中分为明星类、问题类、耕马类和瘦狗类。为了使这种分类含义更加清晰，相对应地称其为保留类、调整类、提价类和删除类。

（4）确定菜单结构。

首先，列出期间各菜肴销售情况，假如10天内菜单各项目销售情况见表6-7。

表6-7 菜单项目销售一览表

编号	菜肴名称	毛利（边际贡献）/元	销售量
1	麻婆豆腐	7.65	225
2	炒三丝	9.8	645

续表

编号	菜肴名称	毛利（边际贡献）/元	销售量
3	烧茄子	7.35	645
4	红烧牛柳	2.25	225
5	番茄肉排	7.35	195
6	芝麻牛排	2.25	135
7	京酱肉丝	9.5	195
8	芙蓉鸡片	7.65	135
合计			2 400

其次，对表6-7进行分析，见表6-8。

表6-8 菜单结构分析表

编号	菜肴名称	毛利/元	销售量	毛利总额/元	喜欢程度/%	类别	菜单决策（菜单结构）
1	麻婆豆腐	7.65	225	1 721.25	9.375	保留类	坚持质量标准，放在菜单显著位置，适当的试验价格弹性
2	炒三丝	9.8	645	6 321	26.9	保留类	
3	烧茄子	7.35	645	4 740.75	26.9	提价类	试验性提高价格或减少装盘分量，提高毛利
4	红烧牛柳	2.25	225	506.25	9.38	提价类	
5	番茄肉排	7.35	195	1 433.25	8.1	取消类	视具体情况，可以作为调整类
6	芝麻牛排	2.25	135	303.75	5.6	取消类	不列入菜单或放在菜单不显眼处，用于满足特殊顾客要求，可以作为馈赠菜
7	京酱肉丝	9.5	195	1 852.5	8.1	调整类	适当降低价格，放在菜单显著位置
8	芙蓉鸡片	7.65	135	1 032.75	5.6	调整类	
合计			2 400	17 911.5			平均毛利=17 911.5÷2 400=7.46（元）

先计算出已售各菜肴的毛利总额（毛利×销售量）和已售全部菜肴的毛利总额；

再计算出已售全部菜肴的平均毛利（已售出全部菜肴的毛利总额÷已售出全部菜肴），已售全部菜肴平均毛利为 17 911.5÷2 400=7.46（元）；

然后计算客人喜欢度，即 70%×1/8=8.75%，并计算客人对已售各菜肴的喜欢程度，也就是各菜肴占全部已售菜肴的百分比；

最后根据计算出的平均毛利标准（7.46元）和客人喜欢度标准（8.75%），对已售菜肴分类，同时做出菜单结构决策。

一般来说，经营者可能更喜欢盈利高、客人喜欢的菜肴，而不太喜欢盈利低、客人不喜欢的菜肴。实际上，作为经营者，需要的是利润，在表6-8 中，欲被取消的番茄肉排总毛利额是 1 433.25 元，超过了调整类芙蓉鸡片，因此，确定是否从菜单上取消某类菜肴，不仅要看盈利能力和客人喜欢程度，还要看取消后对总体盈利的影响。

通过上述分析，可以对表6-8中最后一项，即"菜单结构"做出安排。

（5）为了对菜单结构做进一步的理解，我们将上述分析统一列表并做出说明，见表6-9。

表6-9 菜单结构制作表

餐厅名称：　　　　　　　　　　　　　年　月　日　　　　　　　　餐别：早　午　晚

A	B	C	D	E	F	G	H	L	P	R	S	T
菜单项目名称	销售数量	菜单组合 B/N%	项目食品成本/元	项目售价 E-D/元	项目毛利 E-D/元	菜单成本 D×B/元	菜单收入 E×B/元	菜单毛利 F×B/元	盈利能力类	客人喜欢类	菜单项目分类	决策
麻婆豆腐	225	9.375	5.1	12.75	7.65	1 147.5	2 868.8	1 721.25	高	高	保留类	
炒三丝	645	26.9	6.53	16.3	9.77	4 211.9	10 513.5	6 301.6	高	高	保留类	
烧茄子	645	26.9	4.9	12.25	7.35	3 160.5	7 901.3	4 740.8	低	高	提价类	
红烧牛柳	225	9.38	9	11.25	2.25	2 025	2 531.25	506.25	低	高	提价类	
番茄肉排	195	8.1	7.35	14.7	7.35	1 433.3	2 866.5	1 433.3	低	低	取消类	
芝麻牛排	135	5.6	5.25	7.5	2.25	708.8	1 012.5	303.75	低	低	取消类	
京酱肉丝	195	8.1	15.9	25.4	9.5	3 100.5	4 953	1 852.5	高	低	调整类	
芙蓉鸡片	135	5.6	15.3	22.95	7.65	2 065.5	3 098.3	1 032.8	高	低	调整类	
—	—	—	—	—	—	—	—	—	—	—	—	—
总计	N 2 400					I 17 853	J 35 745.3	M 17 892.3				
附加计算						K=I÷J		O=M÷N=7.46		Q=70%×1/8=8.75%		

说明：

菜单项目名称：菜单是指由各具体食品组成的菜单组合，项目是指菜单中各具体食品名称。

菜单组合：是指已销售的各项目数占菜单项目总量的百分比，即 B÷N。

盈利能力：是指毛利即边际贡献。

客人喜欢程度：是指已销售项目食品额占已销售菜单或各项目食品总额的百分比。

制作步骤：

①将除酒水和特色菜外的全部食品项目列入 A 栏；

②将各项目的销售量列入 B 栏，并将合计的总销售量列入 N 栏；

③用 B 栏的每项销售量除以 N 栏总额的商，填入 C 栏，即为菜单组合百分比；

④将各项目标准成本列入 D 栏，包括主料、配料和辅料。

⑤根据项目食品目标成本率计算销售价格（食品价格 = 成本 ÷ 成本率），填入 E 栏；

⑥用价格减去成本，得到毛利（边际贡献）填入 F 栏；

⑦用食品项目标准成本乘以该项目销售量，得出该食品菜单成本，分项填入 G 栏，并将合计填入 I 栏；

⑧用菜单项目的销售数量乘以它的价格，得出菜单收入总额，填入 H 栏，并将 H 栏合计额填入 J 栏；

⑨用菜单毛利总额（M）除以项目总销售额（N）得出菜单的平均毛利 O；

⑩用平均毛利额（O=7.46 元）去比较各项目毛利（F 栏），得出盈利高或低填入盈利能力类（P 栏）；

⑪用菜单组合各项目的市场份额（C 栏）去比较 8.75%（Q），得出客人喜欢程度的高低，填入 R 栏；

⑫综合考虑菜单项目盈利能力、客人喜欢程度（市场份额）、菜单毛利总额等各因素，做出决策，填入 T 栏，见表 6-9。

（三）综合定价

以上分别分析了客房定价和餐饮定价，在其他条件不变的前提下，价格的高低直接决定各经营部门，即利润中心的盈利水平。在同时具备客房、餐饮、康乐等经营项目的饭店中，出于部门利益考虑，各利润中心都想将产品价格定得高些，以获得更多的利润，从而为本部门员工争取到尽量多的利益。从投资者和经营管理者角度看，他们追求的是饭店整体利润最大化，而不是某个部门利润最大化。有时为了达到饭店利润最大化，可以牺牲部门利润，如为了获得饭店的更高利润，对于来饭店消费的顾客，可能给予免费美发、美容或健身等。因此，对于饭店各利润中心产品价格的制定应该由饭店综合考虑各种因素来确定。

从成本与价格看酒店社区化发展

小结

决定饭店盈利能力的因素有很多，但起决定作用的是单位产品价格，成本是价格的决定因素。我们把成本以外的因素称为非成本因素，包括需求、竞争者、经营者的感觉、心理作用、过去的经验、产品或服务的性能等。

在客房产品定价中分为两种类型：一是新开业的饭店客房定价；二是经营中客房定价。不管哪种类型定价，首先考虑的是成本。新开业饭店客房定价一般用的是千分之一定价法和赫伯特公式定价法；经营中客房价格一般选择低价高出租率和收入最大化的价格。

餐饮定价有许多方法，基本方法是成本加成定价法，又称提升定价法。

成本加成定价法是以产品单位成本为基本依据，再加上预期利润来确定价格的一种定价方法。成本加成定价法分为全部成本加成和主要成本加成两种。全部成本加成定价法考虑全部产品成本，主要成本加成定价法只考虑全部成本中最主要的成本。

赫伯特公式定价法也可以用来制定餐饮价格，这种方法更适合独立餐馆。

餐饮成本加成定价法和餐饮赫伯特公式定价法，都是以成本和目标利润为基础制定价格。尽管如此，不一定能保证达到目标利润，因为，在一个餐馆的菜单上，至少也要有几十种菜肴，多的要有上百种，每种菜肴的价格、成本率、毛利、销售量是不同的，每一个因素的变化都会影响目标利润的变化。要到达目标利润或实现合适利润水平，就要遵循食品销售组合—菜单结构—综合定价这样的逻辑或顺序。

所谓食品销售组合，就是食品销售量的组合，是指在餐饮销售过程中，在总销量不变的前提下，将相同菜肴的不同销售量组合起来销售，以达到毛利最大化。也就是说，总销售量不变，只要改变其中某种菜肴的销售量，就可以相应改变毛利。

销售组合分析主要是从价格、成本和销售量等方面分析了盈利能力，然而，在实际经营中，消费者是按照自己的喜好选择菜肴，而不是按照经营者确定的价格高低、成本多少选择菜有的。因此，在分析餐饮盈利能力的时候，除考虑价格、成本、销售量等因素外，更要考虑消费者喜好这个关键因素。这种以消费者喜好程度为主，以边际毛利或边际贡献为切入点分析餐饮盈利的方法，就是菜单结构方法，也称为菜单工程。

测试题

一、概念题

1. 千分之一定价法。
2. 赫伯特公式定价法。
3. 成本加成定价法。
4. 销售组合。
5. 菜单结构方法。

二、填空题

1. 客房千分之一定价法是以（　　　）为定价基础的。
2. 赫伯特公式定价法是以（　　　）为定价基础的。
3. 菜单组合是将（　　　），以达到（　　　）目标。
4. 菜单结构是以（　　　）为主，从（　　　）入手，分析（　　　）的方法。

三、判断题（下面的表述是否正确，正确的打"√"，错误的打"×"。）

1. 赫伯特公式定价法是从预期利润出发逐步推导出产品价格的方法。（　　　）
2. 客房定价的千分之一法是以饭店投资总额的千分之一确定客房价格的。（　　　）
3. 餐饮定价依据主要是消费者的喜好程度。（　　　）
4. 综合定价指的是根据与价格有关的各种因素而定价。（　　　）

四、选择题

1. 已知预期食品成本率为35%，用于确定价格的加成倍数是（　　　）。
   A. 4　　　　　　　B. 3　　　　　　　C. 2.86　　　　　　D. 2
2. 以下（　　　）属于非成本定价法。
   A. 成本加成定价法　　　　　　B. 千分之一定价法
   C. 竞争定价法　　　　　　　　D. 心理定价法
3. 假设晚餐综合成本为3元，预期食品成本率为25%，使用成本加成定价法，晚餐的价格为（　　　）元。
   A. 11.00　　　　　B. 12.00　　　　　C. 12.30　　　　　D. 11.50
4. 当某饭店使用综合定价法时，会出现（　　　）情况。
   A. 饭店成本上升
   B. 饭店成本下降
   C. 所有利润中心都实现了利润最大化
   D. 某些利润中心没有实现利润最大化

五、简述题

1. 为什么将赫伯特公式定价法称为末行定价法？
2. 成本加成定价法有哪三种表述？
3. 菜单结构分析主要分析哪些因素？

六、计算题

某饭店客房平均价格为120元，出租率为80%，饭店经理拟将平均房价提高至130元，出租率下降不超过 70%。

要求：
（1）计算需求的价格弹性。
（2）根据计算结果，说出该饭店的需求特征。

学习情境七　本量利分析法

问题：
1. 成本和销售量是如何影响利润的？
2. 在已知相关成本和预期利润的情况下，怎样计算销售额？
3. 在已知预期净利润的情况下，怎样计算销售量、固定成本，销售价格和每单位变动成本？
4. 怎样确定和控制对利润影响的相关因素？
5. 怎样确定平均房价和客房出租率的最佳平衡点，以达到客房利润最大化？

"逢假必涨"的酒店房价

导读：
东方饭店 20×1 年全年实现营业收入 980 万元，从价格上可以看成总的产品和服务的销售价格，从销售上也可以看成是销售量（总收入／平均价格）；在总成本 828.25 万元中包括直接成本、直接费用和间接费用；总收入与总成本之差为 151.75 万元构成了总利润。即

$$总利润 = 价格（销售量）- 成本$$
$$151.75 = 980 - （392+349+87.25）$$

其中，成本、销售量与利润三者是以成本为中心呈现出某种联系的。我们应如何确定该饭店成本、销售量和利润三者之间的关系呢？

任务一　本量利分析

能力目标

能够解释本量利分析的基本原理；
能够确定本量利分析的假设条件。

知识目标

理解本量利分析的基本公式；
理解边际贡献、变动成本率。

思政目标

培养学生踏实肯干、诚实守信、细心谨慎、精益求精的作风；
培养学生分析问题和解决问题的能力。

岗课赛证融合

对应岗位	前厅管理岗、客房管理岗、餐饮管理岗、市场营销岗、财务管理岗
对应证书技能	《现代酒店服务质量管理职业技能等级标准》中级证书 服务营销——房型、房量、房价控制标准制定 《现代酒店服务质量管理职业技能等级标准》高级证书 服务策划——主题餐饮策划 新媒体营销领域——新媒体运营
对应赛项要求	全国职业院校技能大赛高职组"餐厅服务"赛项 中餐服务——模块 A——主题宴会设计——菜单组合设计 西餐服务——模块 C——鸡尾酒调制与服务——鸡尾酒配方设计

一、本量利分析的定义和假设条件

（一）本量利分析的定义

成本、销售量和利润之间的关系分析又称本量利分析。

本量利分析，也称 CVP 分析（成本 – 销售 – 利润）或保本点分析是指通过对产品或服务的成本、销售量、利润三者相互关系的分析，用以确定为完成预期利润所需要的收入。实际上，将本量利分析称为保本点分析并不准确，因为，本量利分析可以对收入的各个"量点"进行分析，包括盈利的收入点和亏损的收入点，当然，没有人喜欢亏损。

（二）本量利分析的假设条件

（1）成本习性假定（Cost Behavior）。即能将全部成本划分为固定成本和变动成本。
（2）固定成本保持不变，即固定成本总额不受销售量变动影响。
（3）线性假定。
①变动成本和收入呈线性关系，即收入增加一定百分比，变动成本也增加相同的百分比。
②收入和销售量呈线性关系，当销售量增加一定百分比，收入也增加相同百分比。

全部间接成本能够分配给各经营部门。因为各经营部门的经营利润没有扣除联合成本、管理费用等间接成本，站在饭店整体角度看，所有间接成本需由经营部门的收入来抵消。

二、本量利分析基本模型

（一）用方程式表示的本量利分析模型

本量利分析基本公式源于损益公式：

$$收入 = 成本 + 利润$$

上式可以变为

$$收入 = 变动成本 + 固定成本 + 利润$$
$$利润 = 收入 - 变动成本 - 固定成本$$

利润 = 价格 × 销售量 - 单位变动成本 × 销售量 - 固定成本，即

$$P=px-bx-a$$

这就是根据损益公式表示的本量利分析模型。

式中　P——利润；

　　　p——单价；

　　　x——销售量；

　　　b——单位变动成本；

　　　a——固定成本。

（二）用曲线图表示的本量利分析模型

在图 7-1 中，纵轴为金额，横轴为销售量，固定成本线始于 A 点平行于销售量，说明在没有销售量的情况下，饭店将亏损；变动成本线是从 O 点开始的第一条斜线，表明没有销售量时就没有变动成本，并且与销售量成正比例变化；变动成本与固定成本总和等于总成本，总成本是从 A 点开始的并平行于变动成本线，表明只有变动成本增加时总成本才能增加，而只有销售量增加了，变动成本才会增加；收入线从 O 点开始，反映了收入和销售量之间的线性关系；B 点是总成本线和收入线的交点，这时，收入等于总成本，这就是保本点，B 点右边的收入线和总成本线之间的垂直距离代表了利润，而 B 点左边的两条线之间的垂直距离代表了经营亏损。

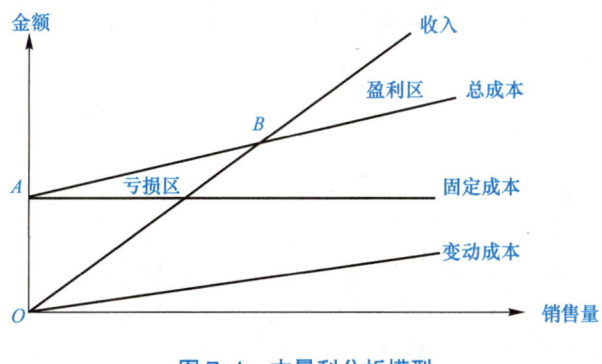

图 7-1　本量利分析模型

三、边际贡献

本量利分析就是用一系列方程式来表达曲线图里所描绘的数学关系。本量利分析模型反映这样几种关系：

当 $px-bx=a$ 时，利润为零，即保本点；当 $px-bx>a$ 时，为盈利；当 $px-bx<a$ 时，为亏损。在这些关系中，确定保本点是关键，它是盈利和亏损的边际线，决定盈利与亏损的是销售收入与变动成本的差额。

边际贡献（Contribution Margin，CM）就是销售收入与变动成本之间的差额。边际贡献可用几个等式表示：

$$\text{单位边际贡献} = \text{单价} - \text{单位变动成本}，CM=p-b;$$

$$\text{边际贡献总额} = \text{销售收入总额} - \text{变动成本总额}，TCM=px-bx \text{ 或}$$

$$= \text{单位边际贡献} \times \text{销售量} = CM \cdot x$$

$$边际贡献率 =（边际贡献总额 \div 销售收入总额）\times 100\%　或$$
$$=（单位边际贡献 \div 单价）\times 100\%$$

与边际贡献率相关的是变动成本率（Variable Cost Rate，VCR），变动成本率是指变动成本占收入的百分比。其计算公式为

$$变动成本率 =（变动成本总额 \div 销售收入总额）\times 100\%$$

或

$$变动成本率 =（单位变动成本 \div 单价）\times 100\%$$

边际贡献率与变动成本率存在下述关系：

$$边际贡献率 + 变动成本率 = 1$$
$$边际贡献率 = 1 - 变动成本率$$
$$变动成本率 = 1 - 边际贡献率$$

任务二　静态条件下的本量利分析

能力目标

能够计算保本点销售量和保本点销售额；
能够分析有关因素变动对利润的敏感程度。

知识目标

掌握保本条件下本量利分析公式；
理解保本点的含义；
理解安全边际。

思政目标

培养学生分析问题和解决问题的能力；
培养学生的整体思维、大局意识。

岗课赛证融合

对应岗位	前厅管理岗、客房管理岗、餐饮管理岗、市场营销岗、财务管理岗
对应证书技能	《现代酒店服务质量管理职业技能等级标准》中级证书 服务营销——房型、房量、房价控制标准制定 《现代酒店服务质量管理职业技能等级标准》高级证书 服务策划——主题餐饮策划 新媒体营销领域——新媒体运营
对应赛项要求	全国职业院校技能大赛高职组"餐厅服务"赛项 中餐服务——模块A——主题宴会设计——菜单组合设计 西餐服务——模块D——休闲餐厅服务 职业院校技能大赛"客房服务"赛项 客房服务——客房产品营销

静态条件下的本量利分析是指各种条件不变情况下的分析。

一、保本条件下的本量利分析

保本条件下的本量利分析又称保本点分析（Break Even Point Analysis）。

（一）用损益等式分析

根据"$P=px-bx-a$"基本公式，利润为 0 的公式便是

$$0=px-bx-a$$

利润为 0 的公式可以求得如下未知量：

$$保本点销售量：x=a\div(p-b)$$
$$保本点销售额=a\div(p-b)p$$
$$保本固定成本：a=px-bx$$
$$保本售价：p=a\div x+b$$
$$保本单位变动成本：b=p-a\div x$$

以东方饭店客房销售为例。

【例 7-1】求保本销售量和销售额。

东方饭店有 200 间客房，每间客房平均售价 210 元，销售每间客房变动成本为 9 元，每年固定成本 800 万元，请计算保本点需要的销售量和销售额。

保本点销售量 $=a\div(p-b)$
     $=800\ 0000\div(210-9)$
     $=39\ 801$（间）

保本点销售额 $=a\div(p-b)p$
     $=210\times 39\ 801$
     $=8\ 358\ 210$（元）

【例 7-2】求保本单价。

东方饭店有客房 200 间，年固定成本 800 万元，销售每间客房变动成本为 9 元，当年要对客房进行改造，预计出租率为 55% 左右，平均房价定为多少才能做到保本经营？

客房出租率 =（出售客房数 ÷ 可供出售客房数）×100%

出售客房数 $x=200\times 365\times 55\%$
     $=40\ 150$（间）

保本售价 $=a\div x+b$
    $=8\ 000\ 000\div 40\ 150+9$
    $=208.1$（元）

（二）用边际贡献等式分析

利润 = 边际贡献 − 固定成本
  = 单位边际贡献 × 销售量 − 固定成本
  = 边际贡献率 × 销售额 − 固定成本

如果利润为零，则

$$保本点销售量 = 固定成本 \div 单位边际贡献 = a \div CM$$
$$保本点销售额 = 固定成本 \div 边际贡献率$$

以例 7-1 为例：

保本点销售量 $= a \div CM$

$\qquad = 800\,0000 \div (210-9)$

$\qquad = 39\,801$（间）

保本点销售额 $=$ 固定成本 $\div$ 边际贡献率

$\qquad =$ 固定成本 $\div$ [（单价 $-$ 单位变动成本）$\div$ 单价 $\times 100\%$]

$\qquad = 8\,000\,000 \div [(210-9) \div 210 \times 100\%]$

$\qquad = 8\,359\,456.64$（元）

（三）与保本点相关的指标

1. 保本点销量率

保本点销量率是指保本点销售量（额）(Break-Even Sales Revenue) 占现有销售量或预计销售量（额）的百分比。其计算公式为

$$保本点销售率 = 保本点销售量（额）\div 现有或预计销售量（额）\times 100\%$$

仍以东方饭店为例：已知东方饭店保本销售量为 39 801 间，计划当年销售量为 55 110 间，计算保本销售率。

$$保本销售率 = 39\,801 \div 55\,110 \times 100\% = 72.22\%$$

72.22% 的保本销售率说明，饭店必须完成计划的 72.22%，才能不亏损。

2. 安全边际

安全边际（Margin of Safety）是指现有或预计销售量（额）超过保本点销售量（额）的差额。其计算公式为

$$安全边际量 = 现有或预计销售量 - 保本点销售量$$
$$安全边际额 = 现有或预计销售额 - 保本点销售额$$

根据上式，

$$东方饭店安全销售量 = 55\,110 - 39\,801 = 15\,309（间）$$
$$东方饭店安全销售额 = 55\,110 \times 210 - 39\,801 \times 210 = 3\,214\,890（元）$$

安全边际指标反映了饭店经营的安全程度，表明饭店销售还可以下降多少仍不至于亏损，该指标是正指标，安全边际越大，饭店经营越安全。东方饭店的安全边际指标说明，饭店经营相对比较安全：销售量下降幅度在 15 309 间范围内或销售额下降在 3 214 890 元范围内仍然不会亏损。

由于各饭店规模不同，用安全边际绝对指标比较不同饭店经营安全程度是不合理的，需要用相对量的安全边际率指标，对不同规模饭店进行比较。

$$安全边际率 = 安全边际量（额）\div 现有或预计销售量（额）\times 100\%$$

$$东方饭店安全边际率 = 15\,309 \div 55\,110 \times 100\% = 27.78\%$$

计算结果说明，东方饭店经营安全程度处于较安全状态。

衡量企业经营安全程度指标见表 7-1。

表 7-1　经营安全程度表

安全边际率	10% 以下	11%～20%	21%～30%	31%～40%	41% 以上
安全程度	危险	注意	较安全	安全	很安全

保本点销售率与安全边际率之间存在以下关系：
$$保本点销售率 + 安全边际率 = 1$$

二、盈利条件下的本量利分析

保本点分析是本量利分析的重要内容，只有知道保本点才能更好地掌控利润点，利润（Profit）才是企业的最终目的。盈利条件下的本量利分析就是为了完成企业既定目标利润（Target Profit，TP），对销售量和成本的分析，包括销售量（Sales）、变动成本（Variable Costs）、固定成本（Fixed Costs）和销售价格分析（Price Analysis）。

（一）实现目标利润的销售量和销售额分析

目标销售量和目标销售额的计算公式为
目标销售量（保利量）=（固定成本 + 目标利润）÷（单价 – 单位变动成本）或
　　　　　　　　　　=（固定成本 + 目标利润）÷ 单位边际贡献
目标销售额（保利额）= 单价 × 目标销售量
　　　　　　　　　　=（固定成本 + 目标利润）÷ 边际贡献率

仍以东方饭店客房销售为例：
东方饭店有 200 间客房，每间客房平均售价为 210 元，销售每间客房变动成本为 9 元，每年固定成本为 800 万元，全年计划盈利为 307.7 万元。请计算需要的销售量和销售额。
目标销售量 =（8 000 000+3 077 000）÷（210-9）=55 110（间）
目标销售额 =210×55 110=11 573 100（元）

（二）实现目标利润的单位变动成本分析

东方饭店有 200 间客房，每间客房平均售价为 210 元，销售每间客房变动成本为 12 元，每年固定成本为 800 万元，全年计划出租率 70%，即销售量为 55 110 间，盈利 307.7 万元。因固定成本不能降低，变动成本要降低多少？

　　　　　　　　单位变动成本 =（销售收入 – 固定成本 – 目标利润）÷ 销售量
或　　　　　　　单位变动成本 = 单价 –（固定成本 + 目标利润）÷ 销售量
　　　　　　　　　　　　　　=210-（8 000 000+3 077 000）÷55 110
　　　　　　　　　　　　　　=210-201=9（元）
　　　　　　　　变动成本降低额 =12-9=3（元）
　　　　　　　　变动成本降低率 =3÷12×100%=25%

在其他条件不变的情况下，只要将变动成本降低 25%，就可完成全年利润指标。

（三）实现目标利润的固定成本分析

在上式中，如果变动成本不能减少，而固定成本可以降低，那么，为了完成目标利润

307.7 万元，应该降低多少固定成本呢？

$$固定成本 = 销售收入 - 变动成本 - 目标利润$$
$$= 210 \times 55\,110 - 12 \times 55\,110 - 3\,077\,000$$
$$= 11\,573\,100 - 661\,320 - 3\,077\,000$$
$$= 7\,834\,780（元）$$
$$固定成本降低额 = 8\,000\,000 - 7\,834\,780 = 165\,220（元）$$
$$固定成本降低率 = 165\,220 \div 8\,000\,000 \times 100\% = 2.07\%$$

计算得知，在其他条件不变的情况下，只要将固定成本降低 2.07% 就可完成计划利润指标。

（四）实现目标利润的销售价格分析

在上式中，如果固定成本和变动成本都不可改变，要完成计划利润，就要提高售价，应提高多少？

$$销售单价 =（目标利润 + 变动成本 + 固定成本）\div 销售量$$
$$= [3\,077\,000 + (55\,110 \times 12) + 8\,000\,000] \div 55\,110$$
$$= 213（元）$$
$$单价提高额 = 213 - 210 = 3（元）$$
$$单价提高率 = 3 \div 210 \times 100\% = 1.43\%$$

其他条件不变，将单价提高 1.43% 就可完成预期利润。

任务三　动态下的本量利分析

能力目标

能够在不确定条件下计算保本点销售量和保本点销售额；
能够分析有关因素变动对利润的敏感程度。

知识目标

理解价格因素不确定、单位变动成本不确定情况下的保本点和保利点的变化；
掌握利润敏感性分析设计的因素。

思政目标

培养学生具有经济思维、政策敏感素质；
培养学生尊重规律，善用规律。

岗课赛证融合

对应岗位	前厅管理岗、客房管理岗、餐饮管理岗、市场营销岗、财务管理岗
对应证书技能	《现代酒店服务质量管理职业技能等级标准》中级证书 服务营销——房型、房量、房价控制标准制定

续表

对应证书技能	《现代酒店服务质量管理职业技能等级标准》高级证书 服务策划——主题餐饮策划 新媒体营销领域——新媒体运营
对应赛项要求	全国职业院校技能大赛高职组"餐厅服务"赛项 中餐服务——模块A——主题宴会设计——菜单组合设计 西餐服务——模块D——休闲餐厅服务 职业院校技能大赛"客房服务"赛项 客房服务——客房产品营销

以上保本点本量利分析和盈利本量利分析,均是在各项条件不变情况下做的分析,这种静态分析在反映本量利之间关系的本质和规律是完全必要的。事实上,在经营活动中,价格、固定成本、变动成本等因素很难事前做出精准判定,在经营过程中也会经常变化,这种变化一般表现为条件和因素两个方面的变化。

一、不确定条件下的本量利分析

不确定条件下的本量利分析步骤如下:
(1)对产品可能出现的几种不同预期水平的价格、成本数额及概率做出估计(表7-2)。

表7-2 饭店经营预期

销售价格		单位变动成本		固定成本	
可能变化的价格	变化的可能性	可能变化的价格	变化的可能性	可能发生的变化	变化的可能性
180元/(间·天)	60%	15万元	70%	700万元	20%
240元/(间·天)	40%	7万元	30%	900万元	80%

(2)计算各种预期价格、成本水平组合下的保本点;
(3)计算各种预期价格、成本水平组合下的联合概率;
(4)以联合概率为权数,用加权平均的方法计算每种组合的保本点期望值;
(5)把各种组合的预期价值汇总,即得到预期的保本点销售量表7-3。

表7-3 饭店几种不同预期的保本量

组合事件	销售单价		单位变动成本		固定成本		保本量	联合概率	加权保本量(预期价值)
	金额	概率	金额	概率	金额	概率			
	1	2	3	4	5	6	7=5÷(1-3)	8=2×4×6	9=7×8
1	180	0.6	15	0.7	700	0.2	42 424.2	0.084	3 563.7
2	180	0.6	15	0.7	900	0.8	54 545.5	0.336	18 327.3
3	180	0.6	7	0.3	700	0.2	40 462.4	0.036	1 456.6
4	180	0.6	7	0.3	900	0.8	52 023	0.144	7 491.3
5	240	0.4	15	0.7	700	0.2	31 111	0.056	1 742.2
6	240	0.4	15	0.7	900	0.8	40 000	0.224	8 960

续表

组合事件	销售单价		单位变动成本		固定成本		保本量	联合概率	加权保本量（预期价值）
	金额	概率	金额	概率	金额	概率			
7	240	0.4	7	0.3	700	0.2	30 042.9	0.024	721
8	240	0.4	7	0.3	900	0.8	38 626.6	0.096	3 708.2
合计									45 970

表 7-3 表明，在表 7-2 的预期中，做到保本经营，需要销售 45 978.7 间客房。

二、不确定因素条件下的本量利分析

前述本量利分析，是假设与本、量、利有关的价格、单位变动成本、固定成本等要素不变，事实上，在饭店经营过程中，这些要素是经常变动的。因此，有必要分析各要素变动对保本点和保利点的影响。

（一）销售价格变动的影响

其他要素不变，销售价格变动，会使保本点、保利点向反方向变动。例如：

东方饭店有 200 间客房，每间客房平均售价 210 元，销售每间客房变动成本为 9 元，每年固定成本 800 万元，年客房销售量为 39 801 间，由于 2013 年以来出租率逐年下降，饭店决定 2015 年将房价降低 15%，那么，调价前后的保本点是多少？如果饭店计划全年盈利 307.7 万元，调价前后的保利点是多少？

1. 调价前后保本点

调价前保本点 = 8 000 000÷（210-9）= 39 801（间）

调价后保本点 = 8 000 000÷（210-210×0.15-9）= 47 198（间）

2. 调价前后保利点

调价前保利量 = （8 000 000+3 077 000）÷（210-9）= 55 110（间）

调价后保利量 = （8 000 000+3 077 000）÷（178.5-9）= 65 351（间）

调价前保利额 = 55 110×210 = 11 573 100（元）

调价后保利额 = 65 351×178.5 = 11 665 153.5（元）

（二）单位变动成本变动的影响

其他因素不变，单位变动成本变动，将导致保本点、保利点向同方向移动。

假如东方饭店将变动成本由原来的 9 元降至 7 元，计算变动前后保本点，计算完成预期利润 307.7 万元的保利点。

1. 变动前后保本点

变动前保本点 = 8 000 000÷（210-9）= 39 801（间）

变动后保本点 = 8 000 000÷（210-7）= 39 409（间）

2. 变动前后保利点

变动前保利量 = （8 000 000+3 077 000）÷（210-9）= 55 110（间）

变动前保利额 = 55 110×210 = 11 573 100（元）

变动后保利量 =（8 000 000+3 077 000）÷（210-7）=54 567（间）

变动后保利额 =210×54 567=11 459 070（元）

（三）固定成本变动的影响

其他因素不变，固定成本变动，将导致保本点、保利点向同方向变动。

假定东方饭店计划将人工成本减少 25 万元，其他因素不变，请计算减少人工成本前后保本点和保利点。

1. 变动前后保本点

变动前保本点 =8 000 000÷（210-9）=39 801（间）

变动前保本额 =210×39 801=8 358 210（元）

变动后保本量 =（8 000 000-250 000）÷（210-9）=38 557（间）

变动后保本额 =38 557×210=8 096 970（元）

2. 变动前后保利点

变动前保利量 =（8 000 000+3 077 000）÷（210-9）=55 110（间）

变动前保利额 =210×55 110=11 573 100（元）

变动后保利量 =（800 0000-250 000+307 7000）÷（210-9）=53 866（间）

变动后保利额 =210×53 866=11 311 860（元）

三、利润敏感性分析

饭店经营的最终目标是获取适当利润，利润的影响因素有很多，在经营中，了解哪些因素对利润产生影响及影响程度，这是利润敏感性分析和经营杠杆作用所要解决的。

（一）利润敏感性分析的定义

利润敏感性分析（Profit Sensitivity Analysis）就是分析利润对各项影响因素变化的反应程度或灵敏度。这些因素包括销售单价、单位变动成本、销售量、固定成本等。

（二）各因素对利润的影响程度

（1）各因素与利润的关系。用公式表示这种关系就是

经营利润 =（销售单价 – 单位变动成本）× 销售量 – 固定成本总额

（2）经营利润对各因素的反应程度或敏感程度，用公式表示这种关系就是

敏感系数 =（利润变动百分比）÷（因素变动百分比）

【例 7-3】东方饭店有 200 间客房，每间客房平均售价为 210 元，销售每间客房变动成本为 9 元，每年固定成本为 800 万元，年销售量为 55 110 间，全年计划盈利 307.7 万元。分析一下各因素变动对目标利润的影响程度。

①单位价格变动对利润的影响程度。

假设销售单价提高 2%，则利润变化的百分比计算如下：

利润 =［210×（1+2%）-9］×55 110-8 000 000=3 308 572（元）

利润变化率 =（3 308 572-3 077 000）÷3 077 000×100%=7.5%

利润对单价敏感系数 =7.5%÷2%=3.75

利润敏感系数说明，当销售单价提高 2% 时，经营利润总额提高 7.5%，利润变动率是销售单价变动率的 3.75 倍。

②单位变动成本变动对利润的影响程度。

假设单位变动成本提高 2%，则利润提高的百分比，即利润变化率，计算如下：

利润 =［210-9（1+2%）］×55 110-8 000 000=3 067 190（元）

利润变化率 =（3 067 190-3 077 000）÷3 077 000×100%=-0.32%

利润对变动成本的敏感系数 =-0.32%÷2%=0.16（取绝对值）

该项指标说明，单位变动成本提高 2%，则利润降低 0.32%，利润变动率是单位变动成本变动率的 0.16，也就是说利润对变动成本的敏感系数为 0.16。

③销售量对利润的影响程度。

假设销售量增加 2%，则利润变动率计算如下：

利润 =（210-9）×55 110×（1+2%）-8 000 000=3 298 652（元）

利润变动率 =（3 298 652-3 077 000）÷3 077 000×100%=7.2%

利润对销量的敏感系数 =7.2%÷2%=3.6

该指标说明，销量增加 2%，利润增加 7.2%，利润变动率是销售量变动率的 3.6 倍，也就是说利润对销售量的敏感系数为 3.6。

假设固定成本提高 2%，则利润变动率计算如下：

利润 =（210-9）×55 110-8 000 000×（1+2%）=2 917 110（元）

利润变动率 =（2 917 110-3 077 000）÷3 077 000×100%=-5.2%

利润对固定成本的敏感系数 =-5.2%÷2%=2.6（取绝对值）

该项指标说明，固定成本增加 2%，利润减少 5.2%，利润变动率是销售量变动率的 2.6 倍，也就是说利润对固定成本的敏感系数为 2.6。

从上面的例子可以看出，销售单价和销售量对利润的影响程度最大，其次是固定成本和单位变动成本。在饭店进行经营预测时，利用利润敏感性分析，可以在确定目标利润、目标价格、目标销售量及目标成本时，抓住主要因素确保目标利润的实现。

以上计算过程还可以简化为以下公式：

单价的敏感系数 = 基期销售额 / 基期利润额

单位变动成本敏感系数 = 基期成本总额 / 基期利润额

销售量敏感系数 = 基期贡献毛利总额 / 基期利润总额

固定成本敏感系数 = 基期固定成本总额 / 基期利润总额

如果将上例作为一个基期，计算如下：

单价敏感系数 =（210×55 110）÷3 077 000=3.76

单位变动成本敏感系数 =（9×55 110）÷3 077 000=0.16

销售量敏感系数 =（210-9）×55 110÷3 077 000=3.6

固定成本敏感系数 =8 000 000÷3 077 000=2.6

计算结果与上述相同，如果计算某个基期各项敏感系数，可以直接利用基期数值计算，这样便利简单。

拓展链接：平均房价与出租率共同作用对客房利润的影响

前面部分菜单结构的内容已经进行了分析，看到餐饮的价格、成本、销售量对利润的影响，同样，客房的价格、成本、销售量对利润也存在影响。

一、需求弹性

销售量与价格之间的关系首先表现为需求弹性。因为，需求（Demand）是决定价格形成的重要因素。

需求弹性是因需求变化引起价格变化的一种数量关系，又称需求价格弹性。它是测算需求对价格变化反应程度或敏感度的一种方法。在市场竞争中，其他条件不变，产品供大于求时，价格就会降低，供不应求时，价格就会提高；同样，其他条件不变，当价格降低时，销售量就会提高，当价格提高时，销售量就会下降。这种关系就是需求价格弹性，用公式表示如下：

需求价格弹性＝（价格变化后增减的销售量÷价格变化前的销售量）÷（价格变化后价格的增减量÷变化前的价格）

或　　　　需求的价格弹性＝销售量变化百分比÷价格变化百分比

【例7-4】牡丹饭店4月份，以平均房价210元售出4 200间客房，5月份售出客房3 900间，平均房价提高到240元，牡丹饭店的需求价格弹性是多少？

需求价格弹性＝[（4 200-3 900）÷4 200]÷[（240-210）÷210]
　　　　　　＝0.5

【例7-5】牡丹饭店在10月份，以210元平均房价售出3 600间客房，11月份以180元平均房价售出客房4 500间，牡丹饭店的需求价格弹性是多少？

需求价格弹性＝[（4 500-3 600）÷3 600]÷[（210-180）÷210]
　　　　　　＝1.75

例7-4的需求价格弹性小于1，例7-5的需求价格弹性大于1。

当需求弹性绝对值小于1时，需求是无弹性的。在例7-4中，价格提高了14.29%，引起销售量降低了7.14%，也就是说当价格提高1时，销售量降0.5，即当价格由210元提高至240元时，销售量由4 200间降低至3 900间，出租率由70%降至65%，虽然销售量（需求量）减少了，但减少的程度仍然可以通过价格提高增加的收入予以弥补，即提高价格前总收入R为882 000元（210元×4 200），提高价格后总收入R为936 000元（240元×3 900）。

当需求弹性的绝对值大于1时，需求是有弹性的，也就是说，需求对价格变化是敏感的。价格提高将导致总收入减少，价格下降将导致总收入增加。

当需求弹性恰好等于1时，我们称其具有单位弹性需求，也就是说，需求变化的百分比等于价格变化的百分比，当价格提高时，销售量（需求量）减少的百分比完全等同于价格提高的百分比；而价格下降时，销售量（需求量）增加的幅度也与价格下降的幅度相等，这使得该阶段的总收入水平保持不变。

二、平均房价与出租率对客房利润的影响

下面讨论一下不同的需求弹性（出租率）是如何作用于价格，影响价格（平均房价）变动，进而影响总收入水平变化的。

消费者需求对价格的敏感程度，即需求弹性在决定价格的环节有着重要作用。一般来说，

竞争越激烈，产品需求弹性越大。

　　饭店业本身属于竞争激烈的行业，往往就某家饭店开立之初都存在一个阶段的区域行业优势，此时需求无弹性，价格的高与低不会迅速引起销售量的变动，收入水平会随着价格的上升而呈现较大的增幅；当区域内市场环境日趋成熟，竞争者日增，需求弹性趋近1，价格的降低或者上升会带动销售量的相应变化，在收入水平上的影响逐渐减少；当该经营区域的市场成为完全竞争市场，多家同规模饭店共同竞争时，需求弹性大于1，价格的小幅上升会导致顾客转投别处，引起销售量锐减，而价格的小幅下降会招徕更多的顾客，带来销售量的显著上升。

　　此时，制定合理价格显得尤为重要。需要指出的是，客房产品的数量不可能通过延长劳动时间和提高劳动生产率而得到提高，其质量更是受到销售量的制约，出租率如果长期超过70%，很有可能导致服务质量下降，这一特点告诉饭店管理者，通过降低平均房价、提高出租率来增加收入是有限度的。

小结

　　本量利分析也称为CVP（成本－销售量－利润）分析或保本点分析，是指通过对产品或服务的成本、销售量、利润三者相互关系的分析，用以确定为完成预期利润所需要的收入。本量利分析是有前提条件的，这些假设条件包括成本习性假定，即能将全部成本划分为固定成本和变动成本；固定成本总额不受销售量变动影响；变动成本和收入呈线性关系，收入和销售量呈线性关系；全部间接成本能够分配给各经营部门。

　　本量利分析模型来源于损益公式：因为"收入＝成本＋利润"，所以本量利分析模型为"利润＝价格×销售量－单位变动成本×销售量－固定成本，即 $P=px-bx-a$"，当 $px-bx=a$ 时，利润为零，即保本点；当 $px-bx>a$ 时，为盈利；当 $px-bx<a$ 时，为亏损。在这些关系中，确定保本点是关键，它是盈利和亏损的边际线，决定盈利与亏损的是销售收入与变动成本的差额，这个差额被称为边际贡献，边际贡献占收入的百分比被称为边际贡献率。

　　与边际贡献率相关的是变动成本率，变动成本率是指变动成本占收入的百分比。

　　保本点分析包括保本点销售量、保本点销售额、保本固定成本、保本售价、保本单位变动成本、保本点销量率和安全边际等方面的分析。

　　盈利条件下的本量利分析就是为了完成企业既定目标利润，对销售量和成本的分析，包括销售量、变动成本、固定成本和销售价格分析。

　　保本点本量利分析和盈利本量利分析是静态分析，也就是在其他条件不变的情况下做的分析，事实上，在经营活动中，价格、固定成本、变动成本等因素很难事前做出精准判定，在经营过程中也会经常变化，这种变化一般表现为条件和因素两个方面的变化。因此，要进行不确定条件下的本量利分析和因素变动下的本量利分析。

　　饭店经营的最终目标是获取适当利润，对利润的影响因素有很多，在经营中，了解哪些因素对利润产生影响及影响程度，这是利润敏感性分析和经营杠杆作用所要解决的。利润敏感性分析就是分析利润对各项影响因素变化的反应程度或灵敏度。这些因素包括销售单价、单位变动成本、销售量、固定成本等。

　　测算需求对价格变化反应程度或敏感度的一种方法是需求弹性，它是因需求变化引起价格变化的一种数量关系，又称需求价格弹性，简称需求弹性（Demand Elasticity）。在市场竞争中，其他条件不变，产品供大于求时，价格就会降低，供不应求时，价格就会提高；同样，其他条件不变,当价格降低时,销售量就会提高,当价格提高时,销售量就会下降。这种关系就是需求价格弹性。

根据需求价格弹性计算公式,在一定需求变化幅度内,可以计算价格变化的幅度,反之亦然。可以根据变化了的出租率,制定相应的平均房价,也可以根据变化了的平均房价,制定相应的客房出租率。

测试题

一、概念题
本量利分析、边际贡献、变动成本率、保本点销售率、安全边际

二、判断题(下面的表述是否正确,正确的打"√",错误的打"×"。)
1. 本量利分析模型源于会计恒等式:收入 = 成本 + 利润。(   )
2. 销售收入总额 − 变动成本总额 = 单位边际贡献 × 销售量。(   )
3. (边际贡献总额 ÷ 销售收入总额)×100%=(单位边际贡献 ÷ 单价)×100%。(   )
4. (变动成本总额 ÷ 销售收入总额)×100%=(单位变动成本 ÷ 单价)×100%。(   )

三、单项选择题
1. 表示边际贡献率与变动成本率关系的是(   )。
   A. 边际贡献率 + 变动成本率 =1   B. 边际贡献率 =1+ 变动成本率
   C. 变动成本率 × 边际贡献率 =1   D. 变动成本率越高,边际贡献率就越高

2. 以平均每餐10元的价格售出了5 000份餐食,每餐平均变动成本为5元,如果保本,固定成本应是多少(   )元。
   A. 25 000   B. 20 000
   C. 5 000   D. 无法确定

3. 某小型旅馆每间客房平均价格为50元,每间售出客房的变动成本为10元,当月固定成本为20 000元,该月保本点销售量是(   )。
   A. 200间客房   B. 400间客房
   C. 500间客房   D. 无法确定

4. 某餐馆平均每餐售价10元,平均变动成本为5元,3月份预计固定成本为20 000元,预计售出5 000份餐食,该月净利润是(   )元。
   A. 30 000   B. 25 000
   C. 5 000   D. 10 000

四、简述题
1. 本量利分析的基本假设是什么?
2. 在本量利分析中,如果价格、单位变动成本、固定成本中有两项不变,其中一项变化,相应的保本点和保利点会发生什么变化?

五、计算题
某四星级酒店有客房350间,客房平均房价为320元,每月固定成本为150万元,每售出一间客房的变动成本为70元,请分别计算下列数据:
(1)如果其月收入为320万元,该酒店的安全边际量、安全边际率是多少?
(2)如果要获得80万元的税前利润,必须售出多少间客房?

学习情境八　成本管控

本学习情境介绍了标准成本与成本差异的含义，阐释了经营生产实际中差异客观存在，分析差异点，其产生原因，如何消除或缩小差异，对饭店经营管理者有着现实意义。

任务一　标准成本法

能力目标

能够使用标准成本法的基本原理计算成本差异。

知识目标

了解标准成本法的基本原理；
掌握成本差异的计算及其在成本管控中的意义。

思政目标

培养严谨公正的工作态度；
培养遵章守职、执纪严明的工作思维。

岗课赛证融合

对应岗位	前厅管理岗、客房管理岗、餐饮管理岗、物资管理岗、财务管理岗
对应证书技能	《现代酒店服务质量管理职业技能等级标准》高级证书 服务策划——主题客房策划 服务策划——主题餐饮策划 新媒体营销领域——新媒体运营
对应赛项要求	全国职业院校技能大赛高职组"餐厅服务"赛项 中餐服务——模块A——主题宴会设计——宴会设计成本及实际成本差异 西餐服务——模块C——鸡尾酒调制与服务——配方成本及实际成本差异

一、标准成本及成本差异

标准成本法是指通过制定标准成本，将标准成本与实际成本进行比较获得成本差异，并对成本差异进行因素分析，据以加强成本控制的一种会计信息系统和成本控制系统。标准成本法在泰罗的生产过程标准化思想影响下，于20世纪20年代产生于美国。

（一）标准成本的种类

标准成本是在正常生产经营条件下应该实现的，可以作为控制成本开支、评价实际成本、衡量工作效率的依据和尺度的一种目标成本。标准成本是根据对实际情况的调查，采用科学方法制定的，它是企业在现有的生产技术和管理水平上，经过努力可以达到的成本。在制定标准成本时，根据所要求达到的效率的不同，所采取的标准有理想标准成本、正常标准成本和现实标准成本。

1. 理想标准成本

理想标准成本是最佳工作状态下可以达到的成本水平，它是排除了一切失误、浪费、机器的闲置等因素，根据理论上的耗用量、价格及最高的生产能力制定的标准成本。这种标准成本要求太高，通常会因达不到而影响工人的积极性，同时让管理层感到在任何时候都没有改进的余地。

2. 正常标准成本

正常标准成本是在正常生产经营条件下应该达到的成本水平，它是根据正常的耗用水平、正常的价格和正常的生产经营能力利用程度制定的标准成本。这种标准成本通常反映了过去一段时期实际成本水平的平均值，反映该行业价格的平均水平、平均的生产能力和技术能力。在生产技术和经营管理条件变动不大的情况下，它是一种可以较长时间采用的标准成本。

3. 现实标准成本

现实标准成本是在现有的生产条件下应该达到的成本水平，它是根据现在所采用的价格水平、生产耗用量，以及生产经营能力利用程度制定的标准成本。这种标准成本最接近实际成本，最切实可行，通常认为它能激励工人努力达到所制定的标准，并为管理层提供衡量的标准。在经济形势变化无常的情况下，这种标准成本最为合适。与正常标准成本不同的是，它需要根据现实情况的变化不断进行修改，而正常标准成本可以在较长一段时间内保持固定不变。

（二）标准成本的制定

采用标准成本法的前提和关键是标准成本的制定。为了便于进行成本控制、成本核算和成本差异分析工作，标准成本可以按车间、分产品、成本项目分别反映。标准成本的成本项目与会计日常核算所使用的成本项目应当一致，直接材料可以按材料的不同种类或规格详细列出标准，直接人工可以按不同工种列出标准，制造费用应按固定性制造费用和变动性制造费用分项列出标准，将各个成本项目的标准成本加总，即构成产品标准成本。

各个成本项目的标准成本，通常是由数量标准和价格标准两个因素决定的，即某成本项目的标准成本减去数量标准、价格标准。在直接材料标准制定中，数量标准表现为材料消耗定额，价格标准表现为材料的计划单价；在直接人工标准制定中，数量标准表现为工时定额，价格标准表现为计划小时工资率；在制造费用标准制定中，数量标准是指工时定额，价格标准是指制造费用分配率。制造费用分配率一般以制造费用预算数除以按计划产量计算的定额工时来确定，即制造费用分配率＝制造费用预算数／（工时定额×计划产量）。制造费用预算数一般要分固定性制造费用和变动性制造费用分别确定，固定性制造费用的预算数只能按总额来确定，所以原则上，制造费用分配率＝单位变动性制造费用＋单位固定性制造费用。

（三）成本差异的种类

成本差异是指实际成本与标准成本之间的差额，也称标准差异。成本差异按成本的构成，可以分为直接材料成本差异、直接人工成本差异和制造费用差异。

制造费用差异（间接制造费用差异）按其形成的原因和分析方法的不同，又可分为变动制造费用差异和固定制造费用差异两部分。直接材料成本差异、直接人工成本差异和变动制造费用差异都属于变动成本，决定变动成本数额的因素是价格和耗用数量。所以，直接材料成本差异、直接人工成本差异和变动制造费用差异按其形成原因，可分为价格差异和数量差异。固定制造费用是固定成本，不随业务量的变动而变动，其差异不能简单地分为价格因素和耗用数量因素。固定制造费用差异可分为支出差异、生产能力利用差异和效益差异。

（四）标准成本的作用

由于事先确定标准成本、事中计算成本差异、事后进行成本差异分析，因而标准成本制度的建立主要有以下作用。

（1）便于企业编制预算和进行预算控制。事实上，标准成本本身就是单位成本预算。例如，在编制直接人工成本预算时，首先要确定每生产一件产品所需耗费的工时数及每小时的工资率，然后用它乘以预算的产品产量，就可以确定总人工成本预算数。

（2）可以有效地控制成本支出。在领料、用料、安排工时和人力时，均以标准成本作为事前和事中控制的依据。

（3）可以为企业的例外管理提供数据。以标准成本为基础与实际成本进行比较产生的差异，是企业进行例外管理的必要信息。

（4）可以帮助企业进行产品的价格决策和预测。例如，在给新产品定价时，通常可以在标准成本的基础上加一定的利润来确定其价格。

（5）可以简化存货的计价及成本核算的账务处理工作。使用标准成本法，原材料、在产品、产成品均以标准成本计价，所产生的差异均可由发生期负担，这样一来，在成本计算方面可以大大减少核算的工作量。

二、变动成本差异的计算、分析和控制

直接材料成本差异是指一定产量产品的直接材料实际成本与直接材料标准成本之间的差异。其中：

$$直接材料成本差异 = 直接材料实际成本 - 直接材料标准成本$$
$$直接材料实际成本 = 实际价格 \times 实际用量$$
$$直接材料标准成本 = 标准价格 \times 标准用量$$
$$实际用量 = 直接材料单位实际耗用量 \times 实际产量$$
$$标准用量 = 直接材料耗用标准 \times 实际产量$$

如前所述，直接材料成本是变动成本，其成本差异形成的原因包括价格差异和数量差异。其中，材料价格差异是实际价格脱离标准价格所产生的差异，其计算公式为

$$材料价格差异 = （实际价格 - 标准价格） \times 实际用量$$
$$= （实际价格 - 标准价格） \times 实际产量 \times 材料单位实际耗用量$$

材料数量差异是单位实际材料耗用量脱离单位标准材料耗用量所产生的差异，其计算公式为

$$材料数量差异 = （材料单位实际耗用量 - 材料单位标准耗用量） \times 标准价格$$

现将以上公式综合如下：

$$实际价格 \times 实际用量 \quad （1）$$

$$材料价格差异 =（1）-（2）$$
$$标准价格 × 实际用量（2）$$
$$材料成本差异 =（1）-（3）$$
$$标准价格 × 标准用量（3）$$
$$材料数量差异 =（2）-（3）$$

【例8-1】华宇饭店制作某菜品所耗用 A 材料，当日制作该菜品 20 份，耗用 A 材料 1 000 g，A 材料的实际价格为 500 元 /kg。假设 A 材料的标准价格为 600 元 /kg，该产品的单位标准用量为 60 g A 材料，那么，A 材料的成本差异分析如下：

材料价格差异 =（500-600）×1
　　　　　　=-100（元）（有利差异）
材料数量差异 =（1-1.2）×600
　　　　　　=-120（元）（有利差异）
材料成本差异 =1×500-1.2×600
　　　　　　=-220（元）（有利差异）

从上例中可以知道，材料价格方面的原因使材料成本下降了 1 000 元，而材料用量的节约使材料成本下降了 120 元。

材料价格差异通常应由采购部门负责，因为影响材料采购价格的各种因素（如采购批量、供应商的选择、交货方式、材料质量、运输工具等）一般都是由采购部门控制并受其决策的影响。当然，有些因素是采购部门无法控制的。例如，通货膨胀因素的影响、国家对原材料价格的调整等。因此，对材料价格差异，一定要做进一步的分析研究，查明产生差异的真正原因，分清各部门的经营责任，只有在科学分析的基础上，才能进行有效的控制。

影响材料用量的因素也是多种多样的，包括生产工人的技术熟练程度和对工作的责任感、材料的质量、生产设备的状况等。一般来说，用量超过标准大多是工人粗心大意、缺乏培训或技术素质较低等原因造成的，应由生产部门负责，但用量差异有时也可能是其他部门的原因所造成的。例如，采购部门购入了低质量的材料，导致生产部门用料过多，由此而产生的材料用量差异应由采购部门负责；再如，由于设备管理部门的问题，生产设备不能完全发挥其生产能力，造成材料用量差异，则应由设备管理部门负责。找出和分析造成差异的原因是进行有效控制的基础。

由此可见，标准成本体系通过事前制定标准成本，对各种资源消耗和费用开支规定数量界限，可以在事前限制各种消耗和费用的发生；在成本形成过程中，按标准成本控制支出，可以随时显示节约还是浪费，及时发现超过标准成本的消耗，便于企业迅速采取措施，纠正偏差，达到降低成本的目的；产品成本形成后，通过实际成本与标准成本相比较，并对标准成本和成本差异分别进行核算，便于本期成本差异的分析和控制，帮助企业进行定期分析和考核，及时总结经验，为未来降低成本找到途径，所以，标准成本法是成本核算与成本控制相结合的方法。

标准成本法产生于机械化大生产的时代，采用标准成本法的前提和关键是标准成本的制定。标准成本在一个固定时期内应保持相对稳定，通常在企业的组织机构、外部市场、产品品种和生产规模等发生较大变化时，才有必要进行修订。所以，标准成本法通常适用大批量稳定生产的企业或产品，因为这种类型的企业或产品最适合标准成本的建立和执行，从而通过提高效率来降低成本。

任务二　作业成本法

能力目标

能够掌握作业成本法的应用。

知识目标

了解作业成本法的基本原理和基本方法。

思政目标

培养严谨公正的工作态度；
培养遵章守职、执纪严明的工作思维。

岗课赛证融合

对应岗位	前厅管理岗、客房管理岗、餐饮管理岗、物资管理岗、财务管理岗
对应证书技能	《现代酒店服务质量管理职业技能等级标准》高级证书 服务策划——主题客房策划 服务策划——主题餐饮策划 新媒体营销领域——新媒体运营
对应赛项要求	全国职业院校技能大赛高职组"餐厅服务"赛项 中餐服务——模块 A——主题宴会设计——宴会设计成本及实际成本控制 西餐服务——模块 C——鸡尾酒调制与服务——配方成本及实际成本控制

一、作业成本法的定义

作业成本法是指把企业消耗的资源按资源动因分配到作业，并把作业收集的成本按作业动因分配到成本对象的成本核算与管理方法。作业成本核算的基础是"成本驱动因素"理论：生产导致作业的发生，作业消耗资源并导致成本的发生，产品消耗作业。由此可见，作业成本的实质就是在资源耗费和产品耗费之间借助作业来分离、归纳、组合，然后形成各种产品成本及不同管理成本，是一种融成本计算与成本管理为一体的管理方法。

二、作业成本法的目标

作业成本法改革了制造费用的分配方法，并使产品成本和期间成本趋于一致，大大提高了成本信息的真实性和有用性。作业成本法以更加符合现实、结果也更加精确的成本分解替代了简单的成本分配。作业成本法有四个目标：

（1）区分增值作业和不增值作业，消除不增值作业成本并使低增值作业成本达到最小。

（2）引入效率与效果，使低增值作业成本向高增值作业成本转换，从而使经营过程中展开的增值活动衔接流畅，以改善产出。

（3）发现造成问题的根源并加以改正。
（4）根除由不合理的假设与错误的成本分配造成的扭曲。

作业成本法将企业作为一个职能价值链来看待，这个职能价值链由研发、产品、服务或生产过程的设计、生产、营销、配送、客户服务等一系列企业职能组成，企业通过这些职能逐步使其产品或劳务具有有用性。作业成本法认为"不同目的下有不同的成本"，产品成本只是特定目的下分配给一项产品的成本总和。

三、作业成本法下的成本计算程序

作业成本法可以归纳为"作业消耗资源，产品消耗作业"。因此，作业成本计算的基本程序就是要把资源耗费价值予以分解并分配给作业，再将各作业汇集的价值分配给最终产品或服务。这一过程可以分为三个步骤。

（1）确认作业中心，将资源耗费价值归集到各作业中心。

这一步骤只是价值归集的过程。在作业成本法下，价值归集的方向受两方面的限制：一是资源种类；二是作业中心种类。在实务操作中，对某制造中心的每一作业中心都按资源类别设立资源库，把该制造中心所耗资源价值归集到各资源库。例如圆珠笔生产制造中心，分别对制芯和制壳这两个作业中心设立材料费、动力费、折旧费、办公费等资源库，这样，就可以从资源耗费的最初形态上把握各种资源归集到各作业中心的状况。

（2）确认作业，将作业中心资源价值汇集的各资源耗费价值予以分解并分配各作业成本库。

在此应注意以下几点：

1）成本动因的选择不必求全，但应该找到最重要的、与主要成本花费相关的关键因子。试图找出与所有成本耗用都相关的成本动因往往是不可能的，因为在一个独立的作业中不可能所有的耗费都与同一个成本动因成正比。正确的做法是先选出相对独立的、对产品的形成影响较大的主要作业，然后确定作业中与主要的成本消耗相关性较大的成本动因。

2）成本的选择采用多元化的方法并注意与传统成本核算系统相结合。事实上，作业成本法与传统成本法并不是相互对立的，它是在解决传统成本法存在问题的基础上对传统成本法的发展，往往有助于提高成本核算的准确性和合理性。

3）作业分类的确认。确认作业的理论依据是作业特性，实务依据则是作业贡献于产品的方式和原因，即作业动因。据此，可以把作业分为三大类：

①不增值作业。把那些企业希望消除且能够消除的作业认定为不增值作业。

②专属作业。把为某种特定产品提供专门服务的作业认定为专属作业。专属作业成本库成本直接结转计入该特定产品的生产成本。

③共同消耗作业。共同消耗作业是为多种产品生产提供服务的作业。共同消耗作业又可按其为产品服务的方式和原因分为如下小类：

a. 批别动因作业。批别动因作业是指服务于每批产品并使每一批产品都受益的作业，如分批获取订单的订单作业、分批送运原材料或产品的搬运作业等。

b. 产品数量动因作业。产品数量动因作业是指使每种产品的每个单位都受益的作业，如包装作业等，每件产品都均衡地受益。

c. 工时动因作业。工时动因作业是指资源耗费与工时成比例变动的作业，每种产品按其所耗工时吸纳作业成本，如机加工作业等。

d. 价值管理作业。价值管理作业是指那些负责综合管理工作的部门作业，如作业中心总部作为一项作业就是价值管理作业。

4）设置资源库、归集资源消耗价值。为每一项作业设立一个成本库，该成本计算步骤就演化为如何将资源库价值结转到作业库这一具体分配问题。解决这一分配问题，要贯彻作业成本计算的基本规则：作业量的多少决定着资源的耗用量，资源耗用量的高低与最终的产出量没有直接关系。专家把这种资源量与作业量的关系描述为资源动因（Resource Driver）。所谓资源动因，通俗地讲，就是资源被各作业消耗的方式和原因。资源动因反映了作业对资源的消耗状况，因而是把资源户价值分解到各作业户的依据。确立资源动因的原则：第一，某一项资源耗费能直观地确定为某一特定产品所消耗，则直接计入该特定产品成本，此时资源动因也是作业动因，该动因可以认为是"终结耗费"，材料费往往适用该原则；第二，如果某项资源耗费可以从发生领域划定为各作业所耗，则可以直接计入各作业成本库，此时资源动因可以认为是"作业专属耗费"，各作业发生的办公费适用这种原则，各作业按实付工资额核定应负担工资费时也适用这一原则；第三，如果某项资源耗费从最初消耗上呈混合耗费形态，则需要选择合适的量化依据将资源分解并分配到各作业，这个量化依据就是资源动因，如动力费一般按各作业实用电力度数分配等。

在成本分配过程中，各资源库价值要根据资源动因逐项分配到各作业。这样，我们可以为每个作业库按资源类别设立作业资源要素，将每个作业库各作业资源要素价值相加就形成了作业成本库价值。

（3）将作业成本库价值分配计入最终产品成本计算单。在每一张成本计算单中，还应按该产品生产所涉及的作业种类开立作业成本项目。这样，该成本计算步骤就是要把各作业成本库的价值结转到各产品成本计算单上，这一步骤反映的作业成本计算规则：产出量的多少决定作业的耗用量。专家将这种作业消耗量与产出量之间的关系描述为作业动因。所谓作业动因，是指各作业被最终产品或服务消耗的方式和原因。

总而言之，作业动因是将作业库成本分配到产品或服务的标准，也是将作业耗费与最终产出相沟通的中介。既然作业是依据作业动因确认的，就每一项作业而言，其动因也就已经确立，成本计算在这一步骤并无障碍。如订单作业是一种批别动因作业，我们只需将该作业成本除以当期订单份数即可得到分配率；将此分配率乘以某批产品所用订单份数即可得到应计入该批产品成本计算单"订单"这个成本项目的价值。

在把作业库成本计入各产品成本计算单以后，如何得出完工产品成本就是一个简单的问题了。如果把作业成本法应用于财务会计，则在期末有必要在完工产品与在产品之间分配成本，如果认为作业成本法只是一种管理会计手段，则用产品成本计算单追踪到产品全面完工即可。

数说文旅这十年——全国星级饭店结构进一步优化

测试题

一、概念题

1. 本量利分析。
2. 边际贡献。
3. 变动成本率。
4. 保本点销售率。
5. 安全边际。

6. 利润敏感性分析。

二、填空题

1. 本量利分析的假设条件有（　　　）、（　　　）、（　　　）、（　　　）。
2. "单价－单位变动成本"表示的是（　　　　　　　　）。
3. 保本销售量的公式是（　　　　　　　　）。
4. 利润为零的公式是（　　　　　　　　）。
5. 保本点销售量占现有销售量的百分比的含义是（　　　　　　　　）。
6. 安全边际是指（　　　　　　　　）。

三、判断题（下面的表述是否正确，正确的打"√"，错误的打"×"。）

1. 本量利分析为：收入＝成本＋利润＋税收。（　　）
2. 销售收入总额－变动成本总额＝单位边际贡献×销售量。（　　）
3. （边际贡献总额÷销售收入总额）×100%＝（单位边际贡献÷单价）×100%。（　　）
4. （变动成本总额÷销售收入总额）×100%＝（单位变动成本÷单价）×100%。（　　）

四、选择题

1. 表示边际贡献率与变动成本率关系的是（　　）。
   A. 边际贡献率＋变动成本率＝1
   B. 边际贡献率＝1－变动成本率
   C. 变动成本率＝1－边际贡献率
   D. 变动成本率＝（变动成本总额÷销售收入总额）×100%
2. 以平均每餐10元的价格售出了5 000份餐食，每餐平均变动成本为5元，如果保本，固定成本应是（　　）。
   A. 25 000元　　　B. 20 000元　　　C. 5 000　　　D. 无法确定
3. 某小型旅馆每间客房平均价格为50元，每间售出客房的变动成本为10元，当月固定成本为20 000元，该月保本点销售量是（　　）。
   A. 200间客房　　　B. 400间客房　　　C. 500间客房　　　D. 无法确定
4. 某餐馆平均每餐售价10元，平均变动成本为5元，3月份预计固定成本为20 000元，预计售出5 000份餐食，该月净利润是（　　）元。
   A. 30 000　　　B. 25 000　　　C. 5 000　　　D. 10 000

五、简述题

1. 本量利分析的基本假设是什么？
2. 在本量利分析中，如果价格、单位变动成本、固定成本中有两项不变，其中一项变化，相应的保本点和保利点会发生什么变化？

六、计算题

1. 某旅馆有客房50间，客房平均房价为30元，每月固定成本为20 000元，每售出一间客房的变动成本为10元，请分别计算下列数据：
   如果收入为450 000元，收入和客房销售量上的安全边际是多少？
   如果要获得100 000元的税前利润，必须售出多少间客房？
2. 某饭店5月份，以平均房价200元售出4 000间客房，6月份平均房价提高到230元，售出客房3 700间，该饭店需求的价格弹性是多少？假设该饭店6月份需求弹性为0.58，如果7月份平均房价提高至250元，7月份销售量应该是多少？

第四部分

决策篇

学习情境九 经营预测

问题：
1. 经营中为什么要进行预测？
2. 怎样利用前期经营数据对未来经营做出预测？
3. 对未来经营预测的方法有哪些？

导读：

东方饭店在 20×1 年的经营中，全年实现营业收入 980 万元，总成本 828.25 万元中包括直接成本、直接费用和间接费用；税前利润 151.75 万元。第二年的经营将是一种什么状况呢？饭店管理层要根据整个行业状况、竞争对手所采用的措施，以及整体经济形势和本饭店历年经营成果等，对次年的经营做出预测，根据预测，采取措施，保证获得预期经营成果。

管理层应该怎样进行预测？

任务一 认知预测

能力目标

能够预测数据的类型；
能够正确运用预测数据的方法。

知识目标

理解预测及经营预测的含义；
理解预测的作用；
掌握预测数据的类型和主要预测方法。

思政目标

培养学生具有经济思维、政策敏感素质，形成社会责任感；
培养学生辩证思维和整体思维意识。

岗课赛证融合

对应岗位	前厅管理岗、客房管理岗、餐饮管理岗、市场营销岗、财务管理岗
对应证书技能	《现代酒店服务质量管理职业技能等级标准》中级证书 督导与培训领域——全员销售技巧培训
	《现代酒店服务质量管理职业技能等级标准》高级证书 新媒体营销领域——数据分析技能
对应赛项技能	全国职业院校技能大赛高职组"餐厅服务"赛项 中餐服务——模块 B——宴会服务 西餐服务——模块 D——休闲餐厅服务 职业院校技能大赛"客房服务"赛项 客房服务——客房产品营销

预测是管理的必需内容，也是管理人员的必要职责。作为饭店经营管理人员，早餐结束就要预知午餐和晚餐的经营；今天就要预知明天的工作，乃至下周、下一个月、明年等与经营有关的一切事情。掌握预测的知识和方法，形成有效预测能力，是饭店管理人员的基本要求之一。

一、预测的含义与作用

（一）预测的含义

预测（Forecasting），就是对未来事件进行计算和预知的活动，如对一天、一周、一月乃至几年后的事件，经过计算而预知。

经营预测（Operating Forecasting），就是对未来经营事件进行计算和预知。计算，主要是对过去各经营周期所形成的经营结果，进行连续分析和计算，从中找出各结果之间相互关系、因果联系等规律。如根据前一阶段每天晚餐客流量、菜单项目的销售情况，对当天晚餐经营情况做出的判断，对晚餐员工的上岗数量、岗位安排、采购品种及数量等相关问题做出合理安排；根据上个月的经营结果，对本月经营有关问题做出判断，对经营结果做出预测等。

（二）预测的作用

（1）预测是客观存在的。无意识的、不自觉的预测称为隐性预测，隐性预测往往让经营者忙于应付；有意识、自觉的预测称为显性预测，显性预测会使经营者有条不紊。"预"则立，不"预"则废。没有远虑，必有近忧，"远虑"就是预测。

（2）预测是决策和预算的依据。决策是对未来行为的决定，是建立在现在基础上的，预测则是现在与未来的桥梁。预测是以现在和过去的总结为基础，并对未来可能性做出判断；决策是对预测结果的选择和决定。预测如果不准确，决策就会出问题。

（3）预测是计划的重要内容。如果预测下月客房出租率可能下降，管理者就要想办法，包括改变现有销售方法，避免客房销售量的减少；如果根据人民银行公布的降低存贷款利率和国家统计局公布的居民消费指数的提高，做出了物价可能提高的预测，就要适当修改原来采购成本计划和客房、餐饮价格计划了。

（4）降低成本和提高效率。如果我们能预测晚餐就餐人数有400人次，就可以安排10名员工而不需要15名，节约了5名人工成本，如果能预测晚餐主要食品项目及数量，我们就可以计划采购，减少库存成本；如果能够预测到客人到店的大体时间，就会腾出时间去做其他事情而提高工作效率。

二、预测的性质

（一）预测的目的是对未来发展趋势的判断

经营者经常对客房出租率、餐饮销售量、成本、市场需求的预测，都是对未来经营发展趋势做出的判断，据此做出经营计划。预测的准确度和计划可行性程度，取决于预测所采用的数据和方法，更取决于预测期的长短，一般说来，预测期越短，准确率就越高。预测一周趋势的准确率要高于一年期的预测。因此，要使一年以内的短期预测，一年以上的中期预测和三年以上的长期预测，交替进行，环环相扣，紧密相连。

（二）预测的基础是历史数据

任何现实都是历史延续的结果，任何现实终会成为历史，并演变为未来。过去经营活动影响着现实，也露出未来经营的端倪。预测未来的经营，平时就要尽量多地保留和收集各项经营数据和信息，哪怕当时看来无用的数据和信息。如一位客人不经意地点了某道菜，饭店除了增加了相关收入，没有留下任何信息，就使饭店失去了一项重要的市场需求信息。在预测中使用历史信息和数据时，要尽量使用具有普遍意义、与现实和未来有因果关系的信息，如在上个经营周期中接待了几个团队客户，使客房出租率和餐饮销售额有了较大提高，在做下一经营周期预测时，就不能过多地考虑这一历史数据了。

（三）预测具有不确定性

预测的内容是对未来发展趋势的判断，决定未来发展的因素不仅多，而且复杂多变，使预测具有了不确定性。这种不确定性并不影响预测的必要性，假如因为预测的不确定性就不对下一年度的经营做出预测，那么，下一年的经营就会在模糊中进行，价格、销售量、利润等决定饭店命运的各项指标只能跟着感觉走，这是不可想象的。正因为预测的不确定性，才要求预测者要更多地收集信息和相关数据，采用科学方法，以认真负责的态度进行预测。

（四）预测具有选择性

预测是对未来发展趋势的判断。经营在未来的发展过程中，受各种因素影响，与预期相比可能发生某些变化，这些变化在预测时有的预料到了，有的没有预料到，预料到了比没有预料到的预测质量要高，也可能预料到了而没有发生，这一切要求做预测时，对未来的发展不能只有一种判断而无选择，至少要两个或几个判断供决策时选择，当然过多的判断和选择就不是预测了。

三、预测数据类型和预测方法

预测是在历史数据及其他信息基础上对未来做出判断的过程，不同的数据类型要使用不同的预测方法，因此在预测中，选择数据类型和预测方法是十分重要的。

（一）预测数据的类型

1. 趋势型

趋势型数据反映的是长期经营活动的数据，一般用来作为长期的或若干年经营活动的预测，反映了经营活动总的方向。如果用图形表示，应该是朝着某个方向的一条直线。如过去5年，饭店经营主要指标都是稳定上升的，应用这5年经营指标的数据对未来几年经营做出预测，就是趋势型数据。

2. 周期型

周期型数据反映的是一年及以上经营活动的数据，这些数据呈现出周期性变化，一般用来预测一年以上的经营状况。如果用图形表示，则是一条在趋势线附近移动的频率较慢的曲线。例如，在3年或更长的时间内，饭店各项经营指标的变化总体是提高的，但在某些年份或时期有所下降，反映这种趋势的数据就是周期型数据。例如，从20世纪80年代开始，我国星级饭店发展就体现了周期性发展的特点：总体上发展很快，期间有几次下降，如1989年至1991年的下降，然后迅速上升；1997年受亚洲金融危机影响，开始下降，到2001年的上升；2003年开始下降，至2004年上升；2012年高档饭店经营下降，至2015年各饭店调整经营策略，又开始逐步上升。2020年各饭店经营发展有所收缩，又开始下降。

3. 季节型

季节型数据是指那些变动频率较快，随着事件、月份、季节变化而使经营发生变化的数据。如在沈阳饭店市场，每年的3月至4月和10月下旬至12月中旬是客房出租率较低的时期，每年的4月至5月和9月至10月则是餐饮的旺季。

4. 随机型

随机型数据是指那些不固定、无法预测、没有规律、随机出现的经营数据。在上述三种类型数据中都可能出现随机型数据，这些随机型数据增加了预测的不确定性。比如，由于接待一个国外旅行团，预留了40间客房而无法接待临时散客，但当天由于天气原因，旅行团取消了入住，使饭店损失了40间客房的一天收入。

图9-1展示了预测数据的类型。

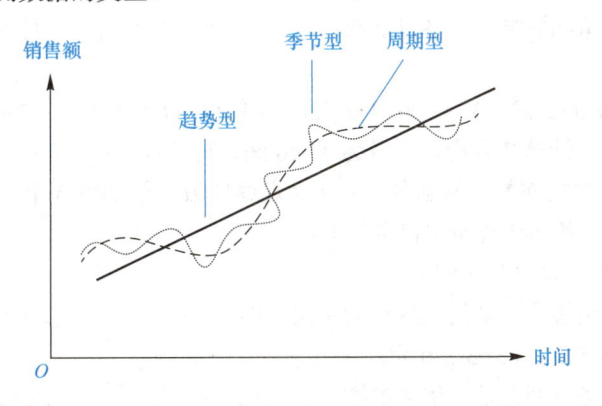

图9-1 预测数据的类型

注：图9-1摘自《饭店业管理会计》（第四版）[美]雷蒙德·S.斯米盖尔著，徐虹，译，中国旅游出版社，2002年9月。

（二）预测方法

1．预测方法的分类

预测分析方法概括为两大类：一是定性预测分析；二是定量预测分析。

定性预测分析法（Quantitative Analysis）又称非数量分析法，是指由人的主观判断，对未来事物发展趋势做出预计的方法。

定量分析法又称数量分析法（Qualitative Analysis），是根据预测对象变动规律及各因素之间的相互联系建立起来的数据模型进行预测的方法，定量分析法包括趋势预测法和因果预测法。

趋势预测法（Trend Forecast）又称时间序列法，这种方法假设"过去怎样将来仍然怎样"，因此更适用短期预测。趋势预测法具体包括算术平均法、加权平均法、移动平均法、趋势平均法和指数平滑法。

因果预测法（Casual Forecasting Methods）是假设某一变量是其他变量的函数，依此建立预测模型进行预测的方法。主要包括回归分析法和计量经济法。回归分析法包括一元线性回归、多元线性回归和非线性回归。

这里我们主要分析定量分析法中的趋势预测法。

2．预测方法计算

【例 9-1】牡丹饭店 20×2 年上半年客房销售量见表 9-1。

表 9-1　牡丹饭店 20×2 年上半年客房销售统计表

20×2 年	1月	2月	3月	4月	5月	6月	7月预测值
销售量／间	2 790	2 320	2 790	3 000	3 720	3 900	

根据表 9-1 数据，请按不同方法预测 20×2 年 7 月份销售量。

（1）用算术平均法计算 7 月份销售量为 3 086 间，计算如下：

预计数量 = 各期数量之和 ÷ 期数

（2 790+2 320+2 790+3 000+3 720+3 900）÷6=3 086（间）

（2）用加权平均法计算 7 月份销售量为 3 346 间，计算如下：

预计数量 =（∑各期数量×权数）÷∑权数

根据季节对销售量的影响，给各月加权：1月权数为2、2月为1、3月为3、4月为4、5月为5、6月为6，计算如下：

（2 790×2+2 320×1+2 790×3+3 000×4+3 720×5+3 900×6）÷（1+2+3+4+5+6）=3 346（间）

（3）用移动平均法计算 7 月份销售量为 3 540 间，计算如下：

预测值 = 前 n 个观察期的实际数值 /n；n 为观察期数，假如以 3 个月为一个时期，又以最近一个时期为参照值，预测 7 月份销售量如下：

（3 000+3 720+3 900）÷3=3 540；

如果计算 8 月份销售量，则需向后移动一次，即

（3 720+3 900+3 540）÷3=3 720 元；

预测 8 月份以后各月销售量，依次类推。

假如不是以 3 个月为一个时期，而是以 6 个月为一个时期，则 7 月份销售量预测值计算如下：

（2 790+2 320+2 790+3 000+3 720+3 900）÷6=3 086（间）

（4）用趋势平均法预测 7 月份销售量为 4 008 间，计算见表 9-2：

表 9-2 趋势平均法预测 7 月份销售量

20×2 年	实际销售量	三期销售平均值	变动趋势	二期趋势平均值
1 月	2 790			
2 月	2 320			
3 月	2 790	2 633	70	0
4 月	3 000	2 703	467	269
5 月	3 720	3 170	370	419
6 月	3 900	3 540		
7 月	4 008 间（预测量）			

在表 9-2 中，1-6 月份实际销售量三期一移动，求出各移动期的平均值，如第一期移动值为 2 633，即（2 790+2 320+2 790）/3，第二期移动值为 2 703，即（2 320+2 790+3 000）/3；然后用后一移动期平均值减前一移动期的平均值，如变动趋势 70 为 2 703-2 633 所得；再按二期一移动，求出变动趋势值的平均值，如二期趋势平均值 269 为（70+467）/2 所得。现在，要预测出 7 月份销售量。按离预测期最近的趋势平均值的对应月份，即 5 月份作为基期。5 月份平均销售量为 3 170 间，5 月份距 7 月份相距 2 个月，4-5 月份平均每个月增长 419 间，所以，7 月份销售量预测值为

$$3\ 170+419\times 2=4\ 008（间）$$

（5）用指数平滑法预测 7 月份销售量为 3 659 间，计算如下：

平滑系数 $a=2/(n+1)$
　　　　　$=2/(2+1)=0.67$ 或：

平滑系数 =（第二期的预测值 – 第一期的预测值）÷（第一期的实际值 – 第一期的预测值）
　　　　　=（3 540-3 170）÷（3 720-3 170）
　　　　　=370÷550
　　　　　=0.67

预测值 = 上期预测值 + 平滑系数 ×（上期实际值 – 上期预测值）
　　　　　=（2 790+3 000+3 720）÷3+0.67×（3 900-3 170）
　　　　　=3 170+489
　　　　　=3 659

牡丹饭店 20×2 年 7 月份销售量预测汇总，见表 9-3。

表 9-3 牡丹饭店 20×2 年 7 月份销售预测汇总

20×2 年	1 月	2 月	3 月	4 月	5 月	6 月	7 月
销售量 / 间	2 790	2 320	2 790	3 000	3 720	3 900	预测值
算术平均法							3 086 间
加权平均法							3 346 间
移动平均法							3 540 间
指数平滑法							3 659 间
趋势平均法预测							4 008 间

（三）各种预测方法的关系

（1）算术平均法是以以往若干期数值的算术平均值作为预测值。算术平均法认为，各期观测值对于预测值的影响是相同的。

（2）加权平均法是以以往若干期数值的加权平均数作为预测值。这种方法认为，各期观测值对于预测值的影响是不同的，应根据观测值对预测值影响程度的大小，相应地赋予观测值权数的大小。因此，加权平均法是对算术平均法的修订。

（3）移动平均法是把过去若干期的实际数值分段计算算术平均值，并以最后一个移动期的算术平均数作为预测值。这种方法认为，距离预测值越近的观测值，对预测值的影响越大。可以说移动平均法也是对算术平均法的修订。

（4）趋势平均法是假定未来的数值是与相接近时期的实际数值的直接继续，而同远期的数值关系较小。这种方法充分考虑了数值在最近期的变动趋势，预测结果比较准确。与移动平均法相比，趋势平均法增加了对观测期的近期变动趋势分析，因此，可以看成对移动平均法的修订。

（5）指数平滑法是利用平滑系数（加权因子）对过去不同期间的实际数值进行加权计算，以显示远、近期实际数值对预测值影响不同的预测方法。趋势平均法注重了观察期近期变化趋势对预测期的影响，指数平滑法同时注重了观察期的远、近期对预测期的影响，因此它是对趋势平均法的改进。

任务二　饭店经营预测

能力目标

能够根据本企业实际编制销售量、用工量、部门经营预测表。

知识目标

理解经营预测的含义和作用。

思政目标

培养学生具有经济思维、政策敏感素质，形成社会责任感；
培养学生辩证思维和整体思维意识。

一、楼面经理对用工数量预测

一般饭店尤其是社会餐馆，比较头疼的事是用工量不好把握，业务量大时人手不够，业务量小时人员浪费，如果用预测方法，确定一定销售量下每小时各岗位及用工数量，或许能解决这一问题。以虚拟的滨海餐馆为例。

（1）小时销售量统计表。海滨餐馆经理使用"小时销售统计表"（表9-4）对当天各餐每小时销售量进行统计。

表 9-4　第 × 周小时销售统计表　　　　　　　　　　　　　　　　　　月份：

周	日	早餐			午餐				晚餐						促销费	销售额
		6—7	7—8	8—9	10—11	11—12	12—13	13—14	17—18	18—19	19—20	20—21	21—22	22—23		
第一周																
	小计															
第二周																
	小计															

（2）在统计各周每天每小时销售额时，相对应地统计每日每小时人员工作单，见表 9-5。

表 9-5　每日每小时人员工作统计表

第　　周　　月　　日

餐别			早餐			午餐				晚餐						销售额/小时
营业时间			6—7	7—8	8—9	10—11	11—12	12—13	13—14	17—18	18—19	19—20	20—21	21—22	22—23	
销售额																
岗位	上岗	离岗	6—7	7—8	8—9	10—11	11—12	12—13	13—14	17—18	18—19	19—20	20—21	21—22	22—23	
后厨																
服务员																
迎宾员																
收银员																
洗碗工																
车辆摆放																
酒水员																
主管																
楼面经理																
店长																
—																

（3）对上述两个表格连续统计三周（不一定是三周）后，选择一种预测方法对第四周销售额和对应的用工数量做出预测，并列出"用工计划表"，见表9-6。

表9-6　第四周用工计划表

排序	1	2	3	4	5	6	7	8	9	10	11	12	13
预期销售额/元	0—60	61—100	101—139	140—179	180—219	220—259	260—299	300—339	340—379	380—419	420—459	460—499	500—539
后厨	0	1	1	1	1	1	2	2	2	2	2	3	3
服务员	1	1	2	2	2	3	3	3	3	4	4	4	4
迎宾员	0	0	0	1	1	1	1	1	1	1	2	2	2
收银员	0	0	1	1	1	1	1	1	1	1	1	1	1
洗碗工	0	0	0	0	0	0	0	1	1	1	1	1	1
酒水员	0	0	0	0	1	1	1	1	1	1	1	1	1
主管	1	1	1	1	1	1	1	1	1	1	1	1	1
楼面经理	0	0	0	0	0	0	0	0	1	1	1	1	1
店长	0	0	0	0	0	0	0	0	0	0	0	0	1
总计	2	3	5	6	7	8	9	10	11	12	13	14	15

假如预测某日晚餐17：00—18：00点的营业额为449元，在用工计划表的第11栏中找出各岗位用工人数：后厨2人、服务员4人、迎宾员2人、收银员1人、洗碗工1人、酒水员1人、主管1人、楼面经理1人，共计13人。

二、餐饮经理对餐饮经营的预测

餐饮经理每周、每月都要对经营做出预测，预测的内容包括销售额、成本、毛利、人工成本和直接费用等。预测的基础工作是每天用填写相关表格的办法，记录和统计经营中相关数据，阶段累计，按照这些积累的过去数据，对未来经营做出预测。下面给出了餐饮经营预测的两张表格样本，分别见表9-7和表9-8。

表9-7　饭店经营记录和统计表

年　月　日

1	2	3	4=3÷5	5	6=5÷3	7=3-5	8=7÷3	9	10=9÷3	11	12=11÷3	13=7-9-11	14=13÷11
菜肴	日	销售额/元	占比/%	成本额/元	成本率/%	毛利额/元	毛利率/%	人工成本/元	占销售比/%	直接费用/元	占销售额/%	盈利或亏损/元	利润率/%
	1												
	2												
	3												
	4												

续表

菜肴	日	销售额/元	占比/%	成本额/元	成本率/%	毛利额/元	毛利率/%	人工成本/元	占销售比/%	直接费用/元	占销售额/%	盈利或亏损/元	利润率/%
	5												
	6												
	7												
	8												
	9												
	10												
小计	—												
	20												
小计	—												
	31												
小计													
合计		15											

每天营业结束后,要填写表 9-7,每 10 天汇总一次,每月做合计,对本月做出统计分析。经过几个月的数据的积累,即可对下个月经营做出预测。各月经营预测表见表 9-8。

表 9-8 经营预测表

项目	1月	2月	3月	4月	5月	6月	7月（预测值）
1. 销售额							
现金							
赊销							
小计							
2. 产品成本							
肉类							
禽蛋类							
水产品类							
蔬菜类							
奶类							
主食类							
酒水类							
其他							
小计							
3. 直接费用							

续表

项目	1月	2月	3月	4月	5月	6月	7月（预测值）
人工成本							
能源费							
洗涤费							
服装费							
物料消耗							
低值易耗							
办公费							
维修费							
交通费							
差旅费							
其他							
小计							
毛利							

小结

预测，就是对未来事件进行计算和预知的活动。如对一天、一周、一月乃至几年后事件，经过计算而预知。

经营预测，就是对未来经营事件进行计算和预知。

预测是决策和预算的依据；预测是计划的重要内容；预测可以降低成本和提高效率。预测的目的是对未来发展趋势的判断；预测的基础是历史数据；预测具有不确定性；预测具有选择性。

预测数据的类型包括趋势型、周期型、季节型、随机型。预测的分析方法概括为两大类，一是定性预测分析，二是定量预测分析。

定性预测分析法又称非数量分析法，是指由人的主观判断，对未来事物发展趋势做出预测的方法。定性预测方法包括市场调研法，它是从顾客、潜在顾客、销售人员收集预测信息的方法；经理意见审查法，它是从各部门和有关经理联合预测中做出整体预测的方法；专家会议法，它是召集有关专家，通过各种形式会议进行预测的方法；德尔菲法（专家调查法），它是采用书面方式，各专家背靠背提出各种预测意见，最后综合专家意见的方法。

定量分析法又称数量分析法，是根据预测对象变动规律及各因素之间的相互联系建立起来的数据模型进行预测的方法。定量分析法包括趋势预测法和因果预测法。

趋势预测法又称时间序列法，这种方法假设"过去怎样将来仍然怎样"，因此更适用短期预测。趋势预测法具体包括算术平均法、加权平均法、移动平均法和趋势平均法。

趋势预测法中的算术平均法是以以往若干期数值的算术平均值，作为预测值；算术平均法认为，各观测期对预测值的影响是相同的；加权平均法是以以往若干期数值的加权平均数作为预测值，这种方法认为，各期观测值对于预测值的影响是不同的，应根据观测值对预测值影响程度的大小，相应地赋予观测值权数的大小。因此，加权平均法是对算术平均法的修订；移动平均法是把过去若干期的实际数值分段计算算术平均值,并以最后一个移动期的算术平均数作为预测值,这种方法认为,距离预测值越近的观测值,对预测值的影响越大。可以说移动平均法也是对算术平均法的修订;趋势平均法是假定未来的数值是与相接近时期的实际数值的直接继续,而同远期的数值关系较小,这种方法充分考虑了数值在最近期的变动趋势,预测结果比较准确,与移动平均法相比,趋势平均法增加了对观测期的近期变动趋势分析,因此,可以看成对移动平均法的修订;指数平滑法是利用平滑系数(加权因子)对过去不同期间的实际数值进行加权计算,以显示远、近期实际数值对预测值影响不同的预测方法,趋势平均法注重了观察期近期变化趋势对预测期的影响,指数平滑法同时注重了观察期的远、近期对预测期的影响,因此它是对趋势平均法的改进。

在短期预测中指数平滑法是非常有用的。

测试题

一、概念题

1. 预测。
2. 经营预测;趋势型数据;周期型数据;随机型数据。
3. 定性预测分析法;定量预测分析法;趋势预测法;因果预测法。
4. 算术平均法;加权平均法。
5. 移动平均法;指数平滑法。
6. 趋势平均法。

二、填空题

1. 预测的作用包括(   )、(   )、(   )、(   )。
2. 预测的目的是(   ),预测的基础是(   )。
3. 预测具有(   )性和(   )性。
4. 反映长期经营活动的数据是预测中的(   )数据。

三、判断(下面的表述是否正确,正确的打"√",错误的打"×"。)

1. 预测中一些不固定、无法预测、没有规律、随机出现的数据是季节性数据。(   )
2. 定性分析法是指从事物的性质出发对事物未来发展趋势做出预测的方法。(   )
3. 算术平均法假设各观测期对预测值的影响是相同的。(   )
4. 移动平均法认为,距离预测值越近的观测值,对预测值影响越大。(   )

四、选择题

1. 一个饭店在5年时间里,销售额稳定增长,这种稳定增长属于(   )。
   A. 趋势型数据   B. 周期型数据   C. 基金型数据   D. 随机型数据
2. 下列不属于定量预测法的是(   )。
   A. 回归分析法   B. 指数平滑法   C. 德尔菲法   D. 移动平均法
3. 如果观察了过去6周的营业额,发现后3周的销售额分别是14 000元、14 200元、14 400元,用移动平均法预测本周的销售额是(   )元。
   A. 14 000   B. 14 200   C. 14 400   D. 14 600
4. 某餐厅预测周六和周日午餐营业额分别为2 400元和2 500元,周六的实际营业额为2 200元,如果采用指数平滑法预测,周日使用的平滑系数应为(   )。
   A. -2.0   B. -0.5   C. 0.5   D. 2

五、简述题

1. 趋势型数据和周期性数据的区别在哪里？
2. 为什么说预测是客观存在的？
3. 在什么时候使用指数平滑法预测最有用？
4. 预测和计划的联系和区别有哪些？

六、计算题

某餐馆过去 5 周每天晚餐用餐量表 9-9，利用 5 周移动平均法预测第六周每天晚餐量。

表 9-9　某餐馆过去 5 周每天晚餐用餐量

星期	第一周	第二周	第三周	第四周	第五周	第六周
周一	448	425	431	442	465	
周二	450	430	435	450	470	
周三	445	425	440	454	465	
周四	448	435	439	448	460	
周五	565	570	568	550	545	

学习情境十　预算编制与预算控制

问题：

1. 什么是年度经营预算，为什么要进行年度经营预算？
2. 从哪里获取编制年度经营预算所需的数据？
3. 编制年度经营预算的过程和方法有哪些？
4. 谁来编制年度经营预算？
5. 怎样计算与分析客房收入、食品成本、人工成本等预算与实际的差异和原因？

导读：

东方饭店对 20×2 年的经营做出如下预测：收入 1 050 万元，直接成本 420 万元，直接费用 315 万元，间接费用 157 万元，税前利润 158 万元。这个预测结果是否可行，能否实现，还要通过预算验证和调整。

任务一　认知年度经营预算

能力目标

能够说出预算的种类；
能够通过预算掌握成本、费用可能发生的变化。

知识目标

掌握预算的含义、分类；
理解年度经营预算的意义。

思政目标

培养诚信团结、谨慎客观的职业道德修养；
培养团结协作和管理协调的能力。

岗课赛证融合

对应岗位	前厅管理岗、客房管理岗、餐饮管理岗、市场营销岗、财务管理岗
对应证书技能	《现代酒店服务质量管理职业技能等级标准》中级证书 督导与培训领域——全员销售技巧培训
	《现代酒店服务质量管理职业技能等级标准》高级证书 新媒体营销领域——数据分析技能
对应赛项技能	全国职业院校技能大赛高职组"餐厅服务"赛项 中餐服务——模块 A——主题宴会设计——预测目标销售额 西餐服务——模块 D——休闲餐厅服务——预测销售收入 职业院校技能大赛"客房服务"赛项 客房服务——客房销售预算

预测是利用过去的数据对未来一个较长时期的发展趋势做出预判，这种预判还要经过各方面的预算加以证明。因此预算既是预测的继续，也是预测的证明和修订；决策是对各种预测结果的选择，而选择的手段之一就是预算。

一、预算的含义、类型与周期

（一）预算的含义

（1）预算。预算（Budget）就是用货币为单位编制的计划。预算和计划的区别在于，计划包括目标和方法，预算则侧重于用货币单位表述的目标。

（2）经营预算。经营预算（Operating Budget）是收入、成本、费用和利润的预算。经营预算是整个饭店的预算，不仅是经营部门的预算，还包括非经营部门的预算。

（二）预算的种类

预算的种类有很多，从预算内容上可分为经营预算（Operating Budget）、现金预算（Capital Budget）、成本预算（Cost Budget）、销售预算（Sales Budget）、费用预算（Expenses Budget）、投资预算（Investment Budget）等；从预算实施的时间长短上可分为短期预算（Short-term Budget）和长期预算（Long-term Budget）。长期预算的编制适合投资预算，其他预算的编制适合短期预算。

（三）短期经营预算的周期

经营预算的周期为 1 年，称为年度经营预算。年度经营预算分解为月度经营预算，在月度经营预算基础上，形成了季度经营预算（Quarter Budget）和周经营预算（Weekly Budget），在周经营预算基础上，有些预算又细化到日经营预算。饭店短期经营预算突出"周"预算时段，这与消费者每周公休日对饭店经营影响较大有关。

二、年度经营预算的意义

（1）通过制定经营预算，可以使管理者在经营管理中有更多的方案可以选择。经营预算是各种相互关联数据的平衡，一类数据的变化必然会引起与其有关联的一类数据发生变化。在这些经营数据的平衡调整中，会派生出多种情况，每一种情况都可能形成一个新的方案，给管理者提供了更多的参考和选择。例如，目标利润的调整，相应的成本、费用、所用的人工数量都要发生变化，在这种变化调整中，就会产生相应的方案供管理者选择。

（2）经营预算为经营管理活动提供了衡量标准。任何经营活动的结果总是用一定的货币单位来表示的，衡量经营活动结果有利还是不利，标准之一就是预算标准。经营结果达到或超过正向预算指标的，或者低于负向预算指标的，就是有利的，反之，就是不利的。

（3）经营预算的编制，促进管理者更好地总结过去展望未来。任何一个经营预算都是以过去经营数据作为参考，并对未来形势做出预测的基础上产生的，客观上使管理者的视野不仅对内，还要对外；不仅回顾过去，还要展望未来，从而对未来的把握上增加了科学性，为实现预算目标增加了可能性。

（4）编制预算的过程是激励酒店各层级管理人员努力工作的过程。预算主要是对收入、费用等主要指标的预测和计划，必然涉及各个层级的管理人员。预算是否合理，决定着完成预算的程度；预算能否完成，决定着每个人的收入水平，因此，预算的编制和执行，会极大地激励员工的参与性和积极性。

（5）编制和执行预算是与各级人员建立有效沟通的渠道。预算给各级人员一个预期，他们会更关心预算的执行情况。当预算成为收入、费用等各项指标标准时，各层级人员，包括最基层的服务人员，也会主动地与其上级建立一个有效的沟通渠道，积极地参与预算的完成过程。对于经营管理中存在的问题，与顾客直接接触的基层人员更了解情况，尤其是管理人员希望了解的情况。

三、预算编制人员及数据提供

（一）预算编制人员

一般情况下，编制预算的主要责任人是饭店的财务部，还包括饭店高层管理人员。饭店高层管理人员首先提出预算整体要求，包括收入、费用、利润等；财务部在预算中向各部门提供有关预算的相关数据（Relevant Data）；各部门根据财务部提供的数据，按照饭店高层提出的预算要求做出初步预算报财务部；财务部汇总各部门预算（Departmental Budget），在此基础上进行适当的修改，形成饭店预算初稿报饭店高层。这个过程可能需要反复几次，最后由饭店总经理批准，形成饭店预算。

（二）编制预算所需要的数据

（1）饭店最高管理层根据董事会提出的财务目标提出饭店的预算目标，饭店预算目标一般要略高于董事会提出的财务目标。饭店总经理除了提出经营预算指标外，还要提出有关饭店服务质量目标、声誉目标等"软性"目标，这些目标也要尽量数据化。

（2）收入预算所需要的相关数据。经营部门是收入预算编制部门。作为饭店中层的经营部门，他们所了解的信息多限于饭店及周边，因此，饭店高层管理人员及财务部应该向各经营部门提供尽可能多、广、细的数据和信息。具体应该包括以下内容：

1）宏观上的信息。

①根据发布的消费者价格指数的变化（CPI），预测可见预期的消费者价格指数变化程度；

②市场竞争的基本预测、竞争对手的变化情况预测；

③各类消费者可能产生哪些方面的变化等。

2）微观信息。

①成本、费用可能发生的变化；

②过去三年各部门有关数据及其比较；

③饭店在下一个经营周期经营上有什么打算，原因是什么等。

为了使这些数据可用、好用，这些数据应该是具体的、有比率的。如消费者价格指数可能提高1%，综合成本可能降低2%或提高1%等。

提供的财务数据和经营数据应尽可能详细和准确。表10-1和表10-2是提供的收入信息。

表10-1　20×1—20×4年客房收入

年份	可供销售客房数/间	实际售出客房数/间	出租率/%	平均房价/元	客房收入/元	变化百分比/%
20×1	200	51 100	70	210	10 731 000	
20×2	195	51 246	72	205	10 505 430	−2.1
20×3	200	54 020	74	200	10 804 000	2.8
20×4	200	54 750	75	200	10 950 000	1.3
预算额						

注：客房收入 = 可供销售客房数 × 出租率 × 平均房价

表10-2　20×1—20×4年餐饮收入

年份	面积/m²	座位数/位	座位周转率	人均消费额/元	平方米收入额/元	销售收入/元	增减百分比/%
20×1	2 100	900	0.6（60%）	180	16 894.3	35 478 000	
20×2	2 100	900	0.8	160	20 022.9	42 048 000	18.5
20×3	2 100	900	0.7	180	19 710	41 391 000	−15.6
20×4	2 100	900	0.65	190	19 318.9	40 569 750	1.98
预算额							

注：餐饮收入 = 座位数（Numbers of Seat）× 座位周转率（Seats Turnover）× 人均消费额（Average Check）

以上数据还可以进一步细化到每个月。

根据上述数据和计算公式，参考宏观条件可能的变化情况，就可做出下一年度的经营预算。

（3）费用预算所需要的数据。

1）非固定费用数据。费用预算中非固定费用（Flexible Expenses）主要有物品成本和人工成本。

①经营部门或利润中心的变动成本。在编制预算中，经营部门计算其变动成本的方法有两种：一是利用上期成本率；二是利用上期标准。

如计算餐饮部预算中的食品成本，假如上个周期食品成本率为45%，本期食品营业计划20 000 000元，那么，本期预算中的食品成本额就用预算中的食品营业额乘以45%获得，即20 000 000×45%＝9 000 000（元）。

再如，客房部客房清扫员的工作标准是每小时清扫2间客房。假定每个月销售客房4 200间，则清扫员的劳动时间预算为2 100小时（4 200÷2），如果平均每小时工资为15元，则本期客房清扫员工资预算为31 500元（15×2 100）。再如客房部的客用品预算，假定平均每间客房客用品，即常说的牙膏、牙刷、洗发液、洗衣液等"六小件"成本为7元，那么本期客用品预算为352 800元（7元×4 200间×12个月）。

②非经营部门或服务中心的费用。在编制预算时，非经营部门费用的计算有两种方法：一是参照前期数据的方法；一是"零基预算"方法（Zero-based Budgeting）。

假如财务部上年费用为100 000元，则新年度预算在100 000元基础上考虑变化因素进行适当的调增或调减，就可制定出财务部本年度费用预算。

"零基预算"不考虑上期数据，也不调增或调减，完全从"合理"出发制定费用预算。这种方法也适合经营部门预算。

2）固定费用预算。固定费用（Fixed Expenses）一般包括折旧费、保险费、财务费用、租金等，工资也可以看作固定费用。固定费用在上一年度和下一年度不会有多大变化，因此在预算中可以完全参照上一年度数据，除非在本年度某些固定费用发生较大变化，则需要调整。

任务二　预算的编制

能力目标

能够收集和分析与利润有关的数据；
能够确定主要经营预算指标。

知识目标

掌握用利润分析表确定主要预算指标的做法；
理解弹性预算的含义，掌握编制弹性预算指标的方法。

思政目标

培养严谨踏实的工作态度；
培养具有团队协作意识和积极沟通解决问题的工作能力。

岗课赛证融合

对应岗位	前厅管理岗、客房管理岗、餐饮管理岗、市场营销岗、财务管理岗
对应证书技能	《现代酒店服务质量管理职业技能等级标准》中级证书 督导与培训领域——全员销售技巧培训
对应证书技能	《现代酒店服务质量管理职业技能等级标准》高级证书 新媒体营销领域——数据分析技能 质量体系建设领域——质量标准建设
对应赛项技能	全国职业院校技能大赛高职组"餐厅服务"赛项 中餐服务——模块 A——主题宴会设计——预测目标销售额 西餐服务——模块 D——休闲餐厅服务——预测销售收入 职业院校技能大赛"客房服务"赛项 客房服务——客房销售预算

案例导入

东方饭店是一家有着客房、餐饮和小型商场的中型饭店,共有 120 间客房、500 个餐厅座位和 80 m² 小型商场。现有主要部门为营销部(包括销售部、前厅部和客房部)、餐饮部、商场部、财务部、行政部(包括人力资源部、保安部和总经理办公室)及工程动力部。

如果我们为这样一家饭店编制预算,需要考虑哪些因素,收集哪些数据,以及怎样编制其预算呢?

一、分析经营环境、确定经营目标、收集和分析相关数据

(一)董事会对 20×4 年经营目标的提出和对经营环境的判断

20×4 年,饭店董事会确定的经营目标是营业额在 20×4 年基础上提高 10%,净利润不低于营业额的 8%。董事会与总经理共同认为,20×4 年饭店业整体竞争状态不会有大的变化;近些年培育的市场份额和消费者类型较为稳定;根据统计局公布的本地区 CPI 变化数据,20×4 年消费者价格指数预计提高 3% 左右。

(二)饭店管理层对数据的收集和分析

1. 对近几年相关数据的收集

表 10-3 是东方饭店 20×1—20×3 年内部使用的利润表。

表 10-3 东方饭店利润表

单位:万元

项目	20×1 年	20×2 年	20×3 年	备注
收入	955.70	1 051.30	1 177.50	
客房	405.70	446.30	501.00	

续表

项目	20×1年	20×2年	20×3年	备注
餐饮	500.00	550.00	614.90	
商场	50.00	55.00	61.60	
部门成本	260.70	286.80	321.14	
客房	15.70	17.27	19.30	
餐饮	200.00	220.00	246.40	
商场	45.00	49.50	55.44	
经营利润	695.00	764.5.0	856.36	
客房	390.00	429.00	521.70	
餐饮	300.00	330.00	328.50	
商场	5.00	5.50	6.16	
部门费用				
客房	62.40	70.94	79.36	
工资	29.70	35.47	40.80	
客用消耗品	18.70	20.57	23.24	
洗涤费	5.00	5.50	6.27	
通信费	5.00	5.00	4.00	
部门电费				
部门水费				
针棉织品	4.00	4.40	5.05	
餐饮	64.90	71.39	81.59	
工资	50.20	55.22	63.50	
客用消耗品	3.00	3.30	3.80	
洗涤费	3.20	3.52	4.05	
燃气费	7.50	8.25	9.24	
部门水费		0		
部门电费		0		
通信费	1.00	1.10	1.00	
商场	2.00	2.20	2.53	
工资	2.00	2.20	2.53	
部门利润	565.70	620.00	692.88	
客房	327.60	358.09	442.34	
餐饮	235.10	258.61	246.91	
商场	3.00	3.30	3.63	
公共费用	211.70	225.85	250.80	

续表

项目	20×1年	20×2年	20×3年	备注
工资	20.10	22.00	25.30	
工作餐	19.00	19.00	19.00	
办公费	2.00	2.00	2.00	
通信费	6.00	5.00	5.00	
燃煤费	25.00	27.00	31.01	
修理费	2.00	2.20	2.53	
材料费	2.00	2.20	2.53	
运输费	2.00	2.20	2.20	
广告费	6.00	4.00	2.00	
电费	50.00	55.00	63.30	
水费	12.00	13.20	15.18	
增值税	65.60	72.05	80.66	
其他费用				
营业利润	354.00	394.15	442.08	
固定费用	298.78	298.78	298.78	
折旧费	282.78	282.78	282.78	
保险费	3.50	3.50	3.50	
财产税	12.50	12.50	12.50	
税前利润	55.22	95.37	143.3	
所得税	13.80	23.80	35.80	
净利润	41.42	71.57	107.50	

2．对数据进行分析

表10-4是对表10-3的分析。

表10-4　东方饭店利润表分析

项目	20×1年	20×2年	20×3年	三年平均数
总收入	955.7	1 051.3	1 177.5	1 061.5
客房收入	405.7	446.3	501	451
售出客房数	21 900	22 776	24 528	23 068
出租率	50%	52%	55%	52.67%
平均房价	185.3	196	204.3	195.2
客房收入较前期增减	9.50%	10%	12.30%	10.06%
餐饮收入	500	550	614.9	555
座位周转率	50%	58%	60%	56%

续表

项目	20×1年	20×2年	20×3年	三年平均数
平均消费额	20 000	18 966	20 496.7	19 833
餐饮收入较前期增减百分比	8.50%	10%	12%	10.20%
商场收入	50	55	61.6	55.5
商场收入较前期增减百分比	9%	10%	12%	10.33%
客房成本率	3.90%	3.90%	3.90%	3.90%
餐饮成本率	40%	40%	40%	40%
商场成本率	90%	90%	90%	90%
经营费用	129.3	144.53	163.48	145.77
客房费用率	15.38%	15.89%	15.8	15.69%
餐饮费用率	12.98%	12.98%	13.27%	13.08%
商场费用率				
公共费用	211.7	225.85	250.8	229.36
固定部分	39.1	41	44.3	41.5
变动部分占比	14.7%	18%	17.5%	16%
固定费用	298.78	298.78	298.78	298.78
利润率	4.33%	6.80%	9.13%	6.75%

二、20×4年预算的确定

(一)确定20×4年主要经营指标的依据

表10-5是依据前三年数据分析提出的20×4年主要指标的依据。

表10-5　20×4年主要指标的确定

项目	分析结论	20×4年预算
总收入	前三年中,平均增长幅度在10%左右,因此20×4年可在20×3年基础上增加10.15%	1 297万元
客房收入	前三年中,每年增加10%~12%,平均为451万元,20×4年可在20×3年基础上增加12%	561万元
出租率	每年增加2~3个百分点,在20×3年基础上增加2个百分点	57%
平均房价	每年增加2个百分点,考虑出租率已经提高了2个百分点,在20×3年基础上增加1个百分点	225元
餐饮收入	餐饮收入前三年平均增长10%左右,为了增加市场份额,20×4年在20×3年基础上可增加9.12%	671万元
座位周转率	20×2年比20×1年增加8个百分点,20×3年比20×2年增长2个百分点,20×4年仍保持20×3年增长速度	62%

续表

项目	分析结论	20×4年预算
平均消费额	20×3年比20×2年增长8.26%，为了吸引更多消费者，20×4年平均消费额在20×3年基础上增加5.6%	21 645.2元
商场收入	前三年平均增长10.33%，估计20×4年集团购买可能下降，20×4年在20×3年基础上增长5.5%	65万元
成本	前三年平均增长率11.9%，预计20×4年受CPI增长影响，成本将有大幅上升	412.75万元
客房成本率	因为客用品市场价格没有变化，因此20×4年客房成本率仍保持在前几年水平，即3.9%	21.9万元
餐饮成本率	餐饮成本率前三年呈下降趋势，根据20×4年消费者价格指数提高3%的预测，20×4年成本率可定在50%	335.5万元
商场成本率	商场拟调整经营品种，成本率将由90%降至85%	55.25万元
毛利	根据预算总收入扣除预算成本，得到毛利	884.25万元
经营费用	—	168.95万元
客房费用率	客房费用率前三年平均近15.69%，20×4年降为15%	84.3万元
餐饮费用率	餐饮费用率前三年平均在13%左右，20×4年定为12.6%	84.65万元
商场费用率	—	0
公共费用	前三年公共费用支出年综合平均涨幅8.9%，受预测CPI上涨影响，预计20×4年增加8.5%	272万元
固定部分（工资+工作餐）	由于饭店员工编制及人员较为稳定，工作餐成为固定费用，工资中有一部分是按当年奖金，因此在固定的工资额基础上，加上了比例较小的变动费用性质的奖金。20×3年为44万元左右，20×4年预算为45万元	45万元
变动部分占公共费用比例	20×3年这部分费用占总收入的17.5%，20×4年仍保持同等水平：1 297×0.175	227万元
固定费用	因为20×4年不准备增加固定资产，该饭店采取直线折旧法，20×4年仍为298.78	298.78万元
税前利润	根据预算毛利扣除经营费用及公共费用后，得到预算税前利润	144.52万元
所得税	根据税前利润与应交所得税税率25%，得到所得税预算额	36万元
净利润率	净利润率不低于8%，1 297×0.084	109万元

（二）确定20×4年主要经营预算指标

根据表10-5，制定20×4年经营预算。表10-6是东方饭店20×4年经营预算表。

表10-6　东方饭店20×4年经营预算表

单位：万元

项目	计算	预算金额
收入	1 177.5+（1 177.5×0.15）	1 297
客房	225×120×365×57%	561.7

续表

项目	计算	预算金额
餐饮	21 645.2×500×62%	671
商场	61.6+（61.6×5.5%）	65
经营成本	21.9+335.5+55.25	412.65
客房	561.7×3.9%	21.9
餐饮	671×50%	335.5
商场	65×85%	55.25
毛利	1 297−412.65	884.35
客房	561.7−21.9	539.8
餐饮	671−335.5	335.5
商场	65−55.25	9.75
经营费用		171.4
客房	561.7×15%	84.3
工资	40.8+3.5	44.3
客用消耗品	561.7×4.6%	25.8
洗涤费	561.7×1.25%	7
通信费		1.62
部门电费		
部门水费		
针棉织品	561.7×0.01	5.62
餐饮	671×0.126	84.55
工资	63.5+1.5	65
客用消耗品	671×0.6%	4.03
洗涤费	671×0.66%	4.43
燃气费	671×0.015	10.1
部门水费		
部门电费		
通信费		1
商场		2.53
工资		2.53
经营利润	884.35−171.4	713
客房	561.7−21.9−84.3	455.5
餐饮	671−335.5−84.55	251
商场	65−55.25−2.53	7.22
公共费用		269.7

续表

项目	计算	预算金额
工资	25.3+1.2	26.5
工作餐		19
办公费		2
通信费		5
燃煤费	1 297×0.026	33.7
修理费	1 297×0.0 021	2.7
材料费	1 297×0.0 021	2.7
运输费	1 297×0.001 87	2.4
广告费		2
电费	1 297×0.053	68.7
水费	1 297×0.013	16.86
抵扣后增值税		88.2
其他费用		
营业利润		443.3
固定费用		298.78
折旧费		282.78
保险费		3.5
财产税		12.5
税前利润		144.57
所得税		36
净利润		108.57

表 10-6 经营预算是没有按月分解的经营预算，为了使经营预算在执行中得到有效控制，还应该对各月进行分解。分解时要考虑本地区季节性、饭店所处的地理位置、饭店的性质及主要客源类型等。如在沈阳，饭店的淡季一般在每年的 2、3、11 月份，分解预算指标时，这三个月收入指标一般较低。

三、弹性预算

1. 含义

所谓弹性预算（Flexible Budget），就是根据可能出现的因素变化，有针对性地定出几项预算目标，根据不同预算目标编制不同预算的办法。

在饭店预算中，直接影响饭店预算的因素主要有客房出租率、平均房价、餐饮座位周转率、餐饮平均消费额、销售价格等。

2. 作用

任何预算都是对未来预测的数字表现，必定受未来不可预料的因素变化的影响，从而影响预算的执行。为了避免和减少这些不可预料的因素变化给预算带来的影响，争取理想的经营成果，可以采取弹性预算办法。

3. 方法

在编制弹性预算时，一般是在选定的预算目标基础上，上下浮动一定比例。假设东方饭店决策层和管理层认为，影响20×4年预算的主要因素是客房出租率和餐饮餐位周转率，57%的客房出租率和62%餐饮座位周转率是可以实现的指标。那么，在编制弹性预算时，应该在57%的出租率和62%的周转率基础上上下浮动一定比例。假设出租率浮动比例分别是56%、57%和60%，座位周转率浮动比例分别是59%、62%和64%。

客房出租率和餐饮座位周转率的变化会引起收入的变化，收入的变化会引起变动成本的变化，固定成本则不会变化，净利润也会相应地发生变化。出租率的变化有可能是平均房价变化引起的，座位周转率的变化，有可能是平均消费价格变化引起的。

如果按照上述假设的弹性比例，即客房出租率浮动比例分别是56%、57%和60%，餐饮座位周转率浮动比例分别是59%、62%和64%。则在其他指标不变（平均房价、平均每桌消费额见表10-5）的情况下，客房、餐饮收入与经营成本等均发生变动，见表10-7。

表10-7 东方饭店20×4年弹性预算

单位：万元

项目	出租率56%；周转率59%	出租率57%；周转率62%	出租率60%；周转率64%
收入	1 251.30	1 297.00	1 344.30
客房	551.88	561.70	591.30
餐饮	634.25	671	688
商场	65	65	65
经营成本	393.87	412.65	422.31
客房	21.52	21.90	23.06
餐饮	317.10	335.50	344
商场	55.25	55.25	55.25
毛利	857.26	884.35	921.99
客房	530.36	539.80	568.24
餐饮	317.15	335.50	344
商场	9.75	9.75	9.75
经营费用	167.10	169	171.50
客房	81.07	81.94	84.02
工资	41.90	41.90	41.90
客用消耗品	25.40	25.80	27.20
洗涤费	6.90	7	7.39
通信费	1.62	1.62	1.62
部门电费			

续表

项目	出租率56%；周转率59%	出租率57%；周转率62%	出租率60%；周转率64%
部门水费			
针棉织品	5.52	5.62	5.91
餐饮	83.50	84.55	84.95
工资	65	65	65
客用消耗品	3.80	4.03	4.13
洗涤费	4.19	4.41	4.50
燃气费	9.51	10.10	10.32
部门水费			
部门电费			
通信费	1	1	1
商场	2.53	2.53	2.53
工资	2.53	2.53	2.53
经营利润	690.16	715.35	750.49
客房	449.29	457.86	484.22
餐饮	233.65	250.95	259.05
商场	7.22	7.22	7.22
公共费用	262.19	269.69	277.62
工资	26.50	26.50	26.50
工作餐	19	19	19
办公费	2	2	2
通信费	5	5	5
燃煤费	32.53	33.70	34.95
修理费	2.63	2.70	2.80
材料费	2.63	2.70	2.82
运输费	2.25	2.33	2.42
广告费	2	2	2
电费	66.30	68.70	71.25
水费	16.27	16.86	17.48
抵扣后增值税	85.08	88.20	91.40
其他费用			
营业利润	427.97	445.66	472.87
固定费用	298.78	298.78	298.78
折旧费	282.78	282.78	282.78

续表

项目	出租率56%；周转率59%	出租率57%；周转率62%	出租率60%；周转率64%
保险费	3.50	3.50	3.50
财产税	12.50	12.50	12.50
税前利润	129.19	146.88	174.09
所得税	32.30	36.72	43.52
净利润	96.89	110.16	130.57

净利润分别为 1 251.3 万元、1 297 万元和 1 344.3 万元，净利润率则是

出租率 56% 和周转率 59% 时的净利润率：96.89÷1 251.3×100%=0.077 4×100%=7.74%

出租率 57% 和周转率 62% 时的净利润率：110.16÷1 297×100%=0.085×100%=8.5%

出租率 60% 和周转率 64% 时的净利润率：130.57÷1 344.3×100%=0.097×100%=9.7%

假定客房出租率的变化不是因为平均房价引起的，餐饮座位周转率的变化也不是由于餐饮平均消费价格变化引起的，也就是说，出租率和周转率的变化，没有引起平均房价和平均消费价格变化。

根据弹性预算的结果，东方饭店董事会决定，东方饭店总经理要努力排除一些不可预料因素的影响，确保客房出租率 57% 和餐饮座位周转率 62%，保证完成总收入 1 297 万元和净利润 110.16 万元的经营指标；同时要努力工作，积极争取客房出租率达到 60%、餐饮座位周转率达到 64%，争取实现总收入 1 344.3 万元和净利润 130.57 万元的理想目标。

四、新饭店经营预算的编制

从东方饭店 20×4 年经营预算编制过程可以看出，东方饭店是一个开业几年的"旧"饭店。一个即将开业的新饭店，没有历史记录做参考编制经营预算，其经营预算该怎样编制呢？

（一）以新饭店立项和筹资时的可行性报告中选择有用数据

建设一个新饭店是否有利，一定要通过可行性报告分析（Feasibility Analysis）做出决策。一个可行性报告一般包括连续几年的经营预测，其中有收入、成本、费用、利润等经营指标。这些指标与我们做的经营预测指标相同或相近，可以作为新饭店经营预测的参考。之所以仅能作为参考，而不能直接运用，是因为在可行性报告中，使用这些指标的目的是证明项目是否可行和筹措资金，免不了有些主观因素而缺少客观性和准确性；可行性报告以年为周期计算，不需要对各项经营指标按月进行分解和细化，经营预测中不能完全照搬这些指标。

（二）从同行业中收集相关数据

一个已经经营了几年的饭店，比较重视收集同行业中各项标准指标，通过与同行业标准指标的比对，确定自己饭店在同行业经营中所处的位置。而一个即将营业的新饭店往往忽略了这一点。因此，一个新饭店，从其建设那天开始，未来的经营者或投资者在百忙的建设中就应该拿出一定的精力跟踪行业的发展变化，掌握行业主要经营指标标准，为未来经营做准备。

（三）根据饭店具体情况确定一些数据

同行业的标准指标只是对行业中各企业的一种引领和参考，各饭店的具体情况不同，使用这些标准指标时切忌绝对化。这些具体情况至少包括地理位置、建设标准、服务档次、市场定位、客源类型等。

（四）新饭店经营预测，具有投资密集、投资回收期长的特点

一般情况下，一个新开业的饭店，在前三年很难获利，这一点是新饭店预算必须注意的。因此，一个新饭店的预算不要过分追求利润及增长，而应将重点放在现金流量的保证上。

任务三　预算控制

能力目标

对收入、成本、人工差异进行分析；
对收入、成本、人工差异提出解决方法。

知识目标

理解有效预算控制的步骤；
掌握差异产生的原因。

思政目标

培养严谨踏实、精益求精的工作作风；
培养具有团队协作意识和积极沟通解决问题的工作能力。

岗课赛证融合

对应岗位	前厅管理岗、客房管理岗、餐饮管理岗、市场营销岗、财务管理岗
对应证书技能	《现代酒店服务质量管理职业技能等级标准》中级证书 服务交付与管控领域——餐厅仓库管理 服务交付与管控领域——酒店固定资产盘点 服务交付与管控领域——客房仓库管理
	《现代酒店服务质量管理职业技能等级标准》高级证书 新媒体营销领域——数据分析技能
对应赛项技能	全国职业院校技能大赛高职组"餐厅服务"赛项 中餐服务——模块 B——宴会服务——宴会销售预算 西餐服务——模块 D——休闲餐厅服务——餐厅销售预算 职业院校技能大赛"客房服务"赛项 客房服务——客房销售预算

预算控制是确保完成预算的重要手段，而按时对预算进行分析是预算控制的重要环节和前提。有效的预算控制需要做到：一是财务部门能够及时提供财务数据。如果每月进行预算分析，财务部门最迟要在当月规定的截止日后的2日内向有关部门提供当月经营数据，提供的数据如果不及时，就会使控制失去作用。二是年预算分解到什么时点就应该在什么时点内进行预算分析。从饭店层面上，年预算一般分解到月，每个月要进行一次预算执行情况分析。

一个有效的预算控制，要经过如下步骤：

（1）发现差异；
（2）确定重大差异；
（3）分析产生差异的原因；
（4）提出解决问题的方法。

一、发现差异

发现差异（Variance）是在实际经营结果与预算对比分析中，发现的实际与预算间的差异。有些差异是有利的，如实际经营中成本和费用比预算减少形成的差异；有些差异是不利的，如实际中出租率、收入、利润比预算减少等。

东方饭店将20×4年全年预算分解到各个月份，每个月进行一次实际经营结果与预算对比分析。每个月在对比分析时，不仅分析当月情况，还要分析累计情况，这样才能连续不断控制预算，及时发现和解决问题。表9-8是东方饭店20×4年1月份经营预算分析表。

表9-8 东方饭店预算分析表

20×4年1月 单位：万元

项目	实际与预算相比较		差异	
	预算	实际	数额	百分比/%
收入	120	115.55	（-4.45）	（-3.7）
客房	51.95	50.5	（-1.45）	（-2.79）
餐饮	62.07	59.5;	（-2.57）	（-4.14）
商场	6.01	5.55	（-0.46）	（-7.65）
经营成本	38.17	39.23	（1.07）	（2.78）
客房	2.02	1.96	-0.06	-2.97
餐饮	31.00	32.27	（1.23）	（3.96）
商场	5.1	5.0	-0.1	-1.96
经营利润	81.83	76.32	（-5.51）	（-6.7）
客房	49.93	48.54	（-1.39）	（-2.78）
餐饮	31.04	27.23	（-3.81）	（-12.27）
商场	0.9	0.55	（-0.35）	（-38.89）
经营费用	15.63	15.24	-0.39	-2.5
客房	7.58	6.36	-1.22	-16.09
工资	3.9	3.14	-0.76	-19.48

续表

项目	实际与预算相比较		差异	
	预算	实际	数额	百分比 /%
客用消耗品	2.37	2.076	−0.29	−12.4
洗涤费	0.64	0.56	−0.08	−12.5
通信费	0.14	0.13	−0.01	−3.71
部门电费				
部门水费				
针棉织品	0.52	0.46	−0.06	−11.54
餐饮	7.82	8.65	(0.83)	(10.61)
工资	6	6.01	(0.01)	(1.66)
客用消耗品	0.38	0.39	(0.01)	(2.63)
洗涤费	0.41	0.4	(0.01)	(2.44)
燃气费	0.93	1.0	(0.07)	(7.53)
部门水费				
部门电费				
通信费	0.09	0.08	−0.01	−11.11
商场	0.23	0.23	0	0
工资	0.23	0.23	0	0
营业利润	66.2	61.08	(−5.12)	(−7.70)
客房	42.35	37.24	(−5.11)	(−12)
餐饮	23.15	18.58	(−4.57)	(19.74)
商场	0.666	0.32	(−0.35)	(−52.23)
公共费用	24.5	22.96	(−1.54)	(−6.3)
工资	2.45	2.45	0	0
工作餐	1.75	1.75	0	0
办公费	0.19	0.15	−0.04	−21.05
通信费	0.46	0.45	−0.01	−2.17
燃煤费	3.12	3	−0.12	−3.8
修理费	0.05	0.02	−0.03	−60
材料费	0.05	0.03	−0.02	−40
运输费	0.22	0.15	−0.07	31.82
广告费	0.185	0	−0.185	−100
电费	6.35	5.95	−0.4	−6.3
水费	1.56	1.5	−0.06	−3.85
增值税	8.16	7.51	−0.65	−9.97
其他费用				

续表

项目	实际与预算相比较		差异	
	预算	实际	数额	百分比 /%
营业利润	41.7	38.12	-3.58	-8.59
固定费用	24.9	24.9	0	0
折旧费	23.57	23.57	0	0
保险费	0.29	0.29	0	0
财产税	1.04	1.04	0	0
税前利润	16.8	13.22	(-3.58)	(21.3)

通过表 10-8 的分析，我们看到，实际经营的各项指标与预算指标相比，几乎没有不存在差异的，这是正常的。有些差异是有利的，有些差异是不利的。虽然我们在上面提到哪方面的差异是有利的，哪些方面的差异是不利的，但为了清晰地在表中找到有利和不利差异，一般都有明显标识加以区分。在表 10-8 中，我们将不利的差异用"（ ）"标示出来。

二、确定重大差异

既然实际经营指标与预算经营指标绝大多数存在差异，在差异分析中就不可能、也没必要对所有差异进行分析，只分析那些在经营者看来是重大差异的项目就可以了，这样就能抓住控制的重点。

怎样确定重点差异呢？其标准要由各家饭店根据自身实际情况来确定。一般需要注意两点：①既要看数额，也要看百分比。有的百分比差异很大，但数额很小，以至于不会影响整个预算，例如，表 10-8 中商场的经营利润，百分比相差 38.89%，而数额只有 3 500 元，修理费百分比相差 60%，数额只有 300 元。②一般来说，规模越大的饭店越将数额差异看成重点差异，越是在平常管理中重点控制的项目出现的差异越看成重点差异，如收入、成本、费用等。

东方饭店将收入、成本、费用等出现的差异看成重点差异。

三、差异分析

差异分析是查找差异产生原因的过程。影响预算能否完成的主要因素是收入、成本和费用，下面我们将对东方饭店这几项重大差异进行分析。在分析中，我们将有利差异用 F 表示，不利差异用 U 表示。

（一）收入差异分析

决定收入的两大因素是价格和销售量，当价格和销售量同时变化而引起收入变化时，管理者很难从直观上判断两者谁的作用更大些，因而找不准解决问题的办法。因此，收入差异分析要从价格和收入两个方面进行分析，所以收入差异分析又被称为价格和销售量差异分析，它由以下三个公式组成：

$$价格差异 = 预算销售量 \times (实际价格 - 预算价格)$$

$$销售量差异 = 预算价格 \times (实际销售量 - 预算销售量)$$

由价格和销售量差异的相互关系所产生的差异是价格-销售量差异，公式如下：

价格-销售量差异=（实际价格-预算价格）×（实际销售量-预算销售量）

东方饭店 20×4 年 1 月份客房实际收入与预算收入差异情况见表 10-9。

表 10-9　东方饭店客房实际收入与预算比较表

项目	销售量（间夜）	平均房价/元	合计/元
实际	2 195	230	504 850
预算	2 309	225	519 525
差额	-114	5	-14 675（U）

表 10-9 说明东方饭店 20×4 年月份客房实际收入比预算少了 14 675 元，产生不利的 14 675 元差异的原因分析如下：

（1）价格原因，即价格差异（Price Variance）：

价格差异＝预算销售量×（实际价格-预算价格）

2 309×（230-225）=11 545（元）（F）

11 545 元的价格差异的含义：如果按照预算销售量，实际价格（Actual Price）高出预算价格的部分，使得收入增加 11 545 元，是有利的，因为实际每间房每晚平均房价比预算平均房价多 5 元。

（2）销售量原因，即销售量差异（Volume Variance）：

销售量差异＝预算价格×（实际销售量-预算销售量）

225×（2 195-2 309）=-25 650（元）（U）

-25 650 元的销售量差异的含义：如果按照预算价格，实际销售量（Actual Volume）比预算销售量少的部分，使得收入减少 25 650 元，是不利的，它是由于少销售 114 间客房造成的。

（3）价格和销售量共同作用的原因，即价格-销售量差异（P-V Variance）

价格-销售量差异＝（实际价格-预算价格）×（实际销售量-预算销售量）

（230-225）×（2 195-2 309）=5×（-114）=-570（元）（U）

-570 元价格-销售量差异的含义：实际价格比预算价格增加的部分和实际销售量比预算销售量减少的部分，使得收入减少了 570 元。也就是说-570 元是价格差异和销售量差异相互作用造成的，即两者相乘的结果。

（4）综合差异计算。将价格差异、销售量差异和价格-销售量差异三项计算结果，应等于预算与实际相比较的结果，即表 10-9 的结果：

11 545 元（F）

-25 650 元（U）

-570 元（U）

-14 675 元（U）

通过上述差异分析，找出了收入减少的原因：由于价格的提升使得收入增加了 11 545 元；同时由于销售量的减少，又使得收入减少了 25 650 元；价格增加的幅度和销售量减少的幅度的共同作用，进一步使得收入减少了 570 元，三项差异使东方饭店 1 月减少收入 14 675 元。在三项差异中，使收入减少的最主要差异是销售量差异，它是收入减少的最主要原因，其他两项差异的总和为 10 975 元，远不能冲抵-25 650 销售量差异。

最后的结论是：东方饭店在下一个月营销的重点是提高客房出租率，增加销售量。

（5）价格差异、销售量差异和价格－销售量差异三者之间的关系。在收入差异分析中，当价格差异和销售量差异的性质不同时，即一个差异是有利的，一个差异是不利时，则价格－销售量差异是不利的。当价格差异和销售量差异的性质相同时，也就是说两者都有利或者两者都不利的时候，则价格－销售量差异是有利的。

特别需要注意的是，在综合差异计算中，不能用简单的算术方法使用"＋"或"－"符号，而是首先确定各项目是否有利，有利的项目用"＋"号计算，不利的项目用"－"号计算，而不管项目本身是否"＋"或"－"。

（二）已售食品成本差异分析

这里的已售食品成本不包括酒水。就餐饮的食品而言，能够引起成本变化的因素主要有两项：一是成本自身的变化，如原材料的价格的升降、浪费和节约；二是销售量的变化。食品成本变化的直观指标是食品成本率，单独看食品成本率，尚不能明确食品成本变化是因为成本自身变化还是因为销售量的变化。因此，食品成本差异分析要从成本和销售量及其相互关系三个方面进行分析，即成本差异、销售量差异和成本－销售量差异方面分析。这些差异的公式分别为

成本差异 = 预算销售量 ×（预算平均成本 － 实际平均成本）

销售量差异 = 预算平均成本 ×（预算销售量 － 实际销售量）

成本 － 销售量差异 =（预算成本 － 实际成本）×（预算销售量 － 实际销售量）

表 10-10 是东方饭店 20×4 年 1 月份已售食品成本差异情况。

表 10-10　东方饭店食品成本差异分析

项目	客人数 / 人	每客平均成本 / 元	总成本 / 元
预算	9 610	32.3	310 403
实际	10 244	31.5	322 686
差额	－634	0.8	－12 283（F）

现对表 10-10 差异分析如下：

（1）成本差异分析（Cost Variance Analysis）：

成本差异 = 预算销售量 ×（预算平均成本 － 实际平均成本）

= 9 610×（32.3-31.5）

= 7 688（元）（F）

7 688 元的差异是有利的，因为每客实际成本比预算成本减少了 0.8 元，使成本本身减少了 7 688 元。

（2）销售量差异分析（Volume Variance Analysis）：

销售量差异 = 预算平均成本 ×（预算销售量 － 实际销售量）

= 32.3×（9 610-10 244）

= -20 478.2（元）（U）

从成本角度看，-20 478.2 元是不利的，因为实际销售量超过预算销售量 634 客数，导致了超出预算成本 20 478.2 元。但从收入角度看，超额销售量是有利的。

（3）成本－销售量差异分析（C-V Variance Analysis）：

成本－销售量差异＝（预算成本－实际成本）×（预算销售量－实际销售量）
$$=（32.3-31.5）×（9\,610-10\,244）$$
$$=-507.2（元）（F）$$

（4）三者关系。成本差异分析中的三者关系不同于收入差异分析中的三者关系，在成本差异分析中，当成本差异和销售量差异性质相同时，也就是说两者都是有利的或不利的时候，则成本－销售量差异将是不利的。而当成本差异和销售量差异性质不同时，也就是说一个有利另一个不利的时候，则成本－销售量差异是有利的。因此－507.2元是有利的。

（5）分析结论。成本差异、销售量差异及成本－销售量差异之和如下：

$$7\,688\,元（F）$$
$$-20\,478.2\,元（U）$$
$$-507.2\,元（F）$$
$$-12\,283\,元（F）$$

有利的 12 283 元预算差异正好等于表 10-10 中有利的总成本差异。这表明，在 12 283 元差异中，由于实际平均成本比预算减少，使成本自身减少了 7 688 元，在成本率不变的情况下，成本的减少，意味着价格的降低，价格的降低可能使销售量增加；由于销售量的增加，使成本增加了 20 478.2 元，在成本率不变的情况下，成本的增加，可能使收入增加；成本和销售量共同作用使成本增加 507.2 元，可以忽略不计。

结论：在下个月的经营中，可以在坚持既定成本率的基础上，降低成本增加销售量，但要注意，在降低成本的同时要保持产品质量。

（三）变动人工成本差异分析

人工成本中主要部分的工资可以看成固定成本，从这个角度来讲，人工成本属于固定成本；人工成本中的小时工资和奖金属于变动成本，如客房清扫员的工资，是按每清扫 1 间客房的工资标准，根据清扫的客房数量计算工资的，再如餐饮服务员的工资，是按照每小时服务的客人数支付的，因此人工成本也具有混合成本的属性。在这里，我们仅分析人工成本中随营业额变动而变动的部分。

变动人工成本的变化一般有三个原因，即销售量、小时工资标准和劳动效率。劳动效率有两种表述：一种是单位时间内产品数量，单位时间内产生的产品数量越多劳动效率就越高；另一种是一定产品数量需要的小时数，需要的小时数越少劳动效率越高。

变动人工成本预算与实际的差异，要从四个方面进行分析：当工作量和预测相比有差异时，就产生了销售量差异；当实际平均小时工资与预算不同时，就产生了工资差异；当员工每小时完成的工作量即劳动效率与预算不同时，就产生了效率差异；销售量、小时工资和劳动效率相互作用产生的差异，就产生了工资－工时差异。计算这些差异的公式如下：

$$销售量差异＝预算平均小时工资×（预算工时－实际产出应该工时）$$
$$工资差异＝预算工时×（预算工资－实际工资）$$
$$效率差异＝预算工资×（实际产出应该工时－实际工时）$$
$$工资－工时差异＝（预算工时－实际工时）×（预算工资－实际工资）$$

下面对东方饭店客房变动人工成本进行分析。

根据表 10-8 中的数据，表 10-11 是东方饭店客房变动人工成本预算和实际情况。其中，假定东方饭店客房部工资中，变动工资即小时工资占工资总额的 40%，房扫的劳动定额为平均每小时 2 间脏房，每间脏房为 30 分钟，每小时工资为 13.5 元。

表 10-11 中，由于预算中每小时工资是已知的，即 13.5 元，总工时可以通过计算获得，即 15 600÷13.5=1 155（小时）。而在实际栏中，已知条件只有间夜数 2 195 和人工成本合计数 12 560，无法直接计算出实际工时量，要通过一系列计算才能获得。计算如下：

3 040÷1 155=2.63（元）　　即，每小时 2 间房的工资差额为 2.63 元。

2.63÷2=1.3（元）　　　　　1.3 元是每小时 1 间房的差额。

13.5-1.3=12.2（元）　　　　即实际每小时工资为 12.2 元。

12 560÷12.2=1 029.5（小时）即为实际总工时。

表 10-11　东方饭店客房变动人工成本预算与实际对比表

项目	间夜	工时 / 每房	总工时 / 小时	每小时工资 / 元	合计 / 元
预算	2 309	30 分钟	1 155	13.5	15 600
实际	2 195	28 分钟	1 029	12.2	12 560
差额	114	2 分钟	126	1.3	3 040（F）

1. 销售量差异分析

销售量差异 = 预算平均小时工资 ×（预算工时 - 实际产出应该工时）

　　　　　 =13.5×（1 155-1 098）

　　　　　 =769.5（元）（F）

实际产出应该工时 1 098=2 195÷2

769.5 元销售量差异是有利的，因为销售量不是客房管理人员所能控制的，变动人工成本又是随着销售量变化的，仅从客房人工成本看，它是有利的。

2. 工资差异分析

工资差异 = 预算工时 ×（预算工资 - 实际工资）

　　　　 =1 155×（13.5-12.2）

　　　　 =1 501.5（小时）（F）

1 501.5 元的工资差异也是有利的，它是因为实际工资的减少而减少的。因为工资是随着工时变化的，工时怎样安排完全由客房部管理人员调度。

3. 效率差异分析（Efficiency Variance Analysis）

效率差异 = 预算工资 ×（实际产出应该工时 - 实际工时）

　　　　 =13.5×（1 098-1 029）

　　　　 =931.5（元）（F）

931.5 元的效率差异也是有利的，它是因为客房人员提高工作效率的结果，按照客房部的标准，应该用 1 098 个工时，实际上只用了 1 029 个工时，为此节约了 931.5 元人工成本。

4. 工资 - 工时差异分析

工资 - 工时差异 =（预算工时 - 实际工时）×（预算工资 - 实际工资）

　　　　　　　 =（1 155-1 029.5）×（13.5-12.2）

　　　　　　　 =125.5×1.3

　　　　　　　 =163（元）（U）

163 元差异看起来是有利的，但在人工成本差异分析中，如果工时差异和工资差异在性质上相同，即两者均为"+"或"−"，则工资−工时差异是不利的，反之则是有利的。因此，163 元差异是不利的。

5. 分析

769.5 元（F）

1 501.5 元（F）

931.5 元（F）

163 元（U）

3 040 元（F）

结论：在节约的 3 040 元人工成本中，销售量因素只有 769.5 元，其余部分是客房部通过自身管理节约的。在以后的经营中，营销部门要设法提高销售量。

四、分析问题原因，提出解决问题的方法

在差异分析中，我们只是找到了形成差异的各个因素所占的比例，如节约人工成本的主要因素是客房管理，食品成本增加的主要因素是食品销售量的增加，客房收入减少的主要因素是销售量的降低等。但造成这些因素的原因，在差异分析中无法体现，还要进一步分析。

食品成本的增加是因为销售量的增加，是什么原因使销售量增加呢？是因为下调了食品销售价格，还是提高了食品质量，改变了品种结构等其他原因呢？客房收入减少的原因是什么呢？是提高了价格降低了出租率，还是提高了出租率降低了价格？是客房设施问题还是卫生问题？是客房的服务态度问题还是服务流程问题？是销售方法问题还是整个营销问题等。只有差异分析才能找准主要问题，只有在差异分析基础上才能分析出具体问题。

国内酒店的数字化之路

> **小结**
>
> 预算是以货币为单位编制的计划。预算和计划的区别在于，计划包括目标和方法，预算侧重于用货币单位表述的目标。
>
> 经营预算是收入、成本、费用和利润的预算。经营预算是整个饭店的预算，不仅是经营部门的预算，还包括非经营部门的预算。
>
> 预算可分为短期预算和长期预算。短期预算包括经营预算、现金预算、成本预算、销售预算、费用预算。长期预算一般指投资预算。经营预算的周期为 1 年，称为年度经营预算。年度经营预算可分解为月度经营预算，在月度经营预算基础上，形成了季度经营预算和周经营预算。
>
> 在饭店预算中，直接影响饭店预算的因素主要有客房出租率、平均房价、餐饮座位周转率、餐饮平均消费额、销售价格等。
>
> 新饭店的预算，要从新饭店立项和筹资时的可行性报告中选择有用数据；从同行业中收集相关数据，根据饭店具体情况确定一些数据；新饭店经营预测，要十分注意饭店具有投资密集、投资回收期长这样一个特点。一般情况下，新饭店的预算不要过分追求利润及增长，而应将重点放在现金流量的保证上。
>
> 有效的控制预算要经过发现差异、确定重大差异、分析产生差异的原因、提出解决问题的方法、实施解决问题的方法五个环节。其中确定重点差异及其分析至关重要。重点差异的标准要由各家饭店根据自身实际情况来确定。一般要从预算数值变化的数额和百分比两方面分析。

就饭店来讲，一般将收入、食品成本和人工成本中的差异看作重点差异。

收入差异分析要从价格和收入及其相互关系等方面进行分析，所以收入差异分析又被称为价格和销售量差异分析，包括收入差异、销售量差异和收入－销售量差异分析；食品成本差异分析要从成本和销售量及其相互关系三个方面进行分析，即成本差异、销售量差异和成本－销售量差异方面分析；变动人工成本预算与实际的差异，要从销售量差异、工资差异、效率差异和工资－工时差异等方面进行分析。

测试题

一、概念题

1. 预算；经营预算。
2. 宏观信息；微观信息。
3. 零基预算；弹性预算。
4. 差异分析；收入差异分析。
5. 已售食品成本差异分析；人工成本差异分析。

二、填空题

1. 短期预算内容包括（   ）、（   ）、（   ）、（   ）、（   ）。
2. 长期预算适合编制（   ）预算。
3. 经营预算的周期一般为（   ）。

三、判断题（下面的表述是否正确，正确的打"√"，错误的打"×"。）

1. 预算是管理人员的事情。（   ）
2. 预算为经营活动提供了衡量标准。（   ）
3. 编制预算是饭店管理层、执行层和操作层的互动过程。（   ）
4. 饭店编制预算需要董事会、总经理、财务部提供相关信息。（   ）
5. 零基预算就是以零为基准的预算。（   ）

四、选择题

1. 制定弹性预算的原因是（   ）。
   A. 刺激员工积极性　　　　　　B. 影响预算的各种因素可能的变化
   C. 确保预算的完成　　　　　　D. 使预算具有操作性
2. 下列各项，不属于预算控制的内容是（   ）。
   A. 总结历史数据　　B. 确定未来数据　　C. 发现差异　　D. 寻找差距原因
   E. 提出解决问题方法　　F. 确定重大差异
3. 下列哪项表述不符合综合差异计算要求？（   ）
   A. 简单的算术法　　　　　　B. 根据项目是否有利再确定计算方法
   C. 有利的项目计"＋"　　　　D. 不利的项目计"－"
4. 在与人工成本的关系中，平均工资低于预算水平时，工资差异为（   ）。
   A. 低于预算　　　　B. 不利差异　　　　C. 有利差异　　　　D. 高于预算

五、简述题

1. 什么是重大差异？它与一般差异的区别在哪里？
2. 为什么说销售量的增长对于收入分析是有利因素而对于成本分析是不利因素？
3. 在编制餐饮预算时要考虑哪些因素？

4．编制预算时首先要确定哪些目标？

六、计算题

1．某饭店预算经营收入为 150 000 元，同期实际完成 130 000 元，百分比差异是多少？

2．6 月的第一周，宏利饭店预算平均价格为 200 元，出租客房 700 间夜，实际平均价格为 210 元，出租客房 650 间，该周的价格差异是多少？是有利的还是不利的？销售量差异是多少？是有利的还是不利的？价格–销售量差异是多少？是有利的还是不利的？

学习情境十一　投资预算

本学习情境介绍了货币时间价值和风险概念，具体利用年金计算公式计算终值或现值，从而理解现金流对企业经营的重要意义。

业界动态

首旅集团与北京环球影城

首旅集团旗下拥有众多的知名企业。其中，北京首旅建国酒店管理有限公司，是我国最著名的酒店管理品牌之一；形成符合国际惯例的、高中低档次配置合理的运营体系。首旅集团包括由北京饭店、贵宾楼饭店、凯宾斯基等品牌管理的近 10 家五星级高档酒店、以首旅建国为品牌管理的数十家三、四星级中档酒店、以如家和欣燕都为品牌管理的近百家经济型酒店，首旅集团投资及管理的酒店总数超过 100 家。2019 年入选中国旅游集团 20 强名单。

北京环球影城，全称北京环球度假区，整个度假区还包括两家酒店（环球影城大酒店和诺金度假酒店）和北京环球城市大道。其开发、建设、运营公司是北京国际环球度假区有限公司。该公司由北京首寰文化旅游投资有限公司控股 70%，康卡斯特 NBC 环球控股 30%。从图 11-1 可以看到，北京首寰文化旅游投资有限公司主体为首旅集团，控股比例为 51.9%。

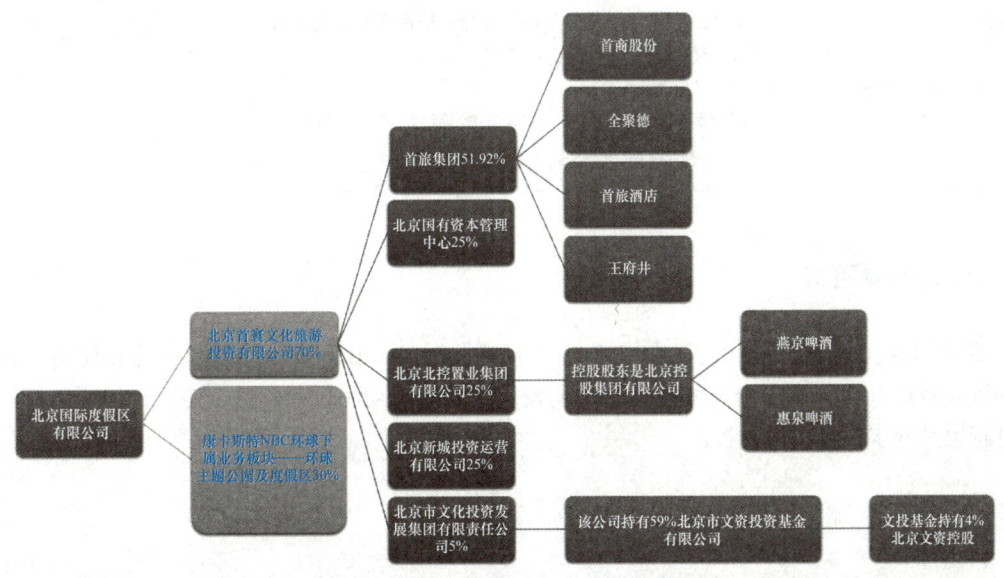

图 11-1　北京环球影城控股示意

2001年10月27日，从北京市政府与美国环球签署了第一份合作意向书开始，到2021年9月开园，可以用20年筑一城来形容北京环球影城。在历时20年的时间里，投资方几经变化，最终形成今日的局面，可以说，一个投资项目的成败不仅要跨越重重障碍，更要突破时间的界限，投资决策期的宏观视角和方向判断，对投资成败意义重大。

任务一　投资预算中的货币价值

能力目标

能够对货币时间价值进行计算；
能够用内插法计算利率。

知识目标

理解货币的时间价值；
理解风险与价值的关系；
掌握单利和复利下货币时间价值的计算。

思政目标

培养风险与收益相匹配的正确价值观；
培养大局意识；
加强社会主义核心价值观教育。

岗课赛证融合

对应岗位	市场营销岗、财务管理岗
对应证书技能	《现代酒店服务质量管理职业技能等级标准》中级证书 服务营销领域——经营要素模型构建
	《现代酒店服务质量管理职业技能等级标准》高级证书 新媒体营销领域——数据分析技能

一、投资预算定义

投资预算（Investment Budget）又称资本预算（Capital Budget），是通过计算而确认购置何种固定资产和投入多少资金才能达到预期投资效果的活动和过程。这个定义也说明，投资预算过程也是资本投资决策过程。

二、投资预算中的货币时间价值

（一）货币时间价值的概念与意义

1. 货币时间价值的概念

所谓的货币时间价值（Time Value of Money，TVM）是指一定货币量在使用一定时间后所产生的多出使用时的价值。这个定义说明，决定货币时间价值的因素有两个：一个是货币的使用方向或内容；一个是货币的使用时间。

货币时间价值用百分比表示，计算公式为

$$货币时间价值 = （增值量 \div 使用量）\times 100\%$$

假如将 1 万元现金存入银行，一年后的货币时间价值为 1%，1 年后资金所有人将得到 1.01 万元，计算如下：

$$（本金\ P）+ （本金\ P \times 时间\ t \times 利率\ i）=（本金、利息之和）$$
$$10\ 000\ 元 + （10\ 000\ 元 \times 1\ 年 \times 1\%）= 10\ 100\ 元$$

2. 货币时间价值的意义

在上例中，假如所有者欲将 1 万元存入银行的同时，有一个项目，投入 1 万元一年后可能获得 1.015 万元，货币的时间价值为 1.5%，这时货币所有者可以在两者中做出选择：是将钱存入银行还是投资该项目？从货币的时间价值大小看，当然选择投资项目，但投资项目的风险大于存入银行。所有者之所以能有所选择，是因为将相同数量的货币放在了相同的时间段内，进行不同投资内容比较的结果，即货币时间价值的作用结果。因此，货币时间价值是货币所有者投资的指示器。

因为将货币存入银行是最基本、最便捷、最保险、最广泛的投资方式，所以，在计算货币时间价值时，首先与银行存款利率作比较。

（二）货币时间价值的计算

1. 单利和复利

银行存款的利息计算有两种方式，一是单利计算，一是复利计算。所谓单利是指仅以本金作为计息基础。复利是本金要计算利息，而且利息还要再计算利息，俗称"利滚利"。

本金同样是 1 000 元，存款期限同样为 5 年，利率同为 10%。
单利和复利的计算公式如下：

$$单利计算的本利和：1\ 000 \times（1 + 5 \times 10\%）= 1\ 500（元）$$
$$利息 = 1\ 500 - 1\ 000 = 500（元）\ 或利息 = 1\ 000 \times 10\% \times 5 = 500（元）$$
$$复利计算的本利和：1\ 000 \times（1 + 10\%）\times 5 = 1\ 610.5（元）$$

管理会计是以复利作为计息基础的。

2. 终值和现值

计算货币时间价值，可以现在本金为基础计算未来一定时间内的本金和利息（以下称本利和），也可以反过来，将来要获得预定的本利和，现在需要投入多少数额的货币。前者称为货币时间价值的终值（Future Value，FV），后者称为货币时间价值的现值（Present Value，PV）。

（1）终值的计算。计算终值的简单公式如下：

$$F = P \times（1 + i）^n$$

式中　F——终值；
　　　P——现有金额（现值）；
　　　i——利息率；
　　　n——计息期数（一般指年数）。

例如：某饭店将 10 000 元存入银行，年利率为 12%，2 年后可得多少本利和，即终值是多少？计算如下：

$$F=10\,000\times(1+12\%)^2$$
$$=10\,000\times1.254\,4$$
$$=12\,544（元）$$

如果计息期数较长，即 n 的数额较大，计算起来较为麻烦，可以查终值系数表，终值系数表一般是以 1 元存款为基础计算的终值。见附表 1：复利终值系数表。

例如，某饭店存入银行 10 000 元，期限为 5 年，存款利率为 15%，计算此项存款终值。

因为 n 为 5，计算起来较为麻烦，通过查找终值系数表就简单多了。附表 1 中横行中数字为利率，即 i；纵列中的数字为计息年限，即 n。查找终值系数表，将 i 为 15% 和 n 为 5 的相交点数字 2.011 4 元乘以 10 000，得到的 20 114 元，即为 10 000 元存款 5 年期利率为 15% 的终值。计算结果表明

$$终值 = 现值 \times 终值系数$$

（2）现值的计算。在终值计算公式中，P 为现值，那么，现值则是终值的逆运算，即现值是终值的倒数，其公式如下

$$P=F/(1+i)n \text{ 或 } P=F\times[1\div(1+i)^n]$$

式中　P——现有金额（现值）；
　　　F——未来金额（终值）；
　　　i——利息率；
　　　n——计息年数。

假如银行 1 年存款利率为 8%，想在 1 年期满获得 100 元，现在应存款多少钱？因为已知终值而求现值，根据现值计算公式，应存款 92.5 元。计算如下：

$$P=100\times[1\div(1+0.08)^1]$$
$$=100\times0.925\,9$$
$$=92.5（元）$$

两年后 100 元的现值为 85.7 元。计算如下：

$$P=100\times[1\div(1+0.08)^2]$$
$$=100\times0.857$$
$$=85.7（元）$$

计算结果表明，现值 = 终值 × 现值系数。

同样，如果 n 的数额较大，计算起来很麻烦，可以查现值系数表，现值系数表一般是以 1 元预期数额为基础计算的现值，见附表 2：复利现值系数表。

例如，利率为 15%，5 年后可得 20 114 元，现在应投入近 10 000 元。计算如下：

$$20\,114\times0.497=9\,997（元）$$

其中，0.497 是查现值系数表所得：现值系数表中 i 的 15% 和 n 的 5 相交点数字即为 0.497。

（3）名义利率与实际利率计算。在以上的计算中，利率与期限的口径是一致的，即一年作

为一期，每年计息一次，相应的利率为年利率。如果每年计息次数超过一次，就会出现名义利率与实际利率的差别。

名义利率（Nominal Interest Rate）是以一年为基础的利率。实际利率（Actual Interest Rate）是真正有效的利率，随着每年计息次数而变化。

例如，年利率为 6%，现存入 10 000 元，每半年复利计息一次，5 年后本利和，即终值是多少？计算如下：

$$每期利率 = 名义利率 \div 每年计息次数 = 6\% \div 2 = 3\%$$
$$计息期数 = 年数 \times 每年计息次数 = 5 \times 2 = 10$$

根据终值计算公式：

$$F = 10\,000 \times (1+3\%)^{10} = 13\,439（元）$$

或者查终值系数表：

$$F = 10\,000 \times 1.344 = 13\,440（元）$$

如果每年计息一次，终值为

$$F = 10\,000 \times 1.338 = 13\,380（元）$$

实际利率比名义利率多 60 元（13 440 元 − 13 380 元）。

（4）年利率、期数的计算。

1）已知现值、终值和期数，求年利率。

①可以用终值求年利率：

假如存入银行 10 000 元，5 年后能得到 16 110 元，银行年存款利率是多少？

终值系数 = 终值 / 现值
　　　　 = 16 100/10 000
　　　　 = 1.611

根据求出的终值系数和已知的期数，可以查终值系数表，n 为 5，终值系数为 1.611 所对应的 10% 即为年存款利率。

②也可以用现值求年利率：

如上例：

现值系数 = 现值 / 终值
　　　　 = 10 000/16 110
　　　　 = 0.621

查现值系数表，n 为 5，现值系数为 0.621 所对应的 10% 即为年存款利率。

③在终值系数表或现值系数表中不能查到所对应的利率值。

有些现值和终值两者相除所得系数，无法在现值系数表或终值系数表中查到，如下：

某饭店将 100 000 元存入银行，5 年后希望得到 170 000 元，该项存款年利率应该是多少？如果用现值求利率，计算如下：

现值系数 = 100 000/170 000 = 0.588

根据计算所得的现值系数和期数，查现值系数表，求年利率 i。查现值系数表，n 为 5 这一行没有查到 0.588 这一现值系数。此时，可以找到两个接近 0.588 的现值系数 0.621 和 0.567，以及其所对应的利率 10% 和 12%，然后采用内插法计算现值系数为 0.588 的年利率。计算见表 11-1。

表 11-1 部分现值系数及年利率运算

年利率 /%	现值系数
10	0.621
i	0.588
12	0.567

采用内插法计算：

（12%−i）/（12%−10%）=（0.567−0.588）/（0.567−0.621）

i=12%−2%×[（0.567−0.588）/（0.567−0.621）]

　=12%−2%×[（−0.021）/（−0.054）]

　=12%−2%×0.388 9

　=12%−0.007 78

　=11.22%

此项存款年利率为 11.22%。

2）已知现值、终值和年利率，求期数。

某饭店现存入银行 100 000 元，银行年利率为 10%，希望若干年后得到 161 100 元，此项存款应该存多少年？

与求利率相同，求期限需要的条件是已知现值、终值和年利率，通过查终值系数表或现值系数表，求期限。

根据题意，已知现值为 10 000 元，年利率为 10%，终值为 161 100 元，求期数。

使用现值系数表求期数：

现值系数 = 现值 / 终值

　　　　=100 000/161 100

　　　　=0.621

查现值系数表，i 为 10% 与系数 0.621 相对应的 n 是 5，则存款期限为 5 年。

3. 年金

（1）年金的含义。投资的目的是获得一定的收入，为了方便投资产生的收入额计算，使用了终值系数表和现值系数表。有些投资产生的收入呈现出一种均衡状态的收入流，为了简便均衡性收入流的计算，引用了年金概念。

年金（Annuity）就是在相等的时间间隔内（一年、半年、一季度、一个月），收入或支出的等额资金。这个定义说明了年金的两个特征，一个是间隔时间相等，一个是收入或支出的金额相等。因此，定期收入或定期支出的等额资金都可以视为年金。

（2）年金的计算。

①年金的终值计算。

与终值计算公式相似，年金终值计算公式如下：

$$年金终值 = 年金 \times 年金终值系数$$

假如每期期末存入 100 元，利率为 10%，经过三年，第三年期末的年金计算见表 11-2。

表 11-2　终值计算表

年份	现值（存款额）/元	存款期/年	利率/%	终值系数（查附表1）	终值（20×9年年末）/元
20×7年年末	100	2	10	1.210	100×1.210=121
20×8年年末	100	1	10	1.10	100×1.10=110
20×9年年末	100	0		1	100
合计	300	3		3.310	331

在表 11-2 中，终值系数是查复利终值系数表获得的，如果存款期是许多年，查复利终值系数表是很麻烦的。本例存款额即现值中，是每隔 1 年存入 100 元，100 元存款符合年金定义，可以直接查 1 元年金终值系数表，也称年金终值系数表（见附表 3：年金终值系数表）。

在年金终值系数表中，该条件 i=10% 所对应的终值系数为 3.310，正好与表 11-2 终值系数总和相等，所得 331 元［100×3.310=331（元）］即为 100 元年金终值。

年金终值计算结果说明，年金的终值将根据利率和现值的时间分布不同而不同。在其他因素相同的情况下，利率越高，终值就越高；同样，在其他因素相同的情况下，现值间隔的时间越长，终值就越低。

②年金的现值计算。与现值计算公式相似，年金现值计算公式如下：

$$年金现值 = 年金 \times 年金现值系数$$

假如存款利率为 15%，想在 5 年内，每年年末能获得 10 000 元收入，每年年初要存入银行多少钱？计算过程见表 11-3。

表 11-3　现值计算表

年份	终值（年末）	存款期/年	利率/%	现值系数（查附表2）	现值（每年年初）
20×5年年初	10 000	5	15	0.497	4 970
20×6年年初	10 000	4	15	0.571	5 710
20×7年年初	10 000	3	15	0.657	6 570
20×8年年初	10 000	2	15	0.756	7 560
20×9年年初	10 000	1	15	0.869	8 690
合计	50 000			3.350	33 500

计算结果表明，假如其他条件不变，比如各存款期利率一直是 15%，那么，每年要获得 10 000 元、5 年共获得 50 000 元收入，就需要在 5 年前的年初，将 33 500 元同时分 5 次，每次分别以 5 年期、4 年期、3 年期、2 年期和 1 年期，相对应的存入 4 970 元、5 710 元、6 570 元、7 560 元和 8 690 元。

每个存款期计算一次现值是很麻烦的，本例每年终值 10 000 元符合年金特性，可通过直接查找年金现值系数表计算年金现值。见附表 4：年金现值系数表。

通过查年金现值系数表，该条件下，i=15% 时所对应的年金现值系数为 3.350，所得 33 500 元（10 000×3.350）即为 50 000 元年金现值。

年金现值计算结果说明，年金的现值将根据利率（也称折现率，Discount Rate）和未来收入的时间分布不同而不同。在其他因素相同的情况下，折现率越高，现值就越低；同样，在其他因素相同情况下，收入间隔的时间越长，现值就越低。

③不相等终值的现值计算。不相等终值的现值计算是指终值数额不完全相等，即终值不完全是年金的现值计算。这种现值的计算，是先将终值分解为年金和非年金两部分，年金部分查年金现值系数表计算，非年金部分查非年金现值系数表计算，然后将两部分计算结果相加即为不相等终值的现值。计算过程如下：

假如用15%折现系数存入一定数量的现金，在5年内每年获得收入见表11-4：

表11-4　定额现金五年收入表

今后年数	金额
0	10 000
1	10 000
2	15 000
3	10 000
4	20 000
5	10 000

每年的现值，也就是"存入一定数量"的现金应该是多少？

首先，将每年不等的收入分解为年金和非年金两部分，分解见表11-5。

表11-5　年金收入与非年金收入

今后年数	金额	年金	非年金部分
0	10 000	10 000	0
1	10 000	10 000	0
2	15 000	10 000	5 000
3	10 000	10 000	0
4	20 000	10 000	10 000
5	10 000	10 000	0

其次，分别查年金现值系数表和现值系数表，并计算各自的现值，计算如下：

本年到期年金的现值=10 000元

5年内10 000元年金现值=10 000×3.350=33 500（元）

今后2年到期的现值=5 000×0.756=3 780（元）

今后4年到期的10 000元的现值=10 000×0.571=5 710（元）

最后，累加各现值如下：

10 000+33 500+3 780+5 710=52 990（元）

52 990元即为获得5年预期终值65 000元的现值。

同样，不相等的现值的终值计算也可以采用上述办法，只不过使用的是年金终值系数表和非年金终值系数表。

货币的时间价值反映资金持有人放弃资金支配权所应换取的收益，这种收益既是对持有人放弃支配权的货币形式的补偿，也是对其放弃可能引发的风险损失的弥补。将货币价值看成风险价值和时间价值加总的话，货币的时间价值是其风险价值为零时的总价值。

任务二 投资预算中的现金流量

能力目标

能够在工作中运用投资预算方法，选择合适的投资方案；
能够对动态指标各类方法进行比较。

知识目标

了解现金流的内容，掌握复利与单利下的货币时间价值的计算；
掌握投资预算法，主要掌握收益率法、投资回收期法、净现值法、内部收益率法在投资决岗课赛证融合。

思政目标

通过货币时间价值积累的作用，从而理解优秀文明成果传承与发扬的深远意义，自觉承担起青年学子的社会责任。

岗课赛证融合

对应岗位	市场营销岗、财务管理岗
对应证书技能	《现代酒店服务质量管理职业技能等级标准》中级证书 服务营销领域——经营要素模型构建
	《现代酒店服务质量管理职业技能等级标准》高级证书 新媒体营销领域——数据分析技能

案例分析

某五星级酒店因现金流断裂倒闭案例

北京某五星级酒店自开业以来，由于地理位置优越，一度成为商务和旅游客人的首选。然而，近年来，随着周边新酒店如雨后春笋般涌现，其竞争优势逐渐减弱。加上酒店管理层未能及时调整经营策略，吸引新的客户群体，使得入住率逐年下滑。

为了维持酒店的日常运营，管理层决定进行多次外部融资。截至2022年年底，酒店的总负债已达到25.32亿元，其中包括银行贷款、供应商欠款及部分私人借款。高额的债务使得酒店每月的利息支出巨大，进一步压缩了利润空间。

由于国内经济形势变化，银行对信贷政策进行了调整，缩减了对酒店行业的贷款规模。而酒店本身的经营收入已无法满足债务的还款需求，资金链开始出现断裂迹象。到了 2023 年下半年，随着部分债权人催债，酒店不得不变卖部分固定资产以偿还短期债务。但这也只是杯水车薪，无法从根本上解决问题。

面对资金链断裂的困境，酒店管理层试图通过寻求新的投资者、与合作伙伴协商债务重组等方式来缓解危机。然而，由于之前的决策失误和管理不善，这些措施的实施难度加大。投资者对酒店的未来前景持怀疑态度，而合作伙伴也因担忧风险而选择观望。

由于经营不善、债务压力过大和应对措施不足，这家五星级酒店最终在 2023 年年底宣布破产倒闭。这个案例给我们带来的启示是：在经营过程中，必须重视现金流的管理，合理规划负债结构；同时，及时调整经营策略以适应市场变化也是至关重要的。只有这样，才能在竞争激烈的市场环境中立于不败之地，如图 11-2。

图 11-2　酒店经营困境

一、投资预算中现金流量的定义、依据和内容

（一）现金流量（Cash Flow）的定义

现金流量是指企业在某一段时间内现金的流入和流出的数量。很显然，现金流量包括两个方面，即现金流入量和现金流出量。所谓现金流入量（Cash Inflow），是指企业在一定时期内所收到的现金。所谓现金流出量（Cash Outflow），是指企业在一定时期内所支出的现金量。

"现金"是从静态角度来解释的现金概念，"现金流量"则是从动态角度来说明与描述"现金"概念的。

在投资预算中，只有当未来从投资中产生适当的现金流量时，才能证明该项投资是可行的，因此适当的现金流量就成为投资预算决策的重要依据。从饭店的经营角度看，重点是因增加投资而增加的现金流量，而不是经营本身中的现金流量。因为经营中增加的现金流量就是来自投资所导致的经营现金流量的变化量。

（二）现金流量的依据

在投资预算中，现金流量的计算应以收付实现制为依据，这是因为与以权责发生制为基础的会计利润相比，更有助于正确投资预算和投资决策。由于权责发生制引起的在会计利润的确定过程中，存在以下问题：

（1）销售行为一经确定即为当期的销售收入，不管当期是否收到现金。
（2）购置固定资产是支出大量现金，但在成本中并未反映。
（3）固定资产的损耗以折旧形式逐期进入成本时，却没有现金流出。
（4）会计利润不反映垫支的流动资产和固定资产在项目终了时的回收情况。
（5）会计利润受存货估价、费用摊配、折旧计算方法的影响。这些因素导致了不同方案利润指标相关性差和透明度不高。

现金流量以收付实现制为基础，它序时动态地反映投资的流出和资金回收情况，可以弥补以权责发生制为基础的会计利润的不足。因此，收付实现制为投资预算和决策提供重要而准确的信息，成为投资预算和决策的重要基础和依据。

（三）现金流量的内容

（1）现金流出量：
①固定资产投资。
②为固定资产投资而发生的流动资产投资，如在建项目中发生的流动费用支出。
③除折旧外经营费用。
④各项税收。如所得税等。
以上现金流出量可以概括为固定资产投资和流动资产投资。
（2）现金流入量：
①营业收入。
②回收固定资产余值。
③回收流动资金。
以上现金流入量可以概括为每年实现的税后利润、每年计提的折旧和回收额。
（3）现金净流量。
现金净流量是现金流入量减去现金流出量的差额。

二、投资预算中现金净流量计算

【例11-1】某饭店欲在康乐部增加一个游戏室，预测如下：

机器成本	21 000 元
机器寿命	3 年
机器残值	0
年收入	25 000 元
包括折旧和所得税的年费用	10 000 元

折旧方法　　　　　　　　　　　　直线法
所得税税率　　　　　　　　　　　35%

根据上述预测计算该投资现金流量见表11-6。

表11-6　游戏室现金流量　　　　　　　　　　　　　　　　　　　　　　　　元

现金流	项目	第1年	第2年	第3年	合计	计算方法
流入	收入	25 000	25 000	25 000	75 000	年折旧=（成本+残值）/寿命
流出	费用	10 000	10 000	10 000	30 000	=（21 000+0）/3=7 000
	折旧	7 000	7 000	7 000	21 000	所得税=（折旧前利润－折旧）×税率
	所得税	2 800	2 800	2 800	8 400	=（25 000-10 000-7 000）×35%
现金流		12 200	12 200	12 200	36 600	=2 800
流出	投资				21 000	现金流=收入－费用－所得税
净现金流					15 600	=25 000-10 000-2 800
						=12 200
						净现金流=现金流入－现金流出
						=36 600-21 000
						=15 600

表11-6现金流出的费用中包括折旧和所得税，因为折旧不发生现金流，所以无须从费用中扣除，所得税虽然是现金流出，但已经包括在费用中，所以要从费用中扣除。

【例11-2】某饭店有150间客房，欲对客房投资改造，有两种方案可供选择，甲方案投资1 000万元，乙方案投资800万元，两种方案预测见表11-7。

表11-7　甲乙方案对经营的影响

	投资额/万元	年销售量/间	平均房价/元	单间成本/元	使用年限	所得税率/%	说明
甲方案	1 000	38 325	261	182.7	8	35	单间成本是扣除折旧费后，说明所有费用平均摊入年销售量
乙方案	800	38 325	200	136	8	35	

根据表11-7，计算甲方案现金流量，见表11-8；乙方案现金流量，见表11-9。

表11-8　现金流量分析表（甲方案）

单位：万元

现金流	项目	每年	共8年	计算方法
流入	收入	1 000.28	8 002.26	收入=261×38 325=1 000.28
流出	费用	700.2	5 601.6	费用=182.7×38 325=700.2
	折旧	125	1 000	年折旧=（成本+残值）/寿命=（1 000+0）/8=125
	所得税	61.28	490.24	所得税=（折旧前利润－折旧）×税率=（1 000.28-700.2-125）×35%=61.28
现金流		238.8	1 910.4	现金流=收入－费用－所得税=1 000.28-700.2-61.28=238.8
流出	投资		1 000	净现金流=现金流入－现金流出=1 910.4-1 000=910.4
净现金流			910.4	

表 11-9 现金流量分析表（乙方案）

单位：万元

现金流	项目	每年	共 8 年	计算方法
流入	收入	766.5	6 132	收入 =200×38 325=766.5
流出	费用	521.2	4 169.76	费用 =136×38 325=521.2
	折旧	100	800	年折旧 =（成本 + 残值）/ 寿命 =（800+0）/8=100
	所得税	50.9	407.2	所得税 =（折旧前利润 – 折旧）× 税率 =（766.5-521.2-100）×35%= 50.9
现金流		194.4	1 555.2	现金流 = 收入 – 费用 – 所得税 =766.5-521.2-50.9=194.4
流出	投资		800	净现金流 = 现金流入 – 现金流出 =1 555.2-800=755.2
净现金流			755.2	

单从甲乙两个方案产生的净现金流量看，应该选择甲方案。但就决策来讲，还要综合考虑其他因素。

三、投资预算方法

投资预算方法大体分为两类：一类是不考虑货币时间价值的方法称为静态指标法；另一类是考虑货币时间价值的方法称为动态指标法。

（一）静态指标法

静态指标法包括年平均投资报酬率法和投资回收期法。

1. 年平均投资报酬率

年平均投资报酬率又称账面收益率（Average Rate of Return，ARR），是年平均利率与平均投资额的比率。其计算公式如下：

年平均投资报酬率 =（平均每年利润 / 平均投资额）×100%

式中，平均每年利润 = 利润总额 / 年数；平均投资额 =（项目成本 + 残值）/2。

假设某饭店投资 60 000 元改建一个快餐厅，预测经营期 5 年，每年税后利润 8 000 元，其的年平均投资报酬率（ARR）为

年平均投资报酬率 =8 000/［（60 000+0）/2］

=8 000/30 000

=0.266 6

=26.67%

假设 5 年内各年利润分别为 6 000 元、7 000 元、8 000 元、9 000 元和 10 000 元，先计算出 5 年平均利润：

（6 000+7 000+8 000+9 000+10 000）/5 =8 000（元）

收益率 =8 000/［（60 000+0）/2］

=26.67%

计算结果表明，该投资项目年平均投资报酬率（ARR）为 26.67%，即每 100 元投资可获得 26.67 元报酬。

年平均投资报酬率计算简单，效果一目了然，但该方法忽略了现金流量或货币时间价值。下面我们用现金流量来衡量投资效果，即投资回收期法。

2. 投资回收期法

（1）投资回收期的计算。投资回收期法（Payback Period）又称偿还期法，是指计算收回投资额或偿还投资额所需时间的方法。

投资回收期与投资项目产生的现金流密切相关，有了相应的现金流才能收回投资，一般情况下，收回投资要经过1年或更多年的经营，因此，收回投资期的计算方法就要连续计算投资项目经营期的现金流量。

因现金流量与利润和折旧相关联，由于利润有很大的不确定性，投资回收期的计算公式也就分为两种：

一是每年现金净流量相等时，投资回收期的计算公式如下：

$$投资回收期（年）＝投资额 / 每年现金净流量$$

二是每年现金净流量不相等时，投资回收期计算如下：

第一步，用投资额从第1年开始依次减去各年税后利润与折旧之和，每减1次即为偿还投资额的期数或年数，其余额为尚未偿还的投资额；

第二步，当减至余额小于相邻下1年预期税后利润与折旧额之和时，停止减法计算，用余额除以相邻下1年的预期税后利润与折旧之和，得到的是剩余的偿还期；

第三步，将第一步的期数或年数与第二步剩余的偿还期数相加，即为投资回收期。

例如，某饭店欲投资60 000元，改建一个小型快餐店。经过预测，有两种现金流量方案可供选择，用投资回收期法比较两个方案的优劣。预测方案见表11–10。

表11–10 现金流量预测表

单位：元

现金流	年次	A方案			B方案			说明
		税后利润	年折旧	现金流	税后利润	年折旧	现金流	
流出				(60 000)			(60 000)	折旧采用直线法。年折旧额=60 000/5 =12 000
流入	1	8 000	12 000	20 000	6 000	12 000	18 000	
	2	8 000	12 000	20 000	7 000	12 000	19 000	
	3	8 000	12 000	20 000	8 000	12 000	20 000	
	4	8 000	12 000	20 000	9 000	12 000	21 000	
	5	8 000	12 000	20 000	10 000	12 000	22 000	
	合计			100 000			100 000	
净流量				40 000			40 000	

回收期计算方法，根据表11–10，分别计算两种方案的投资回收期。

①方案A的计算如下：

投资回收期＝投资额 / 每年现金净流量

＝60 000/20 000

＝3（年）

计算结果表明，A方案的投资回收期为3年。

②方案 B 的回收期计算：

第一步：见表 11-11。

表 11-11　方案 B 现金净流量

年限	0	1	2	3	4	5
现金净流量	（60 000）	18 000	19 000	20 000	21 000	22 000
累计现金净流量	（60 000）	（42 000）	（23 000）	（3 000）	18 000	40 000

表 11-11 的计算过程说明，已经偿还 3 年投资了，尚有 3 000 元没有还。

第二步：因为第三年剩余的 3 000 元是尚未偿还的投资额，小于相邻的第四年 21 000 元，也就是说，第四年的现金流入量偿还剩余的 3 000 元后还有剩余，所以不能继续使用减法，而应该用 3 000 除以 21 000，含义是在第 4 年中用几个月或多少天可以偿还完 3 000 元。计算如下：

$$3\,000/21\,000=0.143（年）$$

第三步：用第一步的 3 年还款期加上剩余的 0.143 年还款期，即为 60 000 元投资回收期的年限。计算如下：

$$3+0.143=3.143（年）$$

计算结果表明，B 方案的投资回收期为 3.143 年。

从投资回收期看，A 方案优于 B 方案。

（2）投资回收期法的缺点。从投资回收期看，A 方案优于 B 方案。但是，这个结论没有考虑货币的时间价值，也没有考虑回收期后的现金流量问题。如果将这两个因素考虑进来再比较 A 和 B 两个方案。

利用表 11-10，对 A 和 B 两个方案的净现金流量和货币时间价值计算如下：

净现金流量在表 11-10 中已经计算，A 和 B 两个方案都是 40 000 元。

现金流入的货币时间价值需要借助现值系数表，将现金流入看成终值，求现值，查现值系数表计算，见表 11-12。

表 11-12　A、B 方案货币时间价值比较表　　　　　　　　　　　单位：万元

年次	A 方案			B 方案			说明
	现金流入量	现值系数	现值	现金流入量	现值系数	现值	
0	（60 000）			（60 000）			
1	20 000	0.870	17 400	18 000	0.870	15 600	
2	20 000	0.756	15 120	19 000	0.756	14 364	以 15% 折现率计算所有现金流入的现值
3	20 000	0.658	13 160	20 000	0.658	13 160	
4	20 000	0.572	11 440	21 000	0.572	12 012	
5	20 000	0.497	9 940	22 000	0.497	10 934	
合计	100 000		67 060	100 000		66 070	
净流量	40 000			40 000			

计算结果表明，A 方案现金流入量的 15% 折现率的现值为 67 060 元，B 方案为 66 070 元，A 方案优于 B 方案。

通过计算表明，投资回收期和货币时间价值 A 方案优于 B 方案，现金净流量两个方案相

同，通过这样全面比较，才能说 A 方案优于 B 方案。

表 11-13 进一步说明使用投资回收期法的不足。

表 11-13　A、B 方案货币时间价值比较表

年次	A 方案			B 方案			说明
	现金流入量	现值系数	现值	现金流入量	现值系数	现值	
0	（10 000）			（10 000）			以 15% 折现率计算所有现金流入的现值
1	5 000	0.870	4 348	3 000	0.870	2 610	
2	4 000	0.756	3 024	4 000	0.756	3 024	
3	3 000	0.658	1 973	5 000	0.658	3 290	
4	2 000	0.572	1 144	6 000	0.572	3 432	
5	1 000	0.497	497	7 000	0.497	3 479	
合计	15 000		10 986	25 000		15 835	
净流量	5 000			15 000			
回收期	2.33（年）=（10 000−5 000−4 000）/3 000+2			2.60（年）=（10 000−3 000−4 000）/5 000+2			

在表 11-13 中从投资回收期看，A 方案为 2.33 年，B 方案为 2.6 年，A 方案优于 B 方案，从现金流入的现值看，A 方案 10 986 元，B 方案为 15 835 元，B 方案优于 A 方案，从现金净流量看，A 方案产生的现金量超过回收期时产生的现金流 5 000 元，B 方案则超过了 15 000 元，此时，判断哪个方案更优，就要根据投资者所设定的目标了。

引用净现值方法进一步说明在投资预算中使用现值概念的重要意义。

（二）动态指标法

1. 净现值法

净现值法（Net Present Value，NPV）是指用投资项目预测的现金流入量的现值与投资额的差额衡量投资效果的方法。在净现值法中，投资额是投资期初发生的现金流出，可以看成现值，而项目产生的利润是投资额产生的终值，只有将终值转换成现值才能进行比较。

用现金流入量的现值减去项目投资额，如果等于或大于零，则项目可接受。如果有几个投资项目进行比较，则选择净现值最高的项目。

在表 11-13 中，A 方案现金流入量现值为 10 986 元，比投资额 10 000 元多 986 元；B 方案现金流入量为 15 835 元，比投资额多 5 835 元。两个方案的净现值都为正数，都是可以选择的项目，但 B 方案的净现值远高于 A 方案，多出 4 849 元。B 方案优于 A 方案。

净现值法也有不足之处，它不适用两个不同投资额规模的比较，因为当两个方案净现值相同时，投资规模可能不同。

2. 现值指数法

现值指数法（Present Value Index）是指经营期现金净流量的现值与投资现值之比。或者说，未来报酬的现值与投资额之比，又称获利指数，用 PI 表示。

现值指数计算公式如下：

$$现值指数（PI）= 经营期现金净流量现值 / 投资额$$

现值指数法是根据各方案的现值指数来确定方案是否可行和选择最优方案，判别的标准是

现值指数是否大于 1。现值指数大于 1，则方案可行；现值指数小于 1，则方案不可行。在多方案选优中，现值指数最大的方案为最优方案。

现值指数法与净现值法的区别在于：前者计算的是经营期现金净流量现值与投资额之比；后者计算的是经营期现金净流量现值与投资额之差。前者反映投资效率，后者反映投资效益，即每投资 1 元，能带来的报酬大小。所以，对于不同规模的投资方案，可以采用现值指数法评价方案的可行性或优劣。

例如，在表 11-13 中：
A 方案的现值指数 =10 986/10 000
　　　　　　　　=1.098 6
B 方案的现值指数 =15 835/10 000
　　　　　　　　=1.583 5
B 方案优于 A 方案。

3．内部收益率法

净现值法虽然能确定方案是否可行，但不能指出方案的实际报酬率（收益率）有多大，而内部收益率法可确定各方案的收益率。

收益率是投资与投资所得的比率，又称报酬率，与银行存款率、折现率是同等概念，用公式表示如下：

收益率 =（投资额 / 投资获利额）×100%

内部收益率是相对于银行存款利率而言的，银行存款利率是由银行确定的，内部收益率是由投资者确定的。

内部收益率又称内含报酬率（Internal Rate of Return），用 IRR 表示。它是使方案净现值为 0 的折现率，也就是用该折现率对方案的未来报酬率进行折现，所得现值恰好与原始投资额相等。

内部收益率法是根据投资方案所计算的内部收益率确定方案是否可行的方法。内部收益率如果大于设定的折现率，则方案可行；内部收益率如果小于设定的折现率，则方案不可行。在比较多个投资方案时，内部收益率最大的方案为最优方案。

内部收益率的计算分以下两种情况：

（1）每年现金净流量相等。每年现金净流量相等，可视为年金。内部收益率，也就是年金现值系数的计算公式如下：

根据公式：净现值 = 经营期现金净流量现值 − 原始投资额
　　　　　　　 = 每年现金净流量 × 年金现值系数 − 原始投资额

现每年现金净流量相等，即净现值 =0

则　　　　　年金现值系数 = 原始投资额 / 每年现金净流量

利用年金现值系数公式，求出年金现值系数，查表求内部收益率，这种方法又称年金法。

例如，某饭店欲投资 100 000 元改建一个中餐厅，当年完工并投入使用，经营期为 5 年，每年现金净流量 30 000 元，求该项目内部收益率。计算如下：

年金现值系数 =100 000/30 000
　　　　　　=3.333

查年金现值系数表，在 $n=5$ 的对应栏中未能查到系数 3.333，使用内插法，查表得到与 3.333 相邻的两组数据：3.433 和 3.274，内插法计算：

表 11-14　部分年金现值系数

折现率	年金现值系数
14%	3.433
i	3.333
16%	3.274

根据内插法公式计算：

（16−i）/（16−14%）=（3.274−3.333）/（3.274−3.433）

i=16%−2%×0.37

　=16%−0.724%

　=15.258%

计算结果表明该方案内部收益率为 15.258%，如果饭店要求最低报酬率为 12%，则该方案可行。

（2）每年现金净流量不相等。每年现金净流量不相等时，内部收益率的计算如下：

第一步：选定一个折现率 i，计算净现值 NPV（用净现值总额减去投资额）。如果净现值总额等于 0，则 i 即为内部收益率；如果 NPV>0，说明 i 选小了，要继续第二次测试；如果 NPV<0，说明 i 选大了，接着再测试，一直测试到 NPV>0 和 NPV<0 的相邻的两个折现率。

第二步：用两个相邻的折现率及相对应的净现值，采用内插法（Trial and Error）计算，计算结果即为内部折现率。

例如，在表 11-13 中，项目经营期限为 5 年，即 n=5，每年现金净流量不相等。计算 A、B 两个方案的内部收益率。

A 方案的内部收益率计算，见表 11-15。

表 11-15　A 方案现金净流量计算表

年次	现金净流量	第一次测试（折现率15%）		第二次测试（折现率20%）		第三次测试（折现率22%）	
		现值系数	现值	现值系数	现值	现值系数	现值
1	5 000	0.870	4 348	0.839	4 195	0.820	4 100
2	4 000	0.756	3 024	0.694	2 776	0.672	2 688
3	3 000	0.658	1 973	0.579	1 737	0.551	1 653
4	2 000	0.572	1 144	0.482	964	0.451	902
5	1 000	0.497	497	0.402	402	0.370	370
合计			10 986		10 074		9 713
原投资额			10 000		10 000		10 000
净现值			986		74		−287

根据表 11-15 的计算，选择 20% 和 22% 两个折现率及其计算出的净现值额，采用内插法求方案 A 的内部收益率：

方案 A 内部收益率 =22%-2%×［287/（287+74）］
                =22%-2%×0.795
                =22%-0.015 9×100%
                =20.4%

也就是说，当现金净流量等于 0 时，方案 A 的内部收益率为 20.4%。

用同样方法计算 B 方案的内部收益率，计算见表 11-16。

表 11-16　B 方案现金净流量计算表

年次	现金净流量	第一次测试（折现率22%）		第二次测试（折现率38%）		第三次测试（折现率40%）	
		现值系数	现值	现值系数	现值	现值系数	现值
1	3 000	0.820	2 460	0.735	2 205	0.714	2 142
2	4 000	0.672	2 688	0.541	2 165	0.510	2 040
3	5 000	0.551	2 755	0.498	2 490	0.364	1 820
4	6 000	0.451	2 706	0.292	1 752	0.260	1 560
5	7 000	0.370	2 590	0.315	2 205	0.186	1 302
合计			13 199		10 817		8 864
原投资额			10 000		10 000		10 000
净现值			3 199		817		-1 136

根据表 11-16 的计算，选择 38% 和 40% 两个折现率及其计算出的净现值额，采用内插法求方案 B 的内部收益率。

方案 B 内部收益率 =38%-2%×［1 136/（1 136+817）］
                =38%-2%×（1 136/1 953）
                =38%-2%×0.582
                =38%-0.011 6
                =36.8%

通过比较，方案 B 内部收益率为 36.8%，方案 A 内部收益率为 20.4%，B 方案优于 A 方案。

在整个测试中，关键是如何选定 i，i 选择得准确，测试的次数就会减少，使测试变得简单，否则测试的次数就会增加，使测试变得很麻烦。根据经验，测试中选择 i 时，将与 i 对应的现值系数小数点后两位数，四舍五入转换为整数，逐个用心算与选择的 i 对应的年份即期数相乘，并将每期相乘的数额相加起来，与投资额比较，依此判断 i 选择的大或小，然后详细计算。

4．动态指标各类方法的比较

（1）单一方案评价中各方法的比较。当只有一个方案的投资项目的预算时，适合选用净现值法、现值指数法和内部收益率法。用这三种方法所计算的预算，都会得出相同的结论。

从这三种方法的计算公式中，可以看出三种方法的内在关系：如果某方案的净现值大于 0，则其现值指数大于 1，内部收益率大于设定的折现率，方案可行；如果某方案的净现值小于 0，则其现值指数小于 1，内部收益率小于设定的折现率，方案不可行；如果某方案的净现值等于 0，则其现值只是等于 1，内部收益率等于设定的折现率，方案可取可不取。

（2）多个互斥方案评价中各方案比较。净现值法与现值指数法比较。在一般情况下，用净现值法得出的结论和用现值指数法得出的结论非常相似。然而，当投资额不同时，两种方法得出的结论可能相反。

净现值法与内部收益率法的比较。对于同一方案的评价，两种方法会得出相同结论。但对互斥投资方案两种方法可能得出不同的结论。

总之，净现值法优于其他方法，当选择不同方法，对互斥方案进行选优时，如果有关其他方法做出的结论不同，则应以净现值作为最终的选优标准。

任务三　固定资产更新预算

能力目标

能够运用固定资产更新的分析方法；
能够对原固定资产已不适用时的方案进行选择。

知识目标

了解固定资产更新的含义；
掌握固定资产更新分析方法。

思政目标

培养勤俭节约的管理思维；
培养大局观，强化社会主义核心价值观。

岗课赛证融合

对应岗位	前厅管理岗、客房管理岗、餐饮管理岗、财务管理岗
对应证书技能	《现代酒店服务质量管理职业技能等级标准》中级证书 服务交付与管控领域——餐厅仓库管理 服务交付与管控领域——酒店固定资产盘点 服务交付与管控领域——客房仓库管理
对应赛项要求	全国职业院校技能大赛高职组"餐厅服务"赛项 中餐服务——模块B——宴会服务——宴会用固定资产的检查与更新 西餐服务——模块D——休闲餐厅服务——餐厅固定资产的更新分析

一、固定资产更新的特点

固定资产更新（Fixed Assets Replacement）是用新的固定资产更换由于经济或技术原因而不再使用的旧的固定资产过程。

固定资产更新引起的资本投入不同于其他资本投入，一是固定资产更新只有现金流出，而没有现金流入，因此在比较各种方案时，不适合使用上述分析方法，只需要分析各方案的成本。二是由于新旧设备使用的年限不同，在分析成本时，要分析年均成本，而不能分析总成本。

二、固定资产更新的分析方法

固定资产更新分析应采用年均成本法。所谓年均成本是指为维持生产经营能力每年在固定资产上需支付的成本。包括年投资摊销额和年使用费。年投资摊销额是投资额减残值后除以使用年限；年使用费是维持固定资产正常运转的维修费、燃料、动力等各项费用汇总。年均成本用公式表示为

$$年均成本 = (投资额 - 残值) / 使用年限 + 年使用费$$

如果考虑货币时间价值，则要将不同时点的货币支付换算到同一时点再计算。其计算方法有三种：

（1）年均成本 =（投资额 - 残值 × 现值系数）/ 年金现值系数 + 年使用费
（2）年均成本 =（投资额 / 年金现值系数）-（残值 / 年金终值系数）+ 年使用费
（3）年均成本 =（投资额 + 年使用费 × 年金现值系数 - 残值 × 现值系数）/ 年金现金系数

三、固定资产更新分析

（一）陈旧设备是否需要更新

例如，某餐厅后厨房有 1 台 5 年前购置的大型冷冻冰箱，当时购置价格为 24 000 元，由于容积较小，现准备用新设备替代旧设备，新设备购价为 28 000 元，预计使用年限为 10 年，期满残值为 4 000 元，年使用费为 1 500 年。旧设备尚可使用 5 年，预计残值为 3 000 元，年使用费 3 000 元。如果出售旧设备可得价款 7 000 元。银行利率为 10%，问是否进行更新？

已知条件见表 11-17。

表 11-17 大型冷冻冰箱使用情况

项目	投资额 / 元	使用年限 / 年	残值 / 元	年使用费 / 元	利率 /%
新设备	28 000	10	4 000	1 500	10
旧设备	7 000	5	3 000	3 000	10

计算新设备平均成本如下：

查现值系数表，年限 $n=10$ 年，利率 $i=10\%$，相对应的现值系数为 0.385；查年金现值系数表，年限 $n=10$，利率 $i=10\%$，相对应的年金现值系数为 6.144。代入公式

新设备年均成本 =（投资额 - 残值 × 现值系数）/ 年金现值系数 + 年使用费
　　　　　　　=（28 000-4 000×0.385）/6.144+1 500
　　　　　　　=26 460/6.144+1 500
　　　　　　　=5 807（元）

用同样办法计算旧设备年平均成本如下：

旧设备年均成本=（7 000-3 000×0.621）/3.791+3 000

=5 137/3.791+3 000

=4 355（元）

计算结果表明旧设备年均成本小于新设备年均成本，所以暂不对旧设备进行更新。

（二）对固定资产是大修还是更新

某饭店有个内部使用的洗衣房，现有设备是10年前购置的，购置价200 000元，已经不能满足需要，对洗衣房是更换新设备还是大修理？如果更换新设备，新机器购价为220 000元，可使用10年，预计残值13 000元，每年使用费用10 000元，旧机器变价收入35 000元；如果大修，大修费需要45 000元，大修后旧机器还可以使用4年，预计残值6 000元，每年使用费需18 000元，银行利率为6%。

更换新设备方案计算如下：

更新年均成本=（投资/年金现值系数）+年使用费－（残值/年金终值系数）

=（220 000/7.36）+10 000－（13 000÷13.181）

=38 905（元）

大修年均成本=（45 000+35 000）/3.465+18 000－（6 000÷4.375）

=39 717（元）

计算表明，更新年均成本小于大修后年均成本，应该选择更新方案。

但是，如果本案例中银行年利率为14%，其他条件不变，计算结果如下：

更新年均成本=（投资/年金现值系数）+年使用费－（残值/年金终值系数）

=（220 000/5.216）+10 000－（13 000/19.337）

=51 506（元）

大修年均成本=（35 000+45 000）/2.913+18 000－（6 000/4.921）

=44 244（元）

计算结果表明，大修年均成本小于更新年均成本，应该选择大修方案。

从银行存款利率变化看，利率的高低影响预算结果。利率越高，投资越应谨慎。

（三）原固定资产已不适用时的方案的选择

某饭店一年前购置了1台冰箱，购置价格为4 000元，年使用费700元，尚可使用5年，预计残值300元；由于业务量增加，该冰箱容积太小，是保留原冰箱再增加1台小冰箱，还是淘汰原来冰箱，重新购置1台大冰箱。经调查，增加1台小冰箱，目前购价5 000元，预计使用年限5年，残值350元，年使用费700元；购置1台大冰箱，购置价格11 000元，可使用5年，预计残值600元，年使用费1 000元，原有设备变现价为3 500元。假定银行年利率为10%。请问采用哪一个方案？

上述两个方案的主要指标见表11-18。

表11-18 两个方案主要指标

项目	方案1		方案2
	原有小冰箱	新增小冰箱	新型大冰箱
购价（或变现价）/元	3 000	5 000	11 000
预计使用年限/年	5	5	5

续表

项目	方案 1		方案 2
	原有小冰箱	新增小冰箱	新型大冰箱
预计残值/元	300	350	600
年使用费/元	700	700	1 000

方案 1 年均成本计算：
原有小冰箱年均成本 =（3 000−300×0.621）/3.791+700 =1 442（元）
新增小冰箱年均成本 =（5 000−350×0.621）/3.791+700 =1 962（元）
方案 1 年均成本 =1 442+1 962=3 403（元）
方案 2 年均成本计算：
方案 2 年均成本 =（11 000−600×0.621）/3.791+1 000=3 803（元）
计算结果表明，如果不受空间限制应该选择方案 1。

北京环球影城大酒店宣传片

小结

投资预算又称资本预算，是通过计算而确认购置何种固定资产和投入多少资金才能达到预期投资效果的活动和过程。

所谓的货币时间价值是指一定货币量在使用一定时间后所产生的多出使用时的价值。这个定义说明，决定货币时间价值的因素有两个：一个是货币的使用方向或内容；一个是货币的使用时间。

货币时间价值用百分比表示，其计算公式如下：

$$货币时间价值 =（增值量 \div 使用量）\times 100\%$$

计算货币时间价值，可以以现在本金为基础计算未来一定时间内的本金和利息，也可以反过来，以将来要获得预定的本利和为基础，计算现在需要投入多少数额的货币。前者称为货币时间价值的终值，后者称为货币时间价值的现值。

投资预算方法大体分为两类：一类是不考虑货币时间价值的方法，称为静态指标法；另一类是考虑货币时间价值的方法，称为动态指标法。

静态指标法包括年平均投资报酬率法和投资回收期法。

年平均投资报酬率法是年平均利率与平均投资额的比率。平均报酬率计算简单，效果一目了然，但该方法忽略了现金流量或货币时间价值。

投资回收期法又称偿还期法，是指计算收回投资额或偿还投资额所需时间的方法。投资回收期与投资项目产生的现金流密切相关，有了相应的现金流才能收回投资，投资回收期法的缺点也是没有考虑回收期后的现金流量问题。

动态指标法包括净现值法、现值指数法和内部收益率法。

净现值法是指用投资项目预测的现金流入量的现值与投资额的差额衡量投资效果的方法，也称 NPV 法。在净现值法中，用现金流入量的现值减去项目投资额，如果等于或大于零，则项目可接受。如果有几个投资项目进行比较，则选择净现值最高的项目。净现值法也有不足之处，它不适用两个不同投资额规模的比较，因为当两个方案净现值相同时，投资规模可能不同。

现值指数法是指经营期现金净流量的现值与投资现值之比，或者说，未来报酬的现值与投资额之比。判别的标准是现值指数是否大于1。现值指数大于1，则方案可行；现值指数小于1，则方案不可行。在多方案选优中，现值指数最大的方案为最优方案。现值指数法与净现值法的区别在于：前者计算的是经营期现金净流量现值与投资额之比；后者计算的是经营期现金净流量现值与投资额之差。前者反映投资效率，后者反映投资效益，即每投资1元，能带来的报酬大小。所以对于不同规模的投资方案，可以采用现值指数法评价方案的可行性或优劣。净现值法虽然能确定方案是否可行，但不能指出方案的实际报酬率（收益率）有多大，而内部收益率法可确定各方案的收益率。

收益率是投资与投资所得的比率，又称报酬率，与银行存款率、折现率是同等概念。

在动态指标各类方法中，当只有一个方案的投资项目的预算时，适合选用净现值法、现值指数法和内部收益率法。用这三种方法所计算的预算，都会得出相同的结论。三种方法的内在关系：如果某方案的净现值大于0时，则其现值指数大于1，内部收益率大于设定的折现率，方案可行；如果某方案的净现值小于0，则其现值指数小于1，内部收益率小于设定的折现率，方案不可行；如果某方案的净现值等于0，则其现值只是等于1，内部收益率等于设定的折现率，方案可取可不取。当有多个互斥方案时，在一般情况下，用净现值法得出的结论和用现值指数法得出的结论非常相似。然而，当投资额不同时，两种方法得出的结论可能相反。对于同一方案的评价，净现值法与内部收益率法会得出相同结论。但对互斥投资方案，两种方法则可能得出不同的结论。

总之，净现值法优于其他方法，当选择不同方法，对互斥方案进行选优时，如果有关其他方法做出的结论不同，则应以净现值作为最终的选优标准。

因为固定资产更新只发生成本，所以固定资产更新分析应采用年均成本法。所谓年均成本是指为维持生产经营能力每年在固定资产上需要支付的成本。

测试题

一、概念题

1. 投资预算。
2. 货币时间价值。
3. 单利；复利。
4. 终值；现值。
5. 名义利率；实际利率。
6. 年金；折现率；现金流量。
7. 静态指标法；动态指标法。
8. 平均投资报酬率。
9. 投资回收期法。
10. 净现值法。
11. 内部收益法；现值指数法；内部收益率法。
12. 固定资产年均成本。

二、填空题

1. 经营预算是投资预算的（　　）条件。
2. 资本投资和收回投资是一个（　　）过程。

3. 经营预算所涉及的周期一般是（　　）的时间，投资预算所涉及的周期一般是（　　）的时间。

4. 资本投资因为（　　）和（　　）而需要计算货币时间价值。

5. 管理会计是以（　　）作为计息基础的。

三、判断题（下面的表述是否正确，正确的打"√"，错误的打"×"。）

1. 决定货币时间价值的因素是货币使用方向或内容以及货币的使用时间。（　　）

2. 现值是终值的逆运算。（　　）

3. 货币时间价值是货币所有者投资的手段。（　　）

4. 在饭店管理会计中，计算货币时间价值是以单利作为计息基础的。（　　）

四、选择题

1. 下列哪一项不用编制投资预算（　　）。
   A．购置设备满足安全生产需要　　　B．增加固定资产扩大销售能力
   C．计划固定费用　　　　　　　　　D．更新现有固定资产

2. 某餐馆增建一个小酒吧，需投资 50 000 元，年利率 10%，两年后 50 000 元的价值是（　　）元。
   A．60 500　　　　　　　　　　　　B．65 000
   C．60 000　　　　　　　　　　　　D．60 050

3. 某餐馆经理拟用积累的资金投资一个项目，使其在两年后获得 100 000 元收入，当期利率为 12%，今天应该投资（　　）元。
   A．77 920　　　　　　　　　　　　B．72 790
   C．79 720　　　　　　　　　　　　D．79 270

4. 以下哪些因素是投资预算中净现值模型比较强调的？（　　）
   A．货币时间价值　　　　　　　　　B．现金流量
   C．项目成本　　　　　　　　　　　D．以上全是

五、简述题

1. 为什么说货币时间价值是货币所有者投资的指示器？
2. 投资预算中为什么以收付实现制为基础计算现金流量？
3. 哪种投资预算最有效？为什么？
4. 投资预算中回收期法的缺点是什么？
5. 为什么存入银行的资金会产生利息？

六、计算题

1. 张先生有笔资金欲存入银行，银行的存款利率为 12%，今天是一年的开始，张先生面临四种选择：
   （1）连续 10 年每年年初收到 1 万元；
   （2）第 10 年年末收到 100 万元；
   （3）10 年内每年年末收到 1 万元；
   （4）第一个 5 年内每年年末收到 1.2 万元，后 5 年内每年年初收到 8 000 元。

   要求：确定以上四种情况下每笔现金流的现值是多少？

2. 李先生和他的伙伴考虑投资 500 万元购买一座建筑改为经济型酒店，并对 10 年寿命内的利润流进行了预测，预测结果见表 11-19。

表 11-19　经济型酒店利润流预测

年次	净利润/元
1	−245 000
2	−115 600
3	18 400
4	276 320
5	455 000
6	1 066 700
7	1 150 000
8	1 069 300
9	1 055 700
10	1 000 250

预计该经济型酒店在10年寿命末没有残值。

要求：

1）利用账面收益率法，计算这个项目的收益率是多少？

2）如果李先生和他的伙伴要求35%的账面收益率，是否应该购买这个建筑物？

第五部分 内部控制篇

学习情境十二　饭店内部控制与会计控制

本学习情境介绍了饭店内部控制意义，内部控制流程，及主要岗位对内部控制的要求。饭店业对内部控制要求极为严格，其内部控制覆盖范围达到全方位、全过程、全员的三全程度。

任务一　饭店内部控制概述

能力目标

能够明确内部控制的意义；
能够运用内部控制的程序和方法解决实际问题。

知识目标

理解内部控制的定义和意义；
掌握主要岗位的内部控制流程与要求。

思政目标

培养学生具有风险意识和法治精神；
培养学生敢于开拓、勇于创新的革新精神；
培养学生乐于奉献，敢于担当的主人翁精神。

岗课赛证融合

对应岗位	前厅管理岗、客房管理岗、餐饮管理岗、财务管理岗
对应证书技能	《现代酒店服务质量管理职业技能等级标准》中级证书 服务标准化领域——质量检查标准设计
对应赛项技能要求	全国职业院校技能大赛高职组"餐厅服务"赛项 中餐服务——模块A——主题宴会设计——宴会设计工作流程 西餐服务——模块C——鸡尾酒调制与服务——鸡尾酒调配标准流程

一、饭店内部控制的定义

《企业内部控制基本规范》(财会〔2008〕7号):内部控制是由企业董事会、监事会、经理层和全体员工实施的、旨在实现控制目标的过程。内部控制的目标是合理保证企业经营管理合法合规、资产安全、财务报告及相关信息真实完整,提高经营效率和效果、促进企业实现发展战略。

饭店内部控制是指饭店通过组织计划,采用有效的方法和措施,协调饭店内部各岗位,达到加强资产管理,提高经营效率和效益,完成饭店预期目标的活动和过程。

二、饭店内部控制的意义

(1) 主要是为了完成预期的各项任务和指标。
(2) 杜绝饭店资产的损失。
①饭店使用的大多数物品都是个人及家庭所需要的、并能够使用上的物品。
②饭店有多个利润中心,每个利润中心存在大量的现金交易,尽管使用各种现金卡支付的比重在提高,但每个利润中心每天营业时间较长,有的甚至24小时营业。
③在成本中心向外支付中,也存在大量的现金支付,有些缺少正规发票。
④饭店许多岗位人员流动频繁。
⑤日常经营中常用到价值较高的物品。
⑥在与客人接触中经常接触到时尚的、新颖的物品。

饭店业的特点更突出了建立有效的内部控制系统的迫切性。从需要、道德和机会三方面看,饭店管理者对员工的需要和道德的生成能够产生一定影响,但还不能足以防止盗窃公款和欺诈行为的发生。杜绝部分员工盗用公款和欺诈的主要措施,就是通过管理者制定和执行严密的制度,消除各种可能产生盗窃、欺诈行为机会。

三、饭店内部控制方法和目标

(一)内部控制方法

为了更好地贯彻《企业内部控制基本规范》,财政部、审计署、证监会、银监会和保监会联合发布了《企业内部控制配套指引》,该文件包括"企业内部控制应用指引""企业内部控制评价指引"和"企业内部控制审计指引"。其中"企业内部控制应用指引"包括组织架构、发展战略、人力资源、社会责任、企业文化、资金活动、采购业务、销售业务、合同管理、信息系统等18个方面的应用指引。我们将其归纳为行政控制和会计控制。

(二)会计控制的目标

(1) 保护资产。如对现金及等价物、机器设备、存货等"物"的保护。
(2) 审核会计资料。如会计凭证的完整合法,会计数据的完整、准确和平衡,会计报告的真实性等"账"的审计。

(三)行政控制的目标

(1) 提高经营效率和效益。效率和效益既有联系又有区别,效率是时间与数量的比率,效益是投入与产出的比率。饭店经营效果如何主要看效率和效益。

（2）使员工提高职业道德和遵守饭店规章制度。需要特别指出的是，在饭店内部控制四项目标中，在实际工作中会出现简易操作与内控要求相违背的情况。从保护资产角度看，签字人员多一点，控制的程度可能就严密一些，如厨房出库几件原材料，要经过4人以上签字；可是从效率看，4个人签字肯定相当烦琐，严重影响了操作效率。因此，内部控制需要管理人员有较高的平衡和协调能力。

四、内部控制的执行与检查

行政控制方法再严格，会计控制方法再严密，如果方法得不到贯彻，制度得不到执行，控制就会失效。防止控制失效，或者说加强内部控制的关键环节是上级主管对内部控制的执行和督导检查。督导和检查有许多方法，较为有效的方法主要是明确而严密的流程和科学的调查方法。

（一）工作标准与流程

控制分为结果控制和过程控制。流程的制定和执行的目的，就是进行过程控制。在饭店的管理活动中，过程往往决定了结果。

一些饭店，尤其是有点规模的饭店，对大部分的岗位都提出了明确的工作流程要求，这些工作流程在执行过程中不同程度地被打了折扣，主要原因是这些流程往往是以文字描述的，用文字描述一个连续不断的行为过程，很难做到准确、严密，如果在文字描述工作流程的同时配备一个流程图，就能很好地弥补文字的不足（图12-1）。另一个原因为：许多饭店工作流程是单独提出来的，与岗位说明书相脱离，无形中降低了工作流程的权威性和重要性。表12-1是一张包含了工资标准和流程的岗位说明书（样式）。

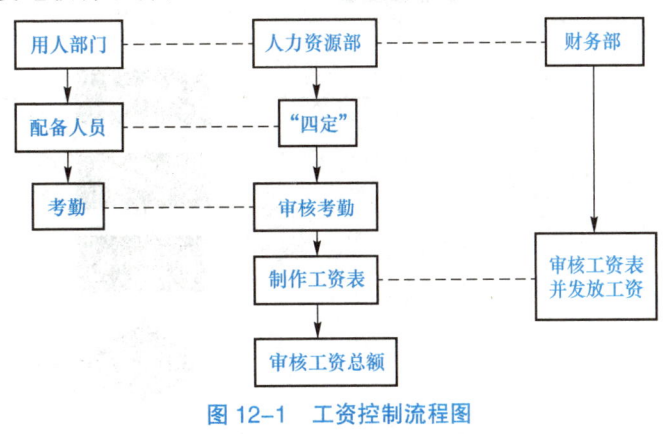

图12-1 工资控制流程图

表12-1 岗位说明书（样式）

岗位名称	领班	所属班组	领班
直属上级	楼层经理	直接下级	服务员
修订日期	20×4-12-31	岗位编码	F&B003
主要职责			
工作流程	工作标准		

续表

任 职 资 格	
学历/知识背景	
工作经验	
专业资格	
其他要求	

如果将工资控制的文字描述加上流程图，就会更加形象地感知工资控制的流程，从而能更好地贯彻执行工资控制流程。

图 12-1 所示是工资控制流程图样式。

图 12-2 和图 12-3 分别是下单点餐流程和采购审批流程。

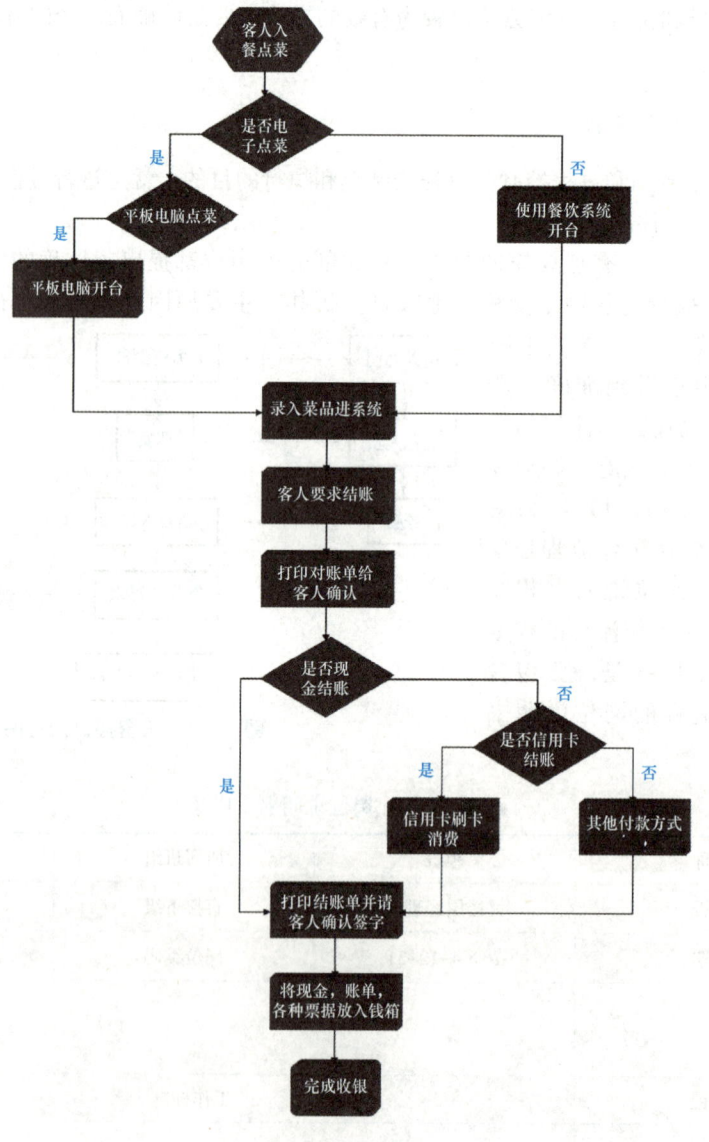

图 12-2　下单点餐流程图

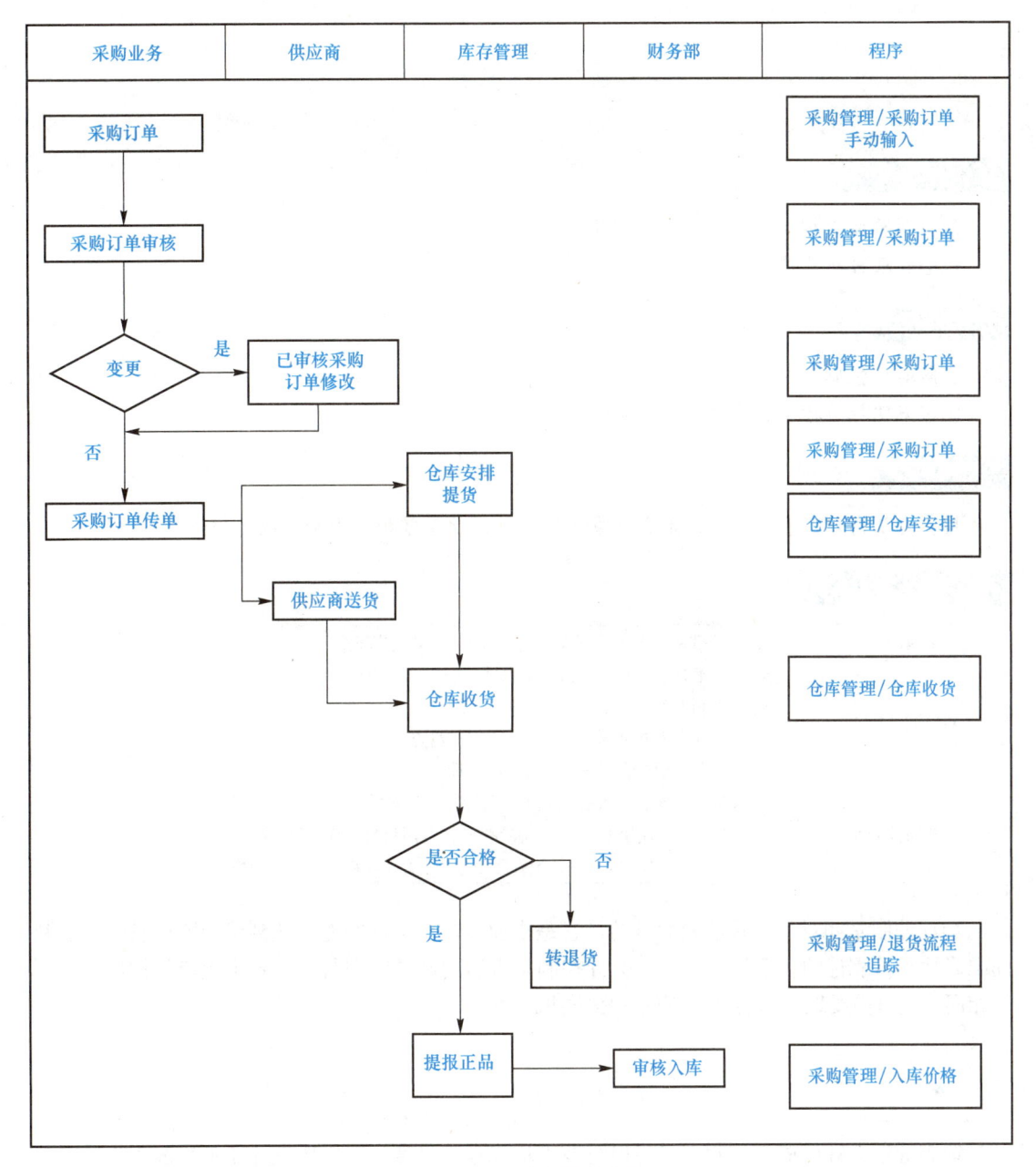

采购业务	供应商	库存管理	财务部	程序
采购订单				采购管理/采购订单手动输入
↓				
采购订单审核				采购管理/采购订单
↓				
变更 —是→ 已审核采购订单修改				采购管理/采购订单
↓否				
采购订单传单		仓库安排提货		采购管理/采购订单 仓库管理/仓库安排
	供应商送货	↓		
		仓库收货		仓库管理/仓库收货
		↓		
		是否合格 —否→ 转退货		采购管理/退货流程追踪
		↓是		
		提报正品 → 审核入库		采购管理/入库价格

图 12-3 采购审批流程图

（二）对内部控制状况进行调查

（1）调查的内容：现行的制度、流程、方法等哪些不适合，需要取消还是修改？哪些没有得到执行？原因在哪里？员工对内部控制的制度、方法是否赞成和接受，是否反对和抵制，原因在哪里？

（2）调查的方法。内部控制的督导和检查有许多方法，如由调查人员找执行流程人员谈话，请他反复几次仔细描述同一工作的工作过程，以此检查饭店的流程是否得到有效的执行。

任务二 会计控制

知识目标

能够明确成本控制的主要方法和程序；
能够合理分析资产的控制项目。

知识目标

了解会计控制的内容；
掌握采购批量控制和存货日常控制的内容。

思政目标

培养责任意识，节俭意识，形成注重实地调查，注重掌握一手资料的工作方式。

岗课赛证融合

对应岗位	前厅管理岗、客房管理岗、餐饮管理岗、财务管理岗
对应证书技能	《现代酒店服务质量管理职业技能等级标准》中级证书 服务交付与管控领域——餐厅仓库管理 服务交付与管控领域——酒店固定资产盘点 服务交付与管控领域——客房仓库管理
对应赛项技能要求	全国职业院校技能大赛高职组"餐厅服务"赛项 中餐服务——模块B——宴会服务——宴会用材料采购与保管控制 西餐服务——模块C——休闲餐厅服务——餐厅材料采购与保管控制

会计控制是相对于行政控制而言的，它是指通过履行会计职能，达到保护资产及会计资料的准确性和可靠性的企业管理行为。会计控制是饭店内部的管理行为，各个饭店的控制方法不尽相同，这里简要地介绍会计控制的一般方法。

一、成本控制

饭店管理会计的成本控制，是指以行业平均成本为尺度，以饭店近几年平均成本为标准，以当期预算成本为目标，通过对预算成本与现实成本的差异分析与控制，达到完成预期利润目标的活动与过程。

与生产制造业的成本控制不同，饭店业成本控制的最大特点是总量控制。因为在饭店产品和服务的成本中，除人工成本外，其他成本的单位成本很难统计，只能从总成本分摊到单位成本。这是因为，客房成本的多寡是由顾客决定的，客人每天使用多少水、多少电，饭店无法计量和控制，甚至客房所需的人工成本，在一定程度上也是由客人决定的，每位客人的生活习惯和整洁程度不同，清扫员的劳动强度和效率也不同；餐饮成本虽然不是由客人决定，但要将每道菜所使用的原材料、油盐酱醋、葱姜蒜等辅料分别计量是不可能的，将餐厅所耗费的燃料、水、电等费用分摊到每个菜肴中更是不可能的。

根据饭店成本控制的定义，饭店成本控制的主要方法和程序如下：

（1）根据本地区行业单项成本（如人工成本、原材料、燃料、水、电等项目）的平均成本，参照饭店近三年或更多年的单项成本的平均成本，结合预算收入，制定饭店预算成本，并分解到季、月、周。

（2）将预算成本作为目标，定期与实际成本相比较，计算差异，分析原因。在计算差异时，最好能将同期的价格（收入）差异、销量差异和成本差异一并计算和分析，因为成本与价格、销量有着密切联系。

（3）根据差异分析，采取措施，保证实际成本在预算成本范围内。

二、应收账款控制

要用协议的方式确认挂账；定时和定额催收应收账款，做详细的催款记录，将催收记录作为评价顾客资信的重要依据之一；及时传递应收账款账单；每个月对签字挂账的单位消费、结算进行一次评估，决定是否允许以后继续签字挂账消费。

三、应付账款控制

对应付而未付的款项要凭证挂账，及时对账，按时结账。

四、采购与保管控制

饭店采购业务尽量要集中，避免多头采购或分散采购，大一点的饭店应设专门采购部门；建立采购申请制度，制订采购计划，明确责任；建立供应商评估制度和准入制度；选择适当的采购方式，大宗物品实行招标采购，一般物品和零星物品实行协议合同采购，集零星采购为批量采购；建立公开、透明的议价机制；建立严格的入库验收制度；完善付款流程。要明确采购依据，制定采购环节互相制衡制度。采购中尤其要获取供货商的增值税发票。

五、工资控制

工资占饭店现金支付的主体，也是饭店费用比例较大的部分，因此，对工资的控制是十分重要的。工资控制的基本原则是账款分离，即人力资源部负责制定工资表，财务部负责发放工资。工资控制流程大体如下：

（一）用人部门控制

（1）严格按照饭店的"四定"（定岗、定额、定编、定员）标准配备人员，尽量采用计时工用工形式。

（2）严格考勤，严格控制加班加点，确需加班加点的要报人力资源部备案或批准。

（二）人力资源部控制

（1）参照行业和地区标准，根据饭店具体情况"四定"。

①定岗。能合并的岗位尽量合并，如门厅的迎宾员和行李员可以合并；

②定额。劳动定额是一项具有一定技术含量的工作，如客房清扫员每天最低能清扫几间客房，不仅要看客房的面积、布局、装饰、家具用具的配备等，还要考虑饭店的市场定位、客房的脏乱程度等；

③定编。定岗和定额共同决定定编，定编决定饭店的人工成本。决定饭店人工成本的因素一个是饭店用人数量，即定编，另一个是工资标准。工资标准是由劳动力市场供求关系决定的，用多少人是由饭店定岗定额与定编决定的。

④定员。定员是指该岗位工作由谁做，如果用了一个能力超过岗位要求的人来做，不仅造成工资浪费，还会造成人才浪费，同时还会影响士气；如果用了一个能力不及岗位要求的人来做，则会影响工作质量或服务质量。

（2）严格审核各用人部门送交的考勤报告，审查有无不合理的劳动安排和不合理的加班加点现象。

（3）按照考勤记录制作工资表，工资表一式两份：一份交财务部，财务部据此向员工发放工资，一份留本部门备查。

（4）严格控制工资总额。

（三）财务部控制

（1）财务部要严格按照人力资源部提供的工资表发放工资。

（2）员工工资无论是以现金方式，还是存入员工工资卡，都要向每个员工提供工资明细表，并由员工签字。

六、存货控制

存货是指饭店在生产经营过程中为经营或耗用而储备的物资。饭店业的存货主要包括原材料、其他材料、燃料、低值易耗品、在产品、产成品、商品等。存货控制就是按照一定标准和方法对存货的采购批量、库存控制及使用过程控制。包括存货的取得（包括采购）、验收入库、原料加工、仓储保管、领用发出、盘点处置等。

（一）采购批量控制。

采购批量又称订购批量，是指每次订购货物的数量。当企业在一定时期内对某一种货物储存需要量一定时，采购成本和储存成本成反比关系。

采购成本包括订货成本（如采购时发生的差旅费、通信费等）和购置成本（物品的本身价格）。储存成本包括储存固定成本和储存变动成本。储存固定成本包括库房折旧、仓库员工的薪酬等，储存固定成本与物品的储存量无关。储存变动成本包括资金占用利息（如果是贷款）、机会成本（如果是自有资金）、财产保险等。

另外，影响采购成本的还有缺货成本，它是指由于库存材料的不足导致影响经营造成的损失。

由于缺货成本的存在，就要有足够的储存物品，储存物品的增加就会增加储存成本，减少储存物品就会增加采购次数而增加订货成本，怎样才能在保证正常经营需要物品的情况下，使储存成本和订货成本最小化呢？经济订货批量概念解决了这个问题。

所谓经济订货批量，是指使储存成本和订货成本合计数量最小的订货批量，英文缩写为EOQ。

经济订货批量（EOQ）公式：

$$经济采购批量 = \sqrt{\frac{2 \times D \times O}{P \times C}}$$

式中　D——总需求量；

　　　O——每次采购所需费用；

　　　P——库存物品单价；

　　　C——保管成本与库存物品单价之比。

【例12-1】某饭店一年需要毛巾5 000条，每条价格20元，每次定购所需费用250元，保管成本与库存物品单价之比为12.5%，请计算经济定购批量。

代入上式：

$$EOQ = \sqrt{\frac{2 \times 5\,000 \times 250}{20 \times 0.125}} = 1\,000（件）$$

计算得知，每次订货1 000件，会使储存成本和订货成本最小化。

一年定购次数为5次［5 000÷1 000=5（次）］，此时订购成本为1 250元（250×5）；储存成本为12 500元（20×0.125×5 000）；总成本最低，为13 750元。

经济采购批量公式的假设前提：货物品种单一、没有商业折扣、不出现缺货现象、每批订货均能一次到货。如果在实际采购中上述假设条件发生变化，经济采购批量公式也要随之发生相应变化。

（二）存货的日常控制

存货日常控制的一般原则是账、物分开，即会计部门人员只保存账目，而不能管理实物；保管人员只能保管实物，不能接触会计账目。建立入库、领用、使用、盘点、调拨等相互制约流程。

在用低值易耗品转移应填制"资产调拨单"；使用低值易耗品人员变更，应及时修改"财产责任书"上的"经管记录"以分清责任；职工调离饭店，必须将自己经管的低值易耗品移交各归口管理部门，并履行相关手续；低值易耗品的报废都应及时办理相关手续。

七、固定资产控制

饭店应当制定固定资产目录，对每项固定资产进行编号，按照单项资产建立固定资产卡片，详细记录固定资产的来源、验收、使用地点、责任单位和责任人、转运、维修、改造、盘点等内容。固定资产的使用部门要签订财产管理责任书（表12-2），明确管理责任。

固定资产的内部调拨、出售、报废都要履行相关手续；建立固定资产的盘点制度。

表12-2　财产管理责任书

年　　月　　日

部门：				资产类别：		
资产名称	设备编号	单价	数量	金额	使用日期	折旧年限

续表

资产会计：				部门负责人：	责任人：
盘点记录	盘点相符	盘点不符	签字	责任：在我保管使用期间保证做到：1. 按保养计划进行保养；2. 按时上交盘点表，并在工作变动时办理交接手续；3. 保证资产的安全、完整，在我所使用期间发生丢失或因人为原因造成资产受损，由本人全部赔偿	
一季度					
二季度					
三季度					
四季度					

八、财产清查

财产清查是通过对各项财产进行盘点和核对，确定各项财产物资、货币资金和债权债务的实存数及对方单位数额，以查明账账、账实是否相符。

财产清查包括货币资金的清查、债权债务的清查和财产物资的清查。

任务三　责任会计

能力目标

能够明确责任会计的组织及活动；
能够明确责任会计核算的原则、范围。

知识目标

理解责任会计的含义和特点；
理解责任会计考核的内容；
掌握责任考核的流程。

思政目标

培养有责任感、有担当意识的职业素养；
培养具有审视、慎独精神的职业人。

前面我们阐述了饭店内部控制的主要内容与环节，下面主要论述内部控制的对象，即谁来承担经济责任和履行内部控制责任。

一、责任会计的定义、对象和特点

（一）责任会计的定义

责任会计是指对饭店内部承担经济责任的各单元进行规划、核算和控制，以完成饭店经济目标的一种企业内部管理活动。

经济责任单元是承担饭店某类经济责任的最小单位。

（二）责任会计的对象

责任会计是服务于饭店内部的一种内部控制会计，核算的主体是企业内部承担一定经济责任单元的资金运动，反映的是各经济责任单元经营和成本费用耗费结果。

（1）经济责任包括成本责任、利润责任和投资责任。

（2）经济责任单元可以是个人、班组、部门。例如，餐饮后厨的粗加工人员，可能不属于哪个班组，但承担原材料出成率，进而承担食品成本的重要责任。

（3）责任会计的对象是经济责任单元的资金运动。

（三）责任会计的特点

（1）责任会计的主体是饭店内部承担经济责任的单元，而不是饭店自身；

（2）责任会计所管理的资金运动主要是各个经济责任单元以价值形式表现的在生产经营活动和服务活动中耗费、占用和成果；

（3）责任会计反映的指标必须是各责任单元经济管理权限范围内可以控制的指标。例如，有的饭店将各部门办公经费指标落到总经理办公室，并由其承担管控责任，同时又不赋予办公室管理办公用品的权力，这显然是不合理、不公平的，当然也不会起到控制作用。

二、责任会计的组织及活动

（一）建立经济责任单元

（1）经济责任单元的定义。经济责任单元是承担饭店某类经济责任的最小单位。一个饭店有着许多大小不一、职能各异、性质不同的经济责任单元，明确它们的经济责任，确定它们的管理权力，预期它们的权利，使经济责任单元责任人所承担的经济责任和与权力相适应，保证其独立自主的履行职责，是责任会计核算和考核的前提。

（2）建立经济责任单元的原则。

①与原组织机构相适应，以经济活动为管理对象。例如，如果将员工食堂作为一个经济责任单元的话，那么，主管员工食堂的部门就是食堂这个经济责任单元的主管单位，同时，对员工食堂的经济活动考核又涉及采购、保管、人力资源、餐饮等多个单元和部门，这就需要在保持员工食堂原隶属关系不变的前提下，以其经济活动作为管理对象。

②经济责任单元能够划清责任，做到单独核算。如在员工食堂这个责任单元中，虽然涉及多个经济单元和部门，但只要能够单独计量和记录，就可以做到单独核算。

③经济责任单元必须具有与其担负的经济责任相适应的管理权力，并享有与其经济成果相应的权利和义务。

（二）设立经济责任中心

（1）经济责任中心的含义。经济责任单元性质不同，核算的内容和方法也不同，经济责任中心就是将这些经济责任单元进行归类，明确各经济责任单元所属的性质，按其性质进行核算。

责任中心不是组织形式,而是经济责任单元性质的分类;经济责任单元则表现为一定的组织形式。因为责任中心是由同类性质的经济单元构成,在一定程度上,责任中心和经济责任单元在概念上可以互相代替。

(2)经济责任中心的类型。从管理会计角度,经济行为一般分为成本、利润和投资,相应的经济责任中心的设置包括三种类型:

①成本中心。成本中心是指只产生成本费用而没有收入和利润的饭店内部单元或部门。如工程部、保安部、员工食堂、人力资源部、总经理办公室、营销部等服务中心所属各部门及下属单元。成本中心可以是部门、班组,乃至个人,是由饭店基层单元所组成。

②利润中心。是指产生成本费用的同时,相应的产生收入和利润的饭店内部单元或部门。如餐饮部、房务部及其所属的通信中心、商务中心等。利润中心基本上由饭店级别较高的部门组成。

③投资中心。投资中心是有权对投资做出决策的管理层次,它既对成本、利润负责,又对投资效益负责。投资中心管理层次较高,隶属于总公司或董事会。

(三)确定考核标准

有责任就要有考核,考核的标准是预算。在饭店整体预算基础上,还要将预算分解至每个责任中心及所属的经济责任单元,以此作为对各经济责任单元的考核标准。

(四)建立考核系统

考核系统的建立,从考核的时间上看是一个连续不断的过程,如日考核、周考核、月考核、季考核乃至年考核;从考核的方法上看,有记录、有统计、有对比、有分析、有改进与调整等;从考核的空间上看,任何经济责任单元的考核都不是绝对独立的,都会与其他经济责任单元相关联,如食品成本的控制,不仅涉及初加工,更涉及采购、保管等环节或经济责任单元。

三、责任会计核算

1. 核算的范围

经济责任单元的责任范围和权力程度决定了其核算范围,即责权统一,又称可控范围。

责权统一是指根据承担责任的范围和程度授予相应的权力。经济责任单元只能对自身权力所涉及的责任负责,确定其核算的范围或内容是其权力所能涉及的部分,这部分之外的工作或内容是其所控制不到的,不能列入经济责任单元的核算范围。

2. 核算的规则

因为管理会计是饭店内部管理会计,因此责任会计的核算可以按照饭店内部管理要求进行核算,而不必像财务会计那样严格按照国家统一制度进行核算。

3. 核算的目的

(1)为了准确实现饭店预算目标。经济责任单元是饭店整体的一部分,其核算要紧紧围绕饭店预算整体目标。只有各个经济责任单元核算准确,饭店整体目标的核算才能准确,只有各个经济责任单元完成了预算,饭店整体才能完成预算。

(2)明确责任,实现责任控制。所谓责任控制就是对经济责任单元的经济活动,按照责任预算进行约束和调节,纠正偏差,使其经济活动沿着企业目标行进。责任核算不同于一般的财务核算,财务核算是通过计算投入和产出比来确定经济活动效果,而责任会计核算是为了明确经济活动的责任,通过明确责任加强控制。

4. 核算形式

一般管理会计将责任会计核算分为单轨制和双轨制两种形式。单轨制核算形式是责任会计核算完全利用财务会计账簿和数据,根据饭店管理需要对财务数据进行调整,以满足饭店内部责任会计核算的需要。双轨制核算是在财务会计核算之外,另设一套满足饭店内部责任会计核算需要的账簿,对经济责任单元的成本责任或利润责任进行核算。

饭店责任会计核算,一般采用单轨制核算形式。

5. 核算结果

(1)根据核算结果,对经济责任单元给予奖励或处罚。奖励或处罚的程度不仅要根据核算结果与预算比较的程度,还要考虑责任中心所承担责任大小和赋予其权力的程度。一个只负责几万元资金的责任中心的奖励或处罚,无论如何也不能大于承担几百万资金责任的责任中心的奖励或处罚。

(2)核算和考核结果要反馈给经济责任单元,以便及时调整和改进。

6. 价格转移

(1)内部价格转移的定义。饭店内各经济责任单元是独立核算的单位,各经济责任单元之间相互转移产品,应该以货币表示被转移产品的价格,才使核算成为可能。所谓内部价格转移,是指饭店内部各经济责任单元之间相互转移中间产品的结算价格。

(2)内部价格转移的作用。饭店内部各经济责任单元之间由于业务的需要,相互转移产品,使用内部价格转移的方法结算,有利于明确各自的责任;有利于考核各经济责任单元的经济业绩。

(3)内部价格的种类。内部价格可以是产品的市场价格,可以是成本价格,还可以是协商价格。

7. 核算者及其目标

责任会计的核算不同于一般的会计核算,一般会计核算是严格按照会计制度要求而进行的核算,是为了满足企业外部相关部门需要的同时,满足企业内部管理与核算的需要。责任会计核算,主要是为了企业内部核算与管理需要而进行的核算。因此,责任会计的核算者不仅仅是财务部门,还包括有关其他管理部门。

(1)财务部门对经济责任单元进行的核算。这种核算与企业会计核算是同一种的核算,只不过是将企业各科目整体数据分解到各经济责任单元。

(2)经济责任单元的主管对经济责任单元的核算。这种核算与会计核算既有联系又有区别,它通过记录、凭证等为财务会计核算提供原始数据,同时又根据预算要求对所承担的经济责任进行统计和比较,督促经济责任单元按计划完成预算要求。

四、责任会计考核

(一)责任会计考核的含义

责任会计考核就是通过核算,考察经济责任单元对预算责任指标的完成情况,在分析原因的基础上对其经济业绩做出评价,激励其更加努力工作。

考核的实质是核算的结果与预算目标的比较。产生结果与目标差异的原因有很多，也很复杂；考核目的和评价的价值导向尤为重要，它是职工行为的方向标和指示器。经济指标考核非常重要，不仅涉及饭店整体目标的完成，也涉及职工的自身利益。因此，职工有可能为了完成本部门当期经济指标而不惜损害饭店整体利益和长远利益，不惜损害客户利益，甚至不惜降低自身的道德水准。为了避免这种情况的发生，责任会计在考核各责任单元经济指标完成情况的同时，还要考核其他内容，使饭店能持续、良性发展。平衡计分卡考核方法是很好的一种方法。

（二）责任会计考核示例

下面以牡丹饭店员工食堂和办公费用为例，说明责任会计在饭店管理中的应用。

牡丹饭店有 400 名员工，200 间客房，800 个餐位，利润中心部门主要有房务部（包括前厅部、客房部）、餐饮部和综合经营部（包括商场、美发美容、康乐等项目）；服务中心包括工程动力部、保安部、管家部（包括员工食堂、一级库房、公共卫生、环境绿化美化等）、财务部、人力资源部、总经理办公室。

示例一：员工餐厅责任会计

员工工作期间在员工餐厅免费就餐。

1. 员工餐厅收入核算

员工餐厅收入的构成如下：

（1）饭店补助额。

①确定员工就餐标准。由人力资源部、财务部、工会共同协商确定，每人早餐为 4 元、午餐为 8 元、晚餐为 5 元、夜餐为 3 元。

②确定每餐就餐人数。由人力资源部根据饭店各部门、各岗位排班及加班情况确定每餐就餐人数。例如某月初人力资源部用计划方式通报管家部当月每餐就餐人数及金额如下：

早餐：4×20=80（元）

午餐：8×90=720（元）

晚餐：5×20=100（元）

夜餐：3×20=60（元）

总共：80+720+100+60=960（元）

960 元即为员工餐厅当日收入，若当月 30 天，则本月餐厅收入为 28 800 元，由人力资源部列表，管家部签字认可，有关领导批准，员工餐厅以购买原材料方式在财务部等额报销。

（2）内部调拨。餐饮部一些原材料加工后的边角料，不适合在餐饮部使用，可以调拨给员工餐厅使用，这部分调拨给员工餐厅的原材料，由餐饮部按照原材料出成率标准核定价格，由员工餐厅和餐饮部履行必要手续后交餐厅使用。餐饮部在成本中减掉这部分成本，餐厅用这部分成本冲抵收入，使收入总额不变。

2. 员工餐厅成本核算

（1）按照饭店规定，员工餐厅不能盈利，即成本与收入相等，每月的成本应该等于饭店拨付给员工餐厅的收入，即可以报销与收入等额的原材料采购额。

（2）员工餐厅要制定出水产品、禽类、肉类等主要原材料初加工出成率，杜绝原材料的浪费。

（3）履行与餐饮部相同的采购、保管、出入库等与成本相关联的手续。

3. 员工餐厅费用核算

（1）员工餐厅所发生的费用由饭店负担，餐厅控制。

（2）人工成本控制。饭店规定，每30名就餐人数配备1名餐厅工作人员，最多不超过9人。

（3）能源费用平均控制在"收入"的8%以内，水、电、煤气和用热单独计量。

（4）卫生清洁用品等低值易耗品全年定额为1万元。

财务部每月核算时，与管家部同时对员工餐厅进行责任会计核算，每季度考核一次。

示例二：办公费责任会计核算

（1）总经理办公室为整个饭店办公费控制的责任中心。

（2）确定办公费范围：办公用品，包括纸张、笔墨、笔记本、报纸、电话机以外的办公桌上应摆放的物品；办公用桌椅；办公室所用卫生清洁用品；环境美化用品及植物等。

（3）确定办公费标准。办公费由两部分组成：一是消耗标准，如纸张、清洁用品等；二是配备标准，如办公桌椅、美化用品等。责任会计核算的办公费是指第一类用品，即消耗类办公用品。

①由财务部和总经理办公室协商，共同制定办公费标准。办公费标准一般以人数为标准基数，再根据各责任中心工作性质上下浮动。如牡丹饭店规定，办公经费每人每年不超过50元，全年总额不超过20 000元（50元×400人）。总经理办公室、人力资源部、财务部等职能部门实行总额控制，如财务部、总经理办公室各不超过3 000元，人力资源部不超过2 000元等，然后从饭店办公经费预计总额即20 000元中减掉职能部门办公经费，剩余部分再在其他部门按人均确定办公经费。

②饭店各部门办公用品统一在总经理办公室办理出入库手续。

③每月末，办公室要向各部门通报办公经费使用情况，做到事前控制。

知识链接

全球经济一体化的进程使得酒店的客源多元化、顾客消费心理成熟化、消费模式快捷化，给酒店带来的是不断激烈的行业竞争环境和不断飙升的顾客心理期望。在信息化社会的时代背景下，越来越多的酒店使用专业的酒店管理系统来提高工作效率，将酒店的传统管理方式和现代化信息管理结合在一起，在内部控制领域发挥着重要作用。

常见的国际国内酒店管理系统如下：

（1）ECI（EECO）酒店系统。ECI酒店系统是美国易可（ECI）计算机公司最早于1969年开始发展的酒店管理计算机系统，被全世界公认为装置酒店计算机系统的翘首。

（2）HIS酒店系统。酒店业资讯系统有限公司（Hotel Information Systems，HIS）于1977年成立，总部位于美国洛杉矶，目前是美国上市公司MAI Systems Corporartion的全资公司。

（3）Fidelio酒店系统。Fidelio Software Gmbh于1987年10月在德国慕尼黑成立。成立四年即成为欧洲领先的酒店软件产品，成立六年跃居世界酒店管理供应商之首，后来该公司合并入美国Micros System Inc.公司。

（4）OPERAOPERA是Fidelio的升级版。

尽管酒店管理系统种类繁多，名目各异，但在主要模块设置上大致相同，一般包含前台接待、前台收银、客房管家、销售POS、餐饮管理、娱乐管理、公关销售、财务查询、电话计费、系统维护、经理查询、工程维修等功能模块。

酒店管理系统的应用大大提高了酒店员工的工作效率，简化了内部控制步骤。当客人下单时，服务员可以直接在操作界面点选客人所需产品，后厨的员工即可从终端接收信息，并迅速准备菜品，完成后再由服务员为客人呈上。整个过程摆脱了过去单据传递核查，更为便捷及时，更能适应客人要求人性化、舒适化的服务诉求。

值得一提的是，尽管酒店管理系统为酒店从业者带来高效简化的工作流程，减少了内部控制环节，但它仅仅是作为一种工作手段存在的。当酒店管理层采用管理系统进行工作时，我们可以将繁杂的内部控制过程缩减，若有些中小酒店企业并不乐于采用电子化的方式运营，传统的内部控制理论和内部控制制度仍然是必需的。并且即便应用酒店管理系统，酒店各部门各岗位上的内控原则依然不变，是公司管理制度的重要内容。

小结

饭店内部控制是指饭店通过组织计划，采用有效的方法和措施，协调饭店内部各岗位，达到加强资产管理，提高经营效率和效益，完成饭店预期目标的活动和过程。饭店进行内部控制的主要原因有两个，一是饭店从业人员中免不了极少数人内心有强烈的私欲，通过采用欺诈和盗窃手段获得饭店的财物；二是饭店的行业特点为私欲强烈的人提供了外部条件。这些条件至少包括饭店使用的大多数物品都是个人及家庭所需要的、并能够使用上的物品；饭店有多个利润中心，每个利润中心存在大量的现金交易，每个利润中心每天营业时间较长，有的甚至24小时营业；在成本中心向外支付中，也存在大量的现金支付，有些缺少正规发票；饭店许多岗位人员流动频繁；日常经营中常用到价值较高的物品；在与客人接触中经常接触到时尚的、新颖的物品。饭店业的这些特点更突出了建立有效的内部控制系统的迫切性。

饭店内部控制包括行政控制和会计控制。会计控制所要达到的目标包括保护资产和审核会计资料。行政控制的目标包括提高经营效率和效益；使员工提高职业道德和遵守饭店规章制度。在饭店内部控制四项目标中，有些是相互矛盾的，如保护资产手续严密，签字人员多一点，可能就会影响效率。内部控制需要管理人员有较高的平衡和协调能力。

会计控制包括成本控制、现金控制、应收账款控制、采购与保管控制、工资控制、存货控制、固定资产控制、财产清查等。控制的主要手段包括制度、流程、表格、标准等。

责任会计是实现内部控制的方法。责任会计是指对饭店内部承担经济责任的各单元进行规划、控制和考核，以完成饭店经济目标的一种企业内部管理会计活动。责任会计是服务于饭店内部的一种内部控制会计，核算的主体是企业内部承担一定经济责任单元的资金运动，反映的是各责任单元的生产经营成果或耗费，包括承担收入、费用和利润的经营部门，即利润中心，也包括只产生费用的成本中心或服务中心。

经济责任单元是承担饭店某类经济责任的最小单位，包括个人、班组和部门，而不是饭店自身；所管理的资金运动主要是个体经济责任单元以价值形式表现的在生产经营活动和服务活动中耗费、占用和成果；反映的指标必须是各责任单元经济管理权限范围内可以控制的指标。

为了确定各饭店经济责任单元的核算方式，要对经济责任单元进行分类，根据饭店内部管理需要，将饭店所属各部门、各单位、各单元划分为成本中心、利润中心和投资中心。

对经济责任单元考核的标准是预算。在饭店整体预算基础上，要将预算分解至每个经营责任中心，以此作为各经济责任单元的考核内容和标准。

测试题

一、概念题

1. 内部控制；会计控制；饭店成本控制。
2. 存货；存货控制。
3. 采购成本；采购批量。
4. 财产清查；责任会计；经济责任单元。
5. 成本中心；利润中心；投资中心。

二、填空题

1. 欺诈和盗窃的心理因素是（　　　）（　　　）和（　　　）。
2. 行政控制要达到的目标是（　　　）和（　　　）。
3. 会计控制要达到的目标是（　　　）和（　　　）。
4. 饭店内部控制的标准是（　　　）、（　　　）及（　　　）。
5. 责任中心调整的原则是（　　　）和（　　　）。
6. 责任中心包括的类型有（　　　）、（　　　）和（　　　）。
7. 责任中心的考核标准是（　　　）。
8. 责任会计的基本单位是（　　　）。

三、判断题（下面的表述是否正确，正确的打"√"，错误的打"×"。）

1. 饭店全体人员是饭店内部控制的参与者。（　　　）
2. 饭店内部控制的方法是奖惩办法。（　　　）
3. 饭店内部控制就是要做到相关方相互制衡。（　　　）
4. 李先生在饭店做采购员，同时兼任保管员。（　　　）
5. 财务部兼有财务审计职能。（　　　）
6. 会计兼任出纳员。（　　　）
7. 责任会计的主体是饭店整体。（　　　）
8. 责任会计反映的指标是饭店指标。（　　　）
9. 责任会计是通过计算投入和产出比来确定经济活动结果的。（　　　）
10. 责任会计核算是通过明确经济活动的责任而加强内部控制的。（　　　）
11. 责任会计的考核主要是对各部门的考核。（　　　）

四、选择题

1. 人工成本控制的关键是"四定"，"四定"的程序是（　　　）。
   A. 定员、定岗、定编、定额　　　　B. 定岗、定额、定编、定员
   C. 定编、定员、定岗、定额　　　　D. 定额、定岗、定员、定编
2. 当某种货物储存量一定时，采购成本和储存成本的关系是（　　　）。
   A. 成正比　　　　　　　　　　　　B. 成反比
   C. 正相关　　　　　　　　　　　　D. 没关联
3. 以下不属于内部控制目标的是（　　　）。
   A. 管理制度的制定　　　　　　　　B. 出入库手续
   C. 提高经营效率　　　　　　　　　D. 核查会计数据

4. 下列能够对饭店内部控制系统进行简明核查，并有助于经理人员识别不足，改善工作的是（　　）。

A. 内部控制调查表　　　　　　　B. 流程图

C. 工作程序手册　　　　　　　　D. 岗位说明书

5. （　　）不属于责任会计内容。

A. 预算　　　　　　　　　　　　B. 经济责任

C. 会计核算　　　　　　　　　　D. 考核标准

6. 下列各项属于责任中心的项目是（　　）。

A. 成本中心　　　　　　　　　　B. 利润中心

C. 投资中心　　　　　　　　　　D. 管理中心

五、简述题

1. 为什么说饭店业更需要内部控制？
2. 简述会计控制的主要内容。
3. 为什么说饭店成本控制是成本总量控制？
4. 责任会计的内容有哪些？各项内容间的关系怎样？
5. 怎样理解责任会计核算？

术语对照表

学习情境 1
饭店业（Hospitality Industry）
财务管理（Financial Management）
饭店财务会计（Hotel Financial Accounting）
会计报表（Financial Statement）
管理会计（Accounting for Management）
预测（Forecasting）
决策（Making Decision）
科学管理理论（Scientific Management Theory）
变动成本（Variable Cost）

学习情境 2
资产负债表（Balance Sheet）
利润表（Income Statement）
资产（Assets）
流动资产（Current Assets）
固定资产（Fixed Assets）
无形资产（Intangible Assets）
递延资产（Deferred Assets）
负债（Liabilities）
流动负债（Current Liabilities）
非流动负债（Non-current Liabilities）
所有者权益（Stockholders' Equity）
比较资产负债表（Comparative Balance Sheet）
百分比资产负债表（Common-Size Balance Sheet）
垂直分析（Vertical Analysis）
百分比分析（Common-Size Analysis）

学习情境 3
营业收入（Operating Revenues）
营业成本（Operating Expenses）
营业费用（Operating Costs）
管理费用（Administration Expenses）
财务费用（Financial Expense）
投资收益（Investment Income）
营业外收支（Non-operating Income/Expenses）
净利润（Net Income）
内部报表（Internal Financial Statement）
内部使用者（Internal Users）

学习情境 4

比率分析（Ratio Analysis）
流动比率（Current Ratio）
速动比率（Quick Ratio/Acid-Test Ratio）
超速动比率（Cash Ratio）
应收账款周转率（Accounts Receivable Turnover）
平均收账期（Days Sales Outstanding，DSO）
财务杠杆（Financial Leverage）
资产负债率（Debt Ratio）
负债—权益比率/产权比率（Debt to Equity Ratio）
利息保障倍数（Times Interest Earned，TIE）
营运性比率（Operating Ability Ratio）
存货周转率（Inventory Turnover Ratio）
固定资产周转率/资产和设备周转率（Fixed Assets Turnover Ratio）
资产周转率（Total Assets Turnover）
客房出租率（Occupancy Percentage）
每间客房平均占用率（Average Occupancy Per Room）
双倍出租率（Doubled Occupancy percentage）
资产报酬率（Return On Total Assets Ratio，ROA）
净资产报酬率/所有者权益报酬率（Return On Net Assets Ratio，RONA）
边际利润率（Net Profit Margin）
毛利率（Gross Profit Margin）
每股利润（Earning Per Share，EPS）
平均房价（Average Room Rate，ARR）
平均日价（Average Daily rate，ADR）
平均每间可供出租客房收入（Revenue per Average room，Rev par）
食品成本率（Food Cost Percentage）
酒水成本率（Beverage Cost Percentage）
人工成本率（Labor Cost Percentage）
劳动生产率（Labor Productivity）

学习情境 5

成本（Cost）
固定成本（Fixed Cost）
约束性固定成本（Committed Fixed Cost）
酌量固定成本（Discretionary Fixed Cost）
变动成本（Variable Cost）
混合成本（Mixed Cost）
经营部门（Operating Departments）
服务部门（Supporting Departments）
营业毛利（Gross Operating Profit，GOP）

学习情境 6

成本因素（Cost Factors）

需求（Demand）

需求弹性（Demand Elasticity）

赫伯特公式定价法（Hubbart Formula）

成本加成定价法（Cost-Plus Pricing）

食品销售组合（Food Mixed）

菜单工程（Menu Engineering）

学习情境 7

本量利分析（Cost-Volume-Profit Analysis，CVP analysis）

成本习性（Cost Behavior）

边际贡献（Contribution Margin，CM）

变动成本率（Variable Cost Rate，VCR）

保本点分析（Break even Point Analysis）

保本点销售量（额）（Break-even Sales Revenue）

安全边际（Margin of Safety）

目标利润（Target Profit，TP）

利润敏感性分析（Profit Sensitivity Analysis）

学习情境 8

经营预测（Operating Forecasting）

定性预测分析法（Quantitative Analysis）

定量分析法又称数量分析法（Qualitative Analysis）

趋势预测法（Trend Forecast）

因果预测法（Casual Forecasting Methods）

德尔菲法（Delphi Method）

学习情境 9

经营预算（Operating Budget）

现金预算（Capital Budget）

成本预算（Cost Budget）

销售预算（Sales Budget）

费用预算（Expenses Budget）

投资预算（Investment Budget）

短期预算（Short-term Budget）

长期预算（Long-term Budget）

总预算（Master Budget）

季度经营预算（Quarter Budget）

周经营预算（Weekly Budget）

部门预算（Departmental Budget）

零基预算（Zero-based Budgeting）

固定费用（Fixed Expenses）

203

非固定费用（Flexible Expenses）
税前利润（Earning Before Tax）
弹性预算（Flexible Budget）
可行性报告分析（Feasibility Analysis）
差异（Variance）
实际价格（Actual Price）
实际销售量（Actual Volume）
价格差异（Price Variance）
销售量差异（Volume Variance）
价格－销售量差异（P-V Variance）
成本差异分析（Cost Variance Analysis）
效率差异分析（Efficiency Variance Analysis）

学习情境 10

投资预算（Investment Budget）
资本预算（Capital Budget）
货币时间价值（Time Value of Money，TVM）
本金（Principle）
终值（Future Value，FV）
现值（Present Value，PV）
名义利率（Nominal Interest Rate）
实际利率（Actual Interest Rate）
年金（Annuity）
折现率（Discount Rate）
年平均投资报酬率/账面收益率（Average Rate of Return，ARR）
净现值法（Net Present Value，NPV）
现值指数法（Present Value Index）
内部收益率/内含报酬率（Internal Rate of Return，IRR）
内插法（Trial and Error）
固定资产更新（Fixed Assets Replacement）

学习情境 11

会计控制（Accounting Control）
组织结构图（Organization Framework Chart）
岗位说明书（Position Description）
内部审计（Internal Auditing）
实地盘点法（Field Inventory Method）
结果控制（Result Control）
过程控制（Process Control）
内部独立（Interior Independent）
评估行为（Assessing Activities）
内部人（Insider）

供应商评估制度（Supplier Evaluation System）
经济订货批量（Economic Ordering Quantity，EOQ）
责任会计（Responsibility Accounting）
责任单元（Responsibility Units）
成本中心（Cost Centers）
投资中心（Investment Centers）
财务指标（Financial Measurement）

学习情境 12

现金流量（Cash Flow）
直接法（Direct Method）
间接法（Indirect Method）
趋势分析法（Trend Analysis）
现金预算（Cash Budget）
现金管理（Cash Management）
流动性（Liquidity）
增值税（Value Added Tax，VAT）

附 录

附表1 复利终值系数表（FVIF表）

n\i	1%	2%	3%	4%	5%	6%	7%	8%	9%	10%	12%	13%	14%	15%	16%	18%	20%
1	1.010	1.020	1.030	1.040	1.050	1.060	1.070	1.080	1.090	1.100	1.120	1.130	1.140	1.150	1.160	1.180	1.200
2	1.020	1.040	1.061	1.082	1.103	1.124	1.145	1.166	1.188	1.210	1.254	1.277	1.300	1.323	1.346	1.392	1.440
3	1.030	1.061	1.093	1.125	1.158	1.191	1.225	1.260	1.295	1.331	1.405	1.443	1.482	1.521	1.561	1.643	1.728
4	1.041	1.082	1.126	1.170	1.216	1.262	1.311	1.360	1.412	1.464	1.574	1.630	1.689	1.749	1.811	1.939	2.074
5	1.051	1.104	1.159	1.217	1.276	1.338	1.403	1.469	1.539	1.611	1.762	1.842	1.925	2.011	2.100	2.288	2.488
6	1.062	1.126	1.194	1.265	1.340	1.419	1.501	1.587	1.677	1.772	1.974	2.082	2.195	2.313	2.436	2.700	2.986
7	1.072	1.149	1.230	1.316	1.407	1.504	1.606	1.714	1.828	1.949	2.211	2.353	2.502	2.660	2.826	3.185	3.583
8	1.083	1.172	1.267	1.369	1.477	1.594	1.718	1.851	1.993	2.144	2.476	2.658	2.853	3.059	3.278	3.759	4.300
9	1.094	1.195	1.305	1.423	1.551	1.689	1.838	1.999	2.172	2.358	2.773	3.004	3.252	3.518	3.803	4.435	5.160
10	1.105	1.219	1.344	1.480	1.629	1.791	1.967	2.159	2.367	2.594	3.106	3.395	3.707	4.046	4.411	5.234	6.192
11	1.116	1.243	1.384	1.539	1.710	1.898	2.105	2.332	2.580	2.853	3.479	3.836	4.226	4.652	5.117	6.176	7.430
12	1.127	1.268	1.426	1.601	1.796	2.012	2.252	2.518	2.813	3.138	3.896	4.335	4.818	5.350	5.936	7.288	8.916
13	1.138	1.294	1.469	1.665	1.886	2.133	2.410	2.720	3.066	3.452	4.363	4.898	5.492	6.153	6.886	8.599	10.699
14	1.149	1.319	1.513	1.732	1.980	2.261	2.579	2.937	3.342	3.797	4.887	5.535	6.261	7.076	7.988	10.147	12.839
15	1.161	1.346	1.558	1.801	2.079	2.397	2.759	3.172	3.642	4.177	5.474	6.254	7.138	8.137	9.266	11.974	15.407
16	1.173	1.373	1.605	1.873	2.183	2.540	2.952	3.426	3.970	4.595	6.130	7.067	8.137	9.358	10.748	14.129	18.488
17	1.184	1.400	1.653	1.948	2.292	2.693	3.159	3.700	4.328	5.054	6.866	7.986	9.276	10.761	12.468	16.672	22.186
18	1.196	1.428	1.702	2.026	2.407	2.854	3.380	3.996	4.717	5.560	7.690	9.024	10.575	12.375	14.463	19.673	26.623
19	1.208	1.457	1.754	2.107	2.527	3.026	3.617	4.316	5.142	6.116	8.613	10.197	12.056	14.232	16.777	23.214	31.948
20	1.220	1.486	1.806	2.191	2.653	3.207	3.870	4.661	5.604	6.727	9.646	11.523	13.743	16.367	19.461	27.393	38.338
21	1.232	1.516	1.860	2.279	2.786	3.400	4.141	5.034	6.109	7.400	10.804	13.021	15.668	18.822	22.574	32.324	46.005
22	1.245	1.546	1.916	2.370	2.925	3.604	4.430	5.437	6.659	8.140	12.100	14.714	17.861	21.645	26.186	38.142	55.206
23	1.257	1.577	1.974	2.465	3.072	3.820	4.741	5.871	7.258	8.954	13.552	16.627	20.362	24.891	30.376	45.008	66.247
24	1.270	1.608	2.033	2.563	3.225	4.049	5.072	6.341	7.911	9.850	15.179	18.788	23.212	28.625	35.236	53.109	79.497
25	1.282	1.641	2.094	2.666	3.386	4.292	5.427	6.848	8.623	10.835	17.000	21.231	26.462	32.919	40.874	62.669	95.396

附表 2　复利现值系数表（PVIF 表）

n\i	1%	2%	3%	4%	5%	6%	8%	10%	12%	14%	15%	16%	18%	20%	25%	30%	35%	40%	50%
1	0.99	0.98	0.97	0.961	0.952	0.943	0.925	0.909	0.892	0.877	0.870	0.862	0.847	0.839	0.8	0.769	0.74	0.714	0.666
2	0.98	0.961	0.942	0.924	0.907	0.889	0.857	0.826	0.797	0.769	0.756	0.743	0.718	0.694	0.64	0.591	0.548	0.510	0.444
3	0.97	0.942	0.915	0.888	0.863	0.839	0.793	0.751	0.711	0.674	0.658	0.64	0.608	0.579	0.512	0.455	0.406	0.364	0.296
4	0.96	0.923	0.888	0.854	0.822	0.792	0.735	0.683	0.635	0.592	0.572	0.552	0.515	0.482	0.409	0.35	0.301	0.260	0.197
5	0.951	0.905	0.862	0.821	0.783	0.747	0.68	0.621	0.567	0.519	0.497	0.476	0.437	0.402	0.327	0.269	0.223	0.186	0.131
6	0.942	0.887	0.837	0.79	0.746	0.704	0.63	0.564	0.506	0.455	0.432	0.41	0.37	0.334	0.262	0.207	0.165	0.132	0.087
7	0.932	0.87	0.813	0.759	0.71	0.665	0.583	0.513	0.452	0.399	0.375	0.353	0.313	0.279	0.209	0.159	0.122	0.094	0.058
8	0.923	0.853	0.789	0.73	0.676	0.627	0.54	0.466	0.403	0.35	0.326	0.305	0.266	0.232	0.167	0.122	0.09	0.067	0.039
9	0.914	0.836	0.766	0.702	0.644	0.591	0.5	0.424	0.36	0.307	0.284	0.262	0.225	0.193	0.134	0.094	0.067	0.048	0.026
10	0.905	0.82	0.744	0.675	0.613	0.558	0.463	0.385	0.321	0.269	0.247	0.226	0.191	0.161	0.107	0.072	0.049	0.034	0.017
11	0.896	0.804	0.722	0.649	0.584	0.526	0.428	0.35	0.287	0.236	0.214	0.195	0.161	0.134	0.085	0.055	0.036	0.024	0.011
12	0.887	0.788	0.701	0.624	0.556	0.496	0.397	0.318	0.256	0.207	0.186	0.168	0.137	0.112	0.068	0.042	0.027	0.017	0.007
13	0.878	0.773	0.68	0.6	0.53	0.468	0.367	0.289	0.229	0.182	0.162	0.145	0.116	0.093	0.054	0.033	0.02	0.012	0.005
14	0.869	0.757	0.661	0.577	0.505	0.442	0.34	0.263	0.204	0.159	0.141	0.125	0.098	0.077	0.043	0.025	0.014	0.008	0.003
15	0.861	0.743	0.641	0.555	0.481	0.417	0.315	0.239	0.182	0.14	0.122	0.107	0.083	0.064	0.035	0.019	0.011	0.006	0.002
16	0.852	0.728	0.623	0.533	0.458	0.393	0.291	0.217	0.163	0.122	0.106	0.093	0.07	0.054	0.028	0.015	0.008	0.004	0.001
17	0.844	0.714	0.605	0.513	0.436	0.371	0.27	0.197	0.145	0.107	0.092	0.08	0.059	0.045	0.022	0.011	0.006	0.003	0.001
18	0.836	0.7	0.587	0.493	0.415	0.35	0.25	0.179	0.13	0.094	0.08	0.069	0.05	0.037	0.018	0.008	0.004	0.002	0
19	0.827	0.686	0.57	0.474	0.395	0.33	0.231	0.163	0.116	0.082	0.07	0.059	0.043	0.031	0.014	0.006	0.003	0.001	0
20	0.819	0.672	0.553	0.456	0.376	0.311	0.214	0.148	0.103	0.072	0.061	0.051	0.036	0.026	0.011	0.005	0.002	0.001	0
21	0.811	0.659	0.537	0.438	0.358	0.294	0.198	0.135	0.092	0.063	0.053	0.044	0.03	0.021	0.009	0.004	0.001	0	0
22	0.803	0.646	0.521	0.421	0.341	0.277	0.183	0.122	0.082	0.055	0.046	0.038	0.026	0.018	0.007	0.003	0.001	0	0
23	0.795	0.634	0.506	0.405	0.325	0.261	0.17	0.111	0.073	0.049	0.04	0.032	0.022	0.015	0.005	0.002	0.001	0	0
24	0.787	0.621	0.491	0.39	0.31	0.246	0.157	0.101	0.065	0.043	0.034	0.028	0.018	0.012	0.004	0.001	0	0	0
25	0.779	0.609	0.477	0.375	0.295	0.232	0.146	0.092	0.058	0.037	0.03	0.024	0.015	0.01	0.003	0.001	0	0	0

附表 3 年金终值系数表（FVIFA 表）

n\i	1%	2%	3%	4%	5%	6%	7%	8%	10%	12%	14%	15%	16%	18%	20%
1	1.000	1.000	1.000	1.000	1.000	1.000	1.000	1.000	1.000	1.000	1.000	1.000	1.000	1.000	1.000
2	2.010	2.020	2.030	2.040	2.050	2.060	2.070	2.080	2.100	2.120	2.140	2.150	2.160	2.180	2.200
3	3.030	3.060	3.091	3.122	3.153	3.184	3.215	3.246	3.310	3.374	3.440	3.473	3.506	3.572	3.640
4	4.060	4.122	4.184	4.246	4.310	4.375	4.440	4.506	4.641	4.779	4.921	4.993	5.066	5.215	5.368
5	5.101	5.204	5.309	5.416	5.526	5.637	5.751	5.867	6.105	6.353	6.610	6.742	6.877	7.154	7.442
6	6.152	6.308	6.468	6.633	6.802	6.975	7.153	7.336	7.716	8.115	8.536	8.754	8.977	9.442	9.930
7	7.214	7.434	7.662	7.898	8.142	8.394	8.654	8.923	9.487	10.089	10.730	11.067	11.414	12.142	12.916
8	8.286	8.583	8.892	9.214	9.549	9.879	10.260	10.637	11.436	12.300	13.233	13.727	14.240	15.327	16.499
9	9.369	9.755	10.159	10.583	11.027	11.491	11.978	12.488	13.579	14.776	16.085	16.786	17.519	19.086	20.799
10	10.462	10.950	11.464	12.006	12.578	13.181	13.816	14.487	15.937	17.549	19.337	20.304	21.321	23.521	25.959
11	11.567	12.169	12.808	13.486	14.207	14.972	15.784	16.645	18.531	20.655	23.045	24.349	25.733	28.755	32.150
12	12.683	13.412	14.192	15.026	16.917	16.870	17.888	18.977	21.384	24.133	27.271	29.002	30.850	34.931	39.581
13	13.809	14.680	15.618	16.627	17.713	18.882	20.141	21.495	24.523	28.029	32.089	34.352	36.786	42.219	48.497
14	14.947	15.974	17.086	18.292	19.599	21.015	22.550	24.215	27.975	32.393	37.581	40.505	43.672	50.818	54.196
15	16.097	17.293	18.599	20.024	21.579	23.276	25.129	27.152	31.772	37.280	43.842	47.580	51.660	6.965	72.035
16	17.258	18.639	20.157	21.825	23.657	25.673	27.888	30.324	35.950	42.753	50.980	55.717	60.925	72.939	87.442
17	18.430	20.012	21.762	23.698	25.840	28.213	30.840	33.750	40.545	48.884	59.118	65.075	71.673	87.068	105.93
18	19.615	21.412	23.414	25.645	28.132	30.906	33.999	37.450	45.599	55.75	68.394	75.836	84.141	103.74	128.12
19	20.811	22.841	25.117	27.671	30.539	33.760	37.379	41.446	51.159	63.44	79.969	88.212	98.603	123.41	154.74
20	22.019	24.297	26.870	29.778	33.066	36.786	40.995	45.762	57.275	72.052	91.025	120.44	115.38	146.63	186.69
25	28.243	32.030	36.459	41.646	47.727	54.865	63.249	73.106	98.347	133.33	181.87	212.79	249.21	342.6	471.98

附表 4 年金现值系数表（PVIFA 表）

n\i	1%	2%	3%	4%	5%	6%	10%	12%	14%	15%	16%	18%	20%	22%	24%	25%	40%
1	0.99	0.98	0.97	0.961	0.952	0.943	0.909	0.892	0.877	0.869	0.862	0.847	0.833	0.819	0.806	0.799	0.714
2	1.97	1.941	1.913	1.886	1.859	1.833	1.735	1.69	1.646	1.625	1.605	1.565	1.527	1.491	1.456	1.44	1.224
3	2.94	2.883	2.828	2.775	2.723	2.673	2.486	2.401	2.321	2.283	2.245	2.174	2.106	2.042	1.981	1.952	1.588
4	3.901	3.807	3.717	3.629	3.545	3.465	3.169	3.037	2.913	2.854	2.798	2.69	2.588	2.493	2.404	2.361	1.849
5	4.853	4.713	4.579	4.451	4.329	4.212	3.79	3.604	3.433	3.350	3.274	3.127	2.99	2.863	2.745	2.689	2.035
6	5.795	5.601	5.417	5.242	5.075	4.917	4.355	4.111	3.888	3.784	3.684	3.497	3.325	3.166	3.02	2.951	2.167
7	6.728	6.471	6.23	6.002	5.786	5.582	4.868	4.563	4.288	4.16	4.038	3.811	3.604	3.415	3.242	3.161	2.262
8	7.651	7.325	7.019	6.732	6.463	6.209	5.334	4.967	4.638	4.487	4.343	4.077	3.837	3.619	3.421	3.328	2.33
9	8.566	8.162	7.786	7.435	7.107	6.801	5.759	5.328	4.946	4.771	4.606	4.303	4.03	3.786	3.565	3.463	2.378
10	9.471	8.982	8.53	8.11	7.721	7.36	6.144	5.65	5.216	5.018	4.833	4.494	4.192	3.923	3.681	3.57	2.413
11	10.367	9.786	9.252	8.76	8.306	7.886	6.495	5.937	5.452	5.233	5.028	4.656	4.327	4.035	3.775	3.656	2.438
12	11.255	10.575	9.954	9.385	8.863	8.383	6.813	6.194	5.66	5.42	5.197	4.793	4.439	4.127	3.851	3.725	2.455
13	12.133	11.348	10.634	9.985	9.393	8.852	7.103	6.423	5.842	5.583	5.342	4.909	4.532	4.202	3.912	3.78	2.468
14	13.003	12.106	11.296	10.563	9.898	9.294	7.366	6.628	6.002	5.724	5.467	5.008	4.61	4.264	3.961	3.824	2.477
15	13.865	12.849	11.937	11.118	10.379	9.712	7.606	6.81	6.142	5.847	5.575	5.091	4.675	4.315	4.001	3.859	2.483
16	14.717	13.577	12.561	11.652	10.837	10.105	7.823	6.973	6.265	5.954	5.668	5.162	4.729	4.356	4.033	3.887	2.488
17	15.562	14.291	13.166	12.165	11.274	10.477	8.021	7.119	6.372	6.047	5.748	5.222	4.774	4.39	4.059	3.909	2.491
18	16.398	14.992	13.753	12.659	11.689	10.827	8.201	7.249	6.467	6.127	5.817	5.273	4.812	4.418	4.079	3.927	2.494
19	17.226	15.678	14.323	13.133	12.085	11.158	8.364	7.365	6.55	6.198	5.877	5.316	4.843	4.441	4.096	3.942	2.495
20	18.045	16.351	14.877	13.59	12.462	11.469	8.513	7.469	6.623	6.259	5.928	5.352	4.869	4.46	4.11	3.953	2.497
21	18.856	17.011	15.415	14.029	12.821	11.764	8.648	7.562	6.686	6.312	5.973	5.383	4.891	4.475	4.121	3.963	2.497
22	19.66	17.658	15.936	14.451	13.163	12.041	8.771	7.644	6.742	6.358	6.011	5.409	4.909	4.488	4.129	3.97	2.498
23	20.455	18.292	16.443	14.856	13.488	12.303	8.883	7.718	6.792	6.398	6.044	5.432	4.924	4.498	4.137	3.976	2.498
24	21.243	18.913	16.935	15.246	13.798	12.55	8.984	7.784	6.835	6.433	6.072	5.45	4.937	4.507	4.142	3.981	2.499
25	22.023	19.523	17.413	15.622	14.093	12.783	9.077	7.843	6.872	6.464	6.097	5.466	4.947	4.513	4.147	3.984	2.499

参 考 文 献

[1] [美]雷蒙德·S. 斯米盖尔. 饭店业管理会计[M]. 4版. 徐虹, 译. 北京：中国旅游出版社，2002.

[2] 蒋予廷，王春华. 管理会计[M]. 北京：中国物资出版社，1998.

[3] 赵胜，张晓红，等. 如何看会计报表[M]. 北京：机械工业出版社，2000.

[4] 国家旅游局人事劳动教育司. 饭店财务管理[M]. 北京：旅游教育出版社，1999.

[5] 孙茂竹，文光伟，杨万贵. 管理会计学[M]. 7版. 北京：中国人民大学出版社，2015.

[6] 吴大军. 管理会计[M]. 5版. 大连：东北财经大学出版社，2022.

[7] 中华人民共和国财政部，中国证券监督管理委员会，中华人民共和国审计署，等. 企业内部控制规范（2018年版）[S]. 上海：立信会计出版社，2010.

[8] 马桂顺. 酒店财务管理[M]. 2版. 北京：清华大学出版社，2011.